Los santos evangelios

Los santos evangelios

SAN PABLO

Con la aprobación de la Conferencia Episcopal Española
(11 de febrero de 1988)

Revisión exegética del texto: Pedro I. Fraile Yécora
Revisión literaria: Ezequiel Varona
Diseño de portada: Elia Manero

4.ª edición

Tel. 917 425 113 - Fax 917 425 723
E-mail: secretaria.edit@sanpablo.es

Distribución: SAN PABLO. División Comercial
Resina, 1. 28021 Madrid * Tel. 917 987 375 - Fax 915 052 050
E-mail: ventas@sanpablo.es
ISBN: 978-84-285-2615-9 (Plástico opaco)
ISBN: 978-84-285-2616-6 (Primera Comunión)
Depósito legal: M. 2.173-2008 (Plástico opaco)
Depósito legal: M. 2.174-2008 (Primera Comunión)
Impreso en Artes Gráficas Gar. Vi. 28970 Humanes (Madrid)
Printed in Spain. Impreso en España

Siglas bíblicas

Abd	Abdías
Ag	Ageo
Am	Amós
Ap	Apocalipsis
Bar	Baruc
Cant	Cantar de los Cantares
Col	Colosenses
Cor	Corintios
Crón	Crónicas
Dan	Daniel
Dt	Deuteronomio
Ef	Efesios
Esd	Esdras
Est	Ester
Éx	Éxodo
Ez	Ezequiel
Flm	Filemón
Flp	Filipenses
Gál	Gálatas
Gén	Génesis
Hab	Habacuc
He	Hechos
Heb	Hebreos
Is	Isaías
Job	Job
Jds	Judas
Jdt	Judit
Jer	Jeremías
Jl	Joel
Jn	Juan
Jon	Jonás
Jos	Josué
Jue	Jueces
Lam	Lamentaciones
Lc	Lucas
Lev	Levítico
Mac	Macabeos
Mal	Malaquías
Mc	Marcos
Miq	Miqueas
Mt	Mateo
Nah	Nahún
Neh	Nehemías
Núm	Números
Os	Oseas
Pe	Pedro
Prov	Proverbios
Qo	Qohélet (o Eclesiastés)
Re	Reyes
Rom	Romanos
Rut	Rut
Sab	Sabiduría
Sal	Salmos
Sam	Samuel
Sant	Santiago
Si	Sirácida (o Eclesiástico)
Sof	Sofonías
Tes	Tesalonicenses
Tim	Timoteo
Tit	Tito
Tob	Tobías
Zac	Zacarías

Evangelio según san Mateo

I. PRESENTACIÓN DE JESÚS, EL MESÍAS

INFANCIA DE JESÚS

Ascendientes de Jesús

1 1Genealogía de Jesucristo, hijo de David, hijo de
Abrahán: 2Abrahán fue padre de Isaac; Isaac de
Jacob; Jacob de Judá y sus hermanos; 3Judá tuvo de
Tamar a Fares y a Zéraj; Fares fue padre de Jesrón;
Jesrón de Arán; 4Arán de Aminadab; Aminadab de
Nasón; Nasón de Salmón; 5Salmón tuvo de Rajab
a Booz; Booz tuvo de Rut a Obed; Obed fue padre
de Jesé; 6Jesé, del rey David.

David, de la mujer de Urías, tuvo a Salomón.
7Salomón fue padre de Roboán; Roboán de Abías;
Abías de Asá; 8Asá de Josafat; Josafat de Jorán; Jo-
rán de Ozías; 9Ozías de Joatán; Joatán de Acaz; Acaz
de Ezequías; 10Ezequías de Manasés; Manasés de

Amón; Amón de Josías; [11]Josías de Jeconías y sus
hermanos, cuando la deportación a Babilonia.
[12]Después de la deportación, Jeconías fue padre de
Salatiel; Salatiel de Zorobabel; [13]Zorobabel de
Abiud; Abiud de Eliaquín; Eliaquín de Azor; [14]Azor
de Sadoc; Sadoc de Aquín; Aquín de Eliud; [15]Eliud
de Eleazar; Eleazar de Matán; Matán de Jacob; [16]Ja-
cob de José, el esposo de María, de la cual nació Je-
sús, llamado Mesías.
[17]Por tanto, las generaciones desde Abrahán has-
ta David son en total catorce; desde David hasta la
deportación a Babilonia, catorce, y desde la depor-
tación hasta el Mesías, catorce.

Nacimiento de Jesús, Dios con nosotros

[18]El nacimiento de Jesús, el Mesías, fue así: Ma-
ría, su madre, estaba desposada con José, y, antes de
que vivieran juntos, se encontró encinta por obra del
Espíritu Santo. [19]José, su marido, que era justo y no
quería denunciarla, decidió repudiarla en secreto.
[20]Pero apenas tomó esta resolución un ángel del Se-
ñor se le apareció en sueños y le dijo:
–José, Hijo de David, no tengas ningún reparo en
recibir en tu casa a María, tu mujer, pues el hijo que
ha concebido viene del Espíritu Santo. [21]Dará a luz

un hijo, y le pondrás el nombre de Jesús, porque él
salvará a su pueblo de sus pecados.
22Todo esto sucedió para que se cumpliese lo que
el Señor había dicho por medio del profeta:

23*La virgen concebirá y dará a luz un hijo,*
y le pondrán por nombre Emanuel,
que significa «Dios con nosotros» (Is 7,14).

24Cuando José despertó hizo lo que le había man-
dado el ángel del Señor y se llevó a su mujer a su
casa; 25sin haber tenido relaciones, María dio a luz
un hijo, al que él puso por nombre Jesús.

Los sabios de Oriente: Jesús, luz de los pueblos

2 1Jesús nació en Belén de Judea, en tiempo del rey
Herodes. Unos magos de Oriente se presentaron
en Jerusalén 2preguntando:
–¿Dónde está el rey de los judíos que acaba de na-
cer? Porque hemos visto su estrella en el oriente y
venimos a adorarlo.
3Al oír esto el rey Herodes, se inquietó, y con él toda
Jerusalén; 4convocó a todos los jefes de los sacerdo-
tes y a los maestros de la Ley y les preguntó dónde
tenía que nacer el Mesías. 5Ellos le contestaron: En
Belén de Judá, pues así lo escribió el profeta:

[6]*Y tú, Belén, tierra de Judá,*
de ningún modo eres la menor
entre las ciudades de Judá;
porque de ti saldrá un jefe
que será pastor de mi pueblo Israel (Miq 5,2).

[7]Entonces Herodes llamó en secreto a los magos
e hizo que le precisaran cuándo había aparecido la
estrella; [8]luego los envió a Belén, encargándoles:

–Averiguad todo lo que podáis sobre ese niño, y, cuando lo encontréis, avisadme, para que vaya yo también a adorarlo.

[9]Ellos, después de oír al rey, se marcharon; y la es-
trella que habían visto en oriente iba delante de
ellos, hasta que fue a pararse encima de donde es-
taba el niño. [10]Al ver la estrella experimentaron una
grandísima alegría. [11]Entraron en la casa y vieron al
niño con María, su madre; se pusieron de rodillas y
lo adoraron; abrieron sus tesoros y le ofrecieron re-
galos: oro, incienso y mirra. [12]Luego, advertidos de
que no volvieran a Herodes, regresaron a su país por
otro camino.

Huida a Egipto: Jesús, el inocente perseguido

[13]Apenas se marcharon, el ángel del Señor se apa-
reció en sueños a José y le dijo:

–Levántate, toma al niño y a su madre, huye a
Egipto y quédate allí hasta que yo te avise, porque
Herodes va a buscar al niño para matarlo.
14Él se levantó, tomó al niño y a su madre de no-
che, se fue a Egipto 15y estuvo allí hasta la muerte
de Herodes, para que se cumpliera lo que había di-
cho el Señor por medio del profeta: *De Egipto llamé
a mi hijo* (Os 11,1).
16Entonces Herodes, al ver que los magos se ha-
bían burlado de él, montó en cólera y mandó matar
a todos los niños de Belén y alrededores de dos años
para abajo, según el tiempo que había calculado por
los magos. 17Así se cumplió el oráculo del profeta Je-
remías:

18*Un clamor se escucha en Ramá,*
llanto y lamento grande:
es Raquel que llora por sus hijos
y rehúsa el consuelo, porque ya no viven (Jer 31,15).

19Cuando murió Herodes, el ángel del Señor se
apareció en sueños a José en Egipto 20y le dijo:
–Levántate, toma al niño y a su madre y vuelve a
la tierra de Israel, porque han muerto los que aten-
taban contra la vida del niño.
21Él se levantó, tomó al niño y a su madre y se fue
a la tierra de Israel. 22Pero, al enterarse de que Ar-

quelao reinaba en Judea en lugar de su padre Herodes, tuvo miedo de ir allí y, avisado en sueños, se
retiró a la región de Galilea. [23]Fue a vivir a una ciudad llamada Nazaret, para que se cumpliera lo que habían anunciado los profetas: que sería llamado nazareno.

PREPARACIÓN PARA LA MISIÓN

Juan, heraldo de conversión

3 [1]Por aquellos días se presentó Juan el Bautista predicando en el desierto de Judea [2]proclamando:

«Convertíos, porque está llegando el Reino de los Cielos».

[3]A él se refería el profeta Isaías cuando dijo:

Una voz grita en el desierto:
«Preparad el camino al Señor,
allanad sus senderos» (Is 40,3).

[4]Juan llevaba un vestido de pelo de camello con una correa de cuero a la cintura, y se alimentaba de saltamontes y miel silvestre. [5]Acudían a él de Jerusalén, de toda Judea y de toda la región del Jordán;
[6]ellos confesaban sus pecados, y él los bautizaba en

el Jordán. 7Viendo que muchos fariseos y saduceos
venían a que los bautizara, les dijo:
–Raza de víboras, ¿quién os ha enseñado a huir de
la ira que os amenaza? 8Dad frutos dignos de conver-
sión, 9y no os ilusionéis con decir en vuestro interior:
Tenemos por padre a Abrahán, porque os digo que Dios
puede suscitar hijos a Abrahán hasta de estas piedras.
10Ya está el hacha puesta a la raíz de los árboles, y todo
árbol que no dé buen fruto será cortado y arrojado al
fuego. 11Yo os bautizo en agua para que os arrepintáis;
pero el que viene detrás de mí es más fuerte que yo, y
yo no soy digno de descalzarle las sandalias. Él os bau-
tizará con Espíritu Santo y fuego. 12Tiene en su mano
el bieldo, aventará la parva; recogerá su trigo en el gra-
nero y quemará la paja con un fuego que no se apaga.

Bautismo de Jesús, el Hijo amado

13Entonces Jesús fue de Galilea al Jordán para que Juan
lo bautizara. 14Pero Juan quería impedirlo, diciendo:
–Soy yo el que necesito ser bautizado por ti, ¿y tú
vienes a mí?
15Jesús le respondió:
–¡Déjame ahora, pues conviene que se cumpla lo
que Dios ha dispuesto!
16Entonces Juan accedió. Una vez bautizado, Je-
sús salió del agua; y en esto los cielos se abrieron y

vio al Espíritu de Dios descender en forma de palo-
ma y posarse sobre él. [17]Y se oyó una voz del cielo:
–Éste es mi Hijo amado, mi predilecto.

Las tentaciones de Jesús
(Mc 1,12-13; Lc 4,1-18)

4 [1]El Espíritu condujo a Jesús al desierto para ser
tentado por el diablo. [2]Después de haber ayuna-
do cuarenta días y cuarenta noches, al final tuvo
hambre. [3]El tentador se acercó y le dijo:
–Si eres Hijo de Dios, di que estas piedras se con-
viertan en panes.
[4]Pero él respondió:
–Está escrito: *No sólo de pan vive el hombre, sino
de toda palabra que sale de la boca de Dios* (Dt 8,3).
[5]Luego el diablo lo llevó a la ciudad santa, lo su-
bió al alero del templo y [6]le dijo:
–Si eres Hijo de Dios, tírate de aquí abajo, por-
que está escrito: *Ordenará a sus ángeles que cuiden
de ti, que te lleven en volandas para que no tropiece tu
pie con ninguna piedra* (Sal 91,11-12).
[7]Jesús le dijo:
–También está escrito: *No tentarás al Señor tu Dios*
(Dt 6,16).
[8]De nuevo el diablo lo llevó a un monte muy alto,

le mostró todos los reinos del mundo y su esplendor, [9]y le dijo:

–Todo esto te daré si te pones de rodillas y me adoras.

[10]Jesús le dijo:

–Márchate, Satanás, porque está escrito: *Al Señor tu Dios adorarás y a él solo darás culto* (Dt 6,13).

[11]Entonces el diablo lo dejó, y unos ángeles se acercaron y le servían.

De Nazaret a Cafarnaún
(Mc 1,14-15; Lc 4,14-15)

[12]Cuando oyó que Juan estaba en la cárcel, Jesús se retiró a Galilea. [13]Dejó Nazaret, y se fue a vivir a Cafarnaún, en la ribera del lago, en el territorio de Zabulón y Neftalí. [14]Así se cumplió lo que había anunciado el profeta Isaías:

[15]*Tierra de Zabulón, tierra de Neftalí,*
camino del mar, al otro lado del Jordán,
Galilea de los paganos.
[16]*El pueblo que habitaba en tinieblas*
vio una luz grande;
a los que habitaban en tierra y sombra de muerte
una luz les brilló (Is 8,23; 9,1).

II. INVITACIÓN A ISRAEL

ANUNCIO DEL REINO CON OBRAS Y PALABRAS

17Desde entonces comenzó Jesús a predicar y decir: «Convertíos, porque el Reino de los Cielos está cerca».

Los primeros discípulos
(Mc 1,16-20; Lc 5,1-11)

18Paseando junto al lago de Galilea, vio a dos hermanos: Simón, llamado Pedro, y Andrés, su hermano, echando la red en el lago, pues eran pescadores.
19Les dijo:
–Seguidme y os haré pescadores de hombres.
20Ellos, al instante, dejaron las redes y lo siguieron.
21Más adelante vio a otros dos hermanos: Santiago, el de Zebedeo, y Juan, su hermano, en la barca con su padre Zebedeo, remendando las redes.
22Jesús los llamó. Ellos, al instante, dejaron la barca y a su padre, y lo siguieron.

Actividad de Jesús
(Mc 1,39; 3,7-10; Lc 4,15.44; He 10,38)

23Jesús recorría toda Galilea enseñando en sus si-
nagogas. Anunciaba la buena noticia del Reino y cu-
raba las enfermedades y dolencias del pueblo. 24Su
fama se extendió por toda Siria. Le traían todos los
que se sentían mal, aquejados de diversas enferme-
dades y sufrimientos, endemoniados, lunáticos y pa-
ralíticos, y los curaba. 25Lo seguían multitudes veni-
das de Galilea, Decápolis, Jerusalén, Judea y
Transjordania.

EL SERMÓN DEL MONTE

Bienaventuranzas
(Lc 6,20-23; 14,34-35; Mc 9,50)

5 1Al ver Jesús el gentío subió al monte, se sentó
y se le acercaron sus discípulos. 2Él tomó la pa-
labra y se puso a enseñarles así:

3Dichosos los pobres en el espíritu,
porque de ellos es el Reino de los Cielos.
4Dichosos los que sufren,
porque serán consolados.
5Dichosos los humildes,
porque heredarán la tierra.

6 Dichosos los que tienen hambre
y sed de justicia,
porque serán saciados.
7 Dichosos los misericordiosos,
porque alcazarán misericordia.
8 Dichosos los limpios de corazón,
porque verán a Dios.
9 Dichosos los que trabajan por la paz,
porque serán llamados hijos de Dios.
10 Dichosos los perseguidos por ser justos,
porque de ellos es el Reino de los Cielos.

11 Dichosos seréis cuando os injurien, os persigan
y digan contra vosotros toda suerte de calumnias por
causa mía. 12 Alegraos y regocijaos, porque vuestra
recompensa será grande en los cielos. Pues también
persiguieron a los profetas antes que a vosotros.

Dichoso aquel... que pone sabor y luz en la vida

13 Vosotros sois la sal de la tierra. Si la sal se desvir-
túa, ¿con qué se salará? Para nada vale ya, sino para
tirarla a la calle y que la gente la pise. 14 Vosotros sois
la luz del mundo. Una ciudad situada en la cima de
un monte no puede ocultarse. 15 No se enciende una
lámpara para ocultarla en una vasija, sino para po-
nerla en el candelero y que alumbre a todos los que

están en casa. 16Brille de tal modo vuestra luz delan-
te de los hombres que vean vuestras obras buenas y
glorifiquen a vuestro Padre del cielo.

...que se entrega generosamente

17No penséis que he venido a derogar la Ley y los
Profetas; no he venido a derogarla, sino a perfeccio-
narla. 18Porque os aseguro que, mientras no pasen
el cielo y la tierra, ni un punto ni una coma desapa-
recerán de la Ley hasta que todo se cumpla. 19Por
lo tanto, el que quebrante uno solo de estos precep-
tos mínimos y lo enseñe así a los hombres será teni-
do por el menor en el Reino de los Cielos. Pero el
que los cumpla y enseñe será tenido por grande en
el Reino de los Cielos. 20Os digo que si no sois me-
jores que los maestros de la Ley y los fariseos, no en-
traréis en el Reino de los Cielos.

...que sabe perdonar

21Habéis oído que se mandó a los antiguos: *No ma-
tarás* (Éx 20,13; Dt 5,17), y el que mate será lleva-
do a juicio. 22Pero yo os digo que el que se enfade
con su hermano será llevado a juicio; el que insulte
a su hermano será llevado ante el Sanedrín, y el que
lo injurie gravemente será llevado al fuego. 23Por tan-

to, si al llevar tu ofrenda al altar recuerdas que tu hermano tiene algo contra ti, [24]deja tu ofrenda delante del altar y vete antes a reconciliarte con tu hermano; después vuelve y presenta tu ofrenda.

[25]Ponte a buenas con tu adversario pronto, mientras vas con él por el camino, no sea que te entregue al juez, y el juez al alguacil, y te metan en la cárcel. [26]Te aseguro que no saldrás de allí hasta que pagues el último céntimo.

[27]Habéis oído que se dijo: *No cometerás adulterio* (Éx 20,14; Dt 5,18). [28]Pero yo os digo que todo el que mira a una mujer con malos deseos ya ha cometido con ella adulterio en su corazón. [29]Por tanto, si tu ojo derecho es ocasión de pecado, arráncatelo y tíralo, porque te conviene más perder uno de tus miembros antes que todo tu cuerpo sea arrojado al fuego. [30]Y si tu mano derecha es ocasión de pecado para ti, córtatela y tírala, porque te conviene más perder uno de tus miembros antes que todo tu cuerpo vaya al fuego.

...que respeta a la persona

[31]También se dijo: *El que se separe de su mujer, que le dé el acta de divorcio* (Dt 24,1). [32]Pero yo os digo que todo el que se separe de su mujer, excepto en caso de unión ilegal, la expone a cometer adulterio,

y el que se casa con una mujer divorciada comete
adulterio.

...que habla con franqueza

[33]También sabéis que se dijo a los antiguos: *No ju-
rarás en falso, sino que cumplirás al Señor tus juramen-
tos* (Éx 20,7; Lev 19,12; Núm 30,3; Dt 23,22). [34]Pero
yo os digo que no juréis de ninguna manera; ni por
el cielo, porque es el trono de Dios; [35]ni por la tie-
rra, porque es el estrado de sus pies; ni por Jerusa-
lén, porque es la ciudad del gran rey (Is 66,1; Sal
48,3); [36]ni por tu cabeza, porque ni un cabello pue-
des volver blanco o negro. [37]Decid sencillamente sí
o no. Lo que pasa de esto viene del maligno.

...que devuelve bien por mal

[38]Sabéis que se dijo: *Ojo por ojo y diente por diente*
(Éx 21,24; Lev 24,20; Dt 19,21). [39]Pero yo os digo
que no hagáis frente al que os ataca. Al contrario,
al que te abofetee en la mejilla derecha, preséntale
también la otra; [40]y al que te quiera llevar a juicio
para quitarte la túnica, déjale también el manto; [41]al
que te obligue a ir con él un kilómetro, vete con él
dos. [42]Da a quien te pida, y no vuelvas la espalda al
que desea que le prestes algo.

...que crece en el amor
(Lc 11,2-4)

43Sabéis que se dijo: *Amarás a tu prójimo* (Lev
19,18) *y odiarás a tu enemigo.* 44Pero yo os digo:
Amad a vuestros enemigos y rezad por los que os
persiguen, 45para que seáis hijos de vuestro Padre
celestial, que hace salir el sol sobre buenos y malos
y hace llover sobre justos e injustos. 46Porque si amáis
a los que os aman, ¿qué mérito tendréis? ¿No ha-
cen eso mismo los publicanos? 47Y si saludáis sola-
mente a vuestros hermanos, ¿qué hacéis de especial?
¿No hacen eso también los paganos? 48Vosotros sed
perfectos, como vuestro Padre celestial es perfecto.

...que ora y obra con sencillez
(Lc 11,2-4)

6 1Evitad practicar vuestra justicia delante de los
hombres para que os vean; porque entonces
vuestro Padre celestial no os recompensará. 2Por tan-
to, cuando des limosna, no toques la trompeta de-
lante de ti, como hacen los hipócritas en las sina-
gogas y en las calles para que los hombres los alaben.
Os aseguro que ya recibieron su recompensa. 3Tú,
cuando des limosna, que no sepa tu mano izquier-
da lo que hace tu derecha, 4para que tu limosna que-

de en secreto; y tu Padre, que ve lo secreto, te re-
compensará.
[5]Cuando oréis, no seáis como los hipócritas, que
prefieren rezar de pie en las sinagogas y en las es-
quinas de las plazas para que los vea todo el mun-
do. Os aseguro que ya recibieron su recompensa.
[6]Tú, cuando reces, entra en tu habitación, cierra la
puerta y reza a tu Padre, que está presente en lo se-
creto; y tu Padre, que ve en lo secreto, te recom-
pensará. [7]Al orar, no os convirtáis en charlatanes
como los paganos, que se imaginan que serán escu-
chados por su mucha palabrería. [8]No hagáis como
ellos, porque vuestro Padre conoce lo que necesitáis
antes de que vosotros se lo pidáis.

...porque habla a su Padre

[9]Vosotros rezad así:
Padre nuestro que estás en el cielo,
santificado sea tu nombre,
[10]venga a nosotros tu Reino,
hágase tu voluntad
en la tierra como en el cielo.
[11]Danos hoy nuestro pan de cada día,
[12]perdona nuestras deudas,
como también nosotros perdonamos
a nuestros deudores,

[13]no nos dejes caer en la tentación
y líbranos del mal.

[14]Porque si vosotros perdonáis a los hombres sus ofen-
sas, también os perdonará a vosotros vuestro Padre ce-
lestial; [15]pero si no perdonáis a los hombres sus ofen-
sas, tampoco vuestro Padre perdonará las vuestras.

Dichoso aquel que huye de las apariencias

[16]Cuando ayunéis, no estéis tristes como los hipó-
critas, que desfiguran su rostro para hacer ver a la gen-
te que ayunan. Os aseguro que ya recibieron su re-
compensa. [17]Tú, cuando ayunes, perfuma tu cabeza
y lávate la cara, [18]para que los hombres no se den
cuenta de que ayunas, sino tu Padre, que está en lo
secreto; y tu Padre, que ve en lo secreto, te recom-
pensará.

...que conoce la verdadera riqueza
(Lc 6,13; 11,34-36; 12,23-24)

[19]No atesoréis en la tierra, donde la polilla y el orín
corroen y donde los ladrones socavan y roban. [20]Ate-
sorad, más bien, en el cielo, donde ni la polilla ni el
orín corroen, ni los ladrones socavan ni roban; [21]por-
que donde está tu tesoro, allí está también tu corazón.

22La lámpara de tu cuerpo son los ojos; si tus ojos
están sanos, todo tu cuerpo estará iluminado; 23pero
si están enfermos, todo tu cuerpo estará oscuro. Y
si la luz que hay en ti está apagada, ¡cuánta será la
oscuridad!

...que no se hace esclavo del dinero

24Nadie puede servir a dos amos, porque odiará a uno y amará al otro, o bien despreciará a uno y se apegará al otro. No podéis servir a Dios y al dinero.

...que busca las prioridades

25Por esto os digo: No os angustiéis por vuestra vida
pensando qué vais a comer; ni por vuestro cuerpo pen-
sando qué vais a vestir. Porque la vida es más que el
alimento, y el cuerpo más que el vestido. 26Mirad las
aves del cielo: no siembran, ni siegan, ni recogen en
graneros, y vuestro Padre celestial las alimenta. ¿No
valéis vosotros más que ellas? 27¿Quién de vosotros, por
mucho que cavile, puede añadir una sola hora al tiem-
po de su vida? 28Y del vestido, ¿por qué os preocupáis?
Mirad cómo crecen los lirios del campo, y no se fati-
gan ni hilan; 29pero yo os digo que ni Salomón en todo
su esplendor se vistió como uno de ellos. 30Pues si Dios
viste así a la hierba del campo, que hoy es y mañana

se la echa al fuego, ¿no hará más por vosotros, hom-
bres de poca fe? [31]No os inquietéis, diciendo: ¿Qué co-
meremos? o ¿qué beberemos? o ¿cómo vestiremos? [32]Por
todas esas cosas se afanan los paganos. Vuestro Padre
celestial ya sabe que las necesitáis. [33]Buscad primero el
Reino de los Cielos y su justicia, y todo eso se os dará
por añadidura. [34]Así que no os inquietéis por el día de
mañana, que el mañana traerá su inquietud. A cada
día le bastan sus problemas.

...que evita juzgar
(Lc 6,37-38.41-42; 11,9-13)

7 [1]No juzguéis y no seréis juzgados. [2]Porque con
el juicio con que juzguéis seréis juzgados, y con la
medida con que midáis seréis medidos. [3]¿Cómo es que
ves la paja en el ojo de tu hermano si no adviertes la
viga en el tuyo? [4]¿Cómo puedes decir a tu hermano:
«Deja que saque la paja de tu ojo», teniendo una viga
en el tuyo? [5]¡Hipócrita!, quita primero la viga de tu
ojo, y entonces verás para quitar la paja del ojo de tu
hermano.

...que no profana las cosas santas

[6]No deis lo santo a los perros ni echéis vuestras
perlas a los puercos, no sea que las pisoteen, se vuel-
van contra vosotros y os despedacen.

...que sabe confiar

7Pedid y se os dará; buscad y encontraréis; llamad
y se os abrirá. 8Porque todo el que pide recibe, y el
que busca encuentra y al que llama se le abre. 9O
quién de vosotros si su hijo le pide pan ¿le dará una
piedra? 10O si le pide un pez, ¿le dará una serpien-
te? 11Pues si vosotros, que sois malos, sabéis dar a
vuestros hijos cosas buenas, ¡cuánto más vuestro
Padre celestial dará cosas buenas a quien se las pida!

Regla de oro

12Por tanto, todo lo que queráis que hagan con vosotros los hombres, hacedlo también vosotros con ellos, porque en eso consiste la Ley y los Profetas.

Dichoso aquel que aprende a discernir

13Entrad por la puerta estrecha. Que es ancha la
puerta y espacioso el camino que lleva a la perdi-
ción, y son muchos los que entran por ella. 14Y es
estrecha la puerta y angosto el camino que lleva a
la vida, y son pocos los que lo encuentran.
15Guardaos de los falsos profetas, que vienen a vo-
sotros con vestido de oveja y por dentro son lobos
rapaces. 16Por sus frutos los conoceréis. ¿Acaso se co-

sechan uvas de los espinos o higos de los cardos?
[17]Así también, todo árbol bueno da frutos buenos,
pero el árbol malo da frutos malos.
[18]Un árbol bueno no puede dar frutos malos, ni un
árbol malo frutos buenos. [19]Todo árbol que no da
buen fruto es cortado y echado al fuego. [20]Por sus
frutos los conoceréis.

...y que cumple la voluntad de Dios

[21]No todo el que me dice: ¡Señor! ¡Señor!, entrará en el Reino de los Cielos, sino el que hace la voluntad de mi Padre celestial.
[22]Muchos me dirán en
aquel día: «Señor, Señor, ¿no hemos profetizado en
tu nombre, y en tu nombre hemos arrojado a los demonios y hecho muchos milagros en tu nombre?».
[23]Entonces yo les diré: «Nunca os conocí. Apartaos
de mí, malvados».

[24]El que escucha mis palabras y las pone en práctica se parece a un hombre sensato que construyó
su casa sobre roca. [25]Cayó la lluvia, se desbordaron
los ríos, soplaron los vientos y se echaron sobre ella;
pero la casa no se cayó, porque estaba cimentada
sobre la roca. [26]Pero todo el que escucha mis palabras y no las pone en práctica se parece a un hombre necio que construyó su casa sobre arena. [27]Cayó
la lluvia, se desbordaron los ríos, soplaron los vien-

tos y se precipitaron sobre ella, y la casa se hundió
y se arruinó totalmente.

Conclusión
(Mt 11,1; 13,53; 19,1; 26,1)

[28]Cuando acabó Jesús este discurso la gente se
quedó admirada de su enseñanza, [29]porque les en-
señaba con autoridad y no como los maestros de la
Ley.

JESÚS SANA: EL REINO PRESENTE

Jesús cura a un leproso
(Mc 1,40-45; Lc 5,12-16)

8 [1]Cuando bajó del monte lo siguió mucha gen-
te. [2]En esto se le acercó un leproso, se puso de
rodillas ante él y le dijo:
–Señor, si quieres puedes limpiarme.
[3]Jesús extendió la mano, lo tocó y dijo:
–¡Quiero, queda limpio!
Al instante quedó limpio de su lepra. [4]Jesús le dijo:
–Mira, no se lo digas a nadie; pero anda, mués-
trate al sacerdote y presenta la ofrenda que ordenó
Moisés, para que les conste tu curación.

Jesús cura al criado del centurión
(Lc 7,1-10; Jn 4,47-54)

5 Al entrar Jesús en Cafarnaún, se le acercó un cen-
turión suplicándole:
6 –Señor, mi criado está paralítico en casa con unos
dolores terribles.
7 Jesús le respondió:
–Yo iré a curarlo.
8 El centurión replicó:
–Señor, no soy digno de que entres en mi casa; dilo
sólo de palabra, y mi criado quedará curado. 9 Por-
que yo, que soy un hombre sujeto al mando, tengo
bajo mis órdenes soldados, y digo a éste: «Vete», y
va; y a otro: «Ven», y viene; y a mi criado: «Haz
esto», y lo hace.
10 Jesús, al oírlo, quedó admirado y dijo a los que
lo seguían:
–Os aseguro que en Israel no he encontrado a na-
die con una fe como ésta. 11 Muchos del oriente y
del occidente vendrán y se sentarán con Abrahán,
Isaac y Jacob en el Reino de los Cielos, 12 pero los
hijos del Reino serán echados a las tinieblas de fue-
ra: allí será el llanto y el rechinar de dientes.
13 Y Jesús dijo al oficial:
–Anda, y que suceda como has creído.
Y en aquella misma hora el criado se curó.

Jesús cura a la suegra de Pedro y a otros muchos
(Mc 1,29-34; Lc 4,38-41)

14Cuando Jesús llegó a casa de Pedro, vio a la suegra de éste, que estaba en cama y con fiebre. Él la agarró de la mano 15y desapareció la fiebre; ella se levantó y se puso a servirle.

16Al anochecer, le presentaron muchos endemoniados; con su palabra echó a los espíritus y curó a todos los enfermos. 17Así se cumplió lo que había dicho el profeta Isaías:

Él tomó nuestras flaquezas
y cargó con nuestras enfermedades (Is 53,4).

Condiciones para seguir a Jesús
(Lc 9,57-62)

18Jesús, al verse rodeado de tanta gente, mandó que lo llevaran a la otra orilla del lago. 19Entonces llegó un Maestro de la Ley y le dijo:

–Maestro, te seguiré adondequiera que vayas.

20Jesús le respondió:

–Las raposas tienen madrigueras y las aves del cielo nidos, pero el Hijo del Hombre no tiene donde reclinar la cabeza.

[21]Otro de sus discípulos le dijo:
–Señor, deja primero que vaya a enterrar a mi padre.
[22]Jesús le dijo:
–Sígueme y deja que los muertos entierren a sus muertos.

La tempestad calmada
(Mc 4,35-41; Lc 8,22-25)

[23]Jesús subió a una barca acompañado de sus dis-
cípulos. [24]De pronto se alborotó tanto el lago que las
olas saltaban por encima de la barca, pero Jesús es-
taba dormido. [25]Se acercaron los discípulos y lo des-
pertaron, diciendo:
–¡Señor, sálvanos, que perecemos!
[26]Jesús les dijo:
–¿Por qué tenéis miedo, hombres de poca fe?
Entonces se levantó, increpó a los vientos y al lago
y sobrevino una gran calma. [27]Los discípulos, asom-
brados, decían:
–¿Quién es éste que hasta el viento y el mar le obedecen?

Jesús cura a dos endemoniados
(Mc 5,1-20; Lc 8,26-39)

[28]Al llegar a la orilla opuesta, a la región de los ga-
darenos, fueron a su encuentro dos endemoniados

que salían del cementerio, tan furiosos que nadie
podía pasar por aquel camino. 29Y se pusieron a gri-
tar:

–¿Qué tenemos que ver contigo, Hijo de Dios?
¿Has venido aquí antes de tiempo para atormentar-
nos?

30Pacía no lejos de ellos una gran piara de cerdos,
31y los demonios le pidieron:

–Si nos echas, envíanos a la piara de cerdos.

32Jesús les dijo:

–Id.

Ellos salieron, se metieron en los cerdos y, al ins-
tante, toda la piara se lanzó al lago por un precipi-
cio y se ahogaron. 33Los porqueros huyeron y, al lle-
gar al pueblo, contaron todo, también lo de los
endemoniados. 34El pueblo entero salió al encuen-
tro de Jesús y, al verlo, le rogaron que se fuera de
allí.

Curación de un paralítico
(Mc 2,1-12; Lc 5,17-26)

9 1Jesús subió a una barca, pasó a la otra orilla y
regresó a su ciudad. 2En esto le llevaron un pa-
ralítico tendido en una camilla. Jesús, al ver su fe,
dijo al paralítico:

–Ánimo, hijo, tus pecados te son perdonados.

3Algunos maestros de la Ley se dijeron:
–Éste blasfema.
4Jesús, conociendo sus pensamientos, dijo:
–¿Por qué pensáis tan mal? 5¿Qué es más fácil: de-
cir, «tus pecados te son perdonados», o decir: «le-
vántate y anda?». 6Pues para que veáis que el Hijo
del Hombre tiene poder en la tierra para perdonar
los pecados, dijo al paralítico:
–Levántate, toma tu camilla y vete a tu casa.
7Él se levantó y se fue a su casa. 8La gente, al ver-
lo, quedó sobrecogida y glorificó a Dios, que dio tal
poder a los hombres.

La llamada de Mateo
(Mc 2,13-17; Lc 5,27-32)

9Al salir de allí, Jesús vio a un hombre, llamado Ma-
teo, sentado en la oficina de los impuestos, y le dijo:
–Sígueme.
Él se levantó y lo siguió.
10Estando en su casa a la mesa, muchos publica-
nos y pecadores vinieron y se pusieron a la mesa con
Jesús y sus discípulos.
11Los fariseos, al verlo, decían a los discípulos:
–¿Por qué vuestro maestro come con los publica-
nos y pecadores?
12Jesús los oyó y les dijo:

–No tienen necesidad de médico los sanos, sino los enfermos. [13]Id y aprended lo que significa: *Misericordia quiero y no sacrificios* (Os 6,6); yo no he venido a llamar a los justos, sino a los pecadores.

La cuestión sobre el ayuno
(Mc 2,18-22; Lc 5,33-39)

[14]Se le acercaron los discípulos de Juan y le preguntaron:

–¿Por qué los fariseos y nosotros ayunamos, y tus discípulos no ayunan?

[15]Jesús les dijo:

–¿Acaso pueden estar tristes los amigos del novio mientras él está con ellos? Llegará un día en que les quiten al novio; entonces ayunarán. [16]Nadie remienda con paño nuevo un vestido viejo, pues el remiendo nuevo tirará del vestido y el rasgón se hará mayor. [17]Nadie echa tampoco vino nuevo en odres viejos, porque los odres revientan, y se pierden al mismo tiempo el vino y los odres; sino que el vino nuevo se echa en odres nuevos, y así ambos se conservan.

Resucitación de la hija de Jairo
y curación de una hemorroísa
(Mc 5,21-43; Lc 8,40-56)

18 Les estaba hablando así, cuando llegó un perso-
naje importante, se echó a sus pies y le dijo:
–Mi hija acaba de morir; pero si vienes y pones tu
mano sobre ella vivirá.
19 Jesús se levantó y fue con él acompañado de sus
discípulos.
20 En aquel momento una mujer, que padecía he-
morragias desde hacía doce años, se acercó por de-
trás y tocó la orla de su manto, 21 pues pensaba: «Con
sólo tocar sus vestidos quedaré curada».
22 Jesús se volvió y, al verla, le dijo:
–Ánimo, hija, tu fe te ha salvado.
Y la mujer quedó curada desde aquel momento.
23 Jesús llegó a la casa y, al ver a los flautistas y el
alboroto de la gente, les dijo:
–24 Salid, que la niña no está muerta; está dormida.
Ellos se reían de él. 25 Cuando salió la gente, en-
tró, la agarró de la mano y la niña se levantó. 26 Y la
noticia se divulgó por toda la comarca.

Jesús cura a dos ciegos

27 Al salir de allí, le siguieron dos ciegos, gritando:
–¡Ten compasión de nosotros, Hijo de David!

28 Cuando entró en la casa, se le acercaron los ciegos, y Jesús les dijo:

–¿Creéis que puedo hacerlo?

Le dijeron:

–¡Sí, Señor!

29 Entonces les tocó los ojos, diciendo:

–Que se cumpla según vuestra fe.

Y se les abrieron los ojos.
30 Jesús les ordenó severamente:

Mirad, que nadie lo sepa.

31 Pero ellos, nada más salir, lo publicaron por toda la comarca.

Cura a un mudo
(Lc 11,14-15)

32 Mientras aquellos salían le presentaron un hombre
mudo endemoniado.
33 Jesús expulsó al demonio y el
mudo empezó a hablar. La gente decía maravillada:

–Jamás se ha visto cosa semejante en Israel.

34 Pero los fariseos decían:

–Expulsa a los demonios con el poder del príncipe de los demonios.

Sumario

35Jesús recorría ciudades y aldeas, enseñando en
sus sinagogas, predicando el evangelio del Reino y
curando todas las enfermedades y dolencias.

ENVÍO DE LOS DISCÍPULOS: EL REINO ANUNCIADO

A Jesús le duele la gente
(Mt 14,14)

36Al ver a la gente se conmovió porque estaban
cansados y abatidos como ovejas sin pastor. 37Entonces dijo a sus discípulos:
–La mies es mucha y los obreros pocos. 38Rogad
al dueño de la mies que envíe obreros a su mies.

Elección de los apóstoles
(Mc 3,13-19; Lc 6,12-16)

10 1Jesús llamó a sus doce discípulos, y les dio
poder para echar los espíritus inmundos y
curar todas las enfermedades y dolencias. 2Los nombres de los doce apóstoles son: primero, Simón, llamado Pedro, y su hermano Andrés; Santiago y su
hermano Juan, hijos de Zebedeo; 3Felipe y Bartolo-

mé; Tomás y Mateo el publicano; Santiago, el de Alfeo, y Tadeo; 4Simón el Cananeo y Judas el Iscariote, el que le traicionó.

Misión de los Doce
(Mc 6,7-13; Lc 9,1-6)

5A estos doce los envió Jesús con estas instrucciones:

–No vayáis por tierra de paganos, ni entréis en los pueblos de Samaría. 6Id a las ovejas descarriadas de la casa de Israel. 7Id anunciando que el Reino de los Cielos está cerca. 8Curad a los enfermos, resucitad a los muertos, limpiad a los leprosos, echad a los demonios: gratis lo habéis recibido, dadlo gratis. 9No llevéis oro, ni plata, ni dinero en vuestras fajas; 10ni alforja para el camino, ni dos túnicas, ni sandalias, ni bastón, porque el obrero merece su salario. 11Cuando entréis en una ciudad, informaos de quién hay allí digno de confianza, y quedaos en su casa hasta que os marchéis. 12Cuando entréis en la casa, saludad, 13y si la casa se lo merece, la paz de vuestro saludo descenderá sobre ella; si no, volverá a vosotros. 14Si no os reciben ni os escuchan, al salir de la casa o del pueblo sacudid el polvo de los pies. 15Os aseguro que el día del juicio habrá más tolerancia para Sodoma y Gomorra que para esa ciudad.

Misión con persecución
(Mc 13,9-13; Lc 21,12-17)

[16]Os envío como ovejas en medio de lobos. Sed,
pues, astutos como serpientes y sencillos como pa-
lomas. [17]Tened cuidado porque os entregarán a los
tribunales y os azotarán en sus sinagogas. [18]Seréis
conducidos por mi causa ante los gobernadores y re-
yes para que deis testimonio ante ellos y ante los pa-
ganos. [19]Pero cuando os entreguen, no os preocupéis
de cómo habéis de hablar ni qué diréis, porque en
aquel momento se os sugerirá lo que debéis decir.
[20]No sois vosotros los que habláis, es el Espíritu de
vuestro Padre el que habla en vosotros. [21]El herma-
no entregará a su hermano a la muerte, y el padre a
su hijo. Los hijos se levantarán contra sus padres y
los matarán. [22]Todos os aborrecerán por causa mía,
pero el que persevere hasta el fin se salvará. [23]Cuan-
do os persigan en una ciudad, huid a otra; y si tam-
bién en esta os persiguen, huid a otra. Os aseguro
que no se acabarán las ciudades de Israel hasta que
venga el Hijo del Hombre.

[24]El discípulo no es más que su maestro, ni el cria-
do más que su amo. [25]Al discípulo le basta ser como
su maestro y al criado como su amo. Si al cabeza de
familia le han llamado Belcebú, ¡qué no dirán de los
de su casa!

Confiad, no temáis
(Lc 12,2-9)

26 No les tengáis miedo, porque no hay nada tan
oculto que no se llegue a descubrir, y nada tan se-
creto que no se llegue a saber. 27 Lo que os digo en
la oscuridad decidlo a plena luz, y lo que oís al oído
proclamadlo desde la azotea. 28 No tengáis miedo de
los que matan el cuerpo, pero no pueden matar el
alma; temed más bien al que puede perder el alma
y el cuerpo en el fuego. 29 ¿No se venden dos pája-
ros por unos cuartos? Y, sin embargo, ninguno de
ellos cae en tierra sin el consentimiento de vuestro
Padre. 30 En cuanto a vosotros, hasta los cabellos de
la cabeza están contados. 31 Así que no tengáis mie-
do; vosotros valéis más que una bandada de pája-
ros. 32 Al que me confiese delante de los hombres, le
confesaré también yo delante de mi Padre celestial;
33 pero al que me niegue delante de los hombres, yo
también lo negaré delante de mi Padre celestial.

Jesús, causa de división
(Lc 12,51-53; 14,26-27)

34 No penséis que he venido a traer la paz a la tie-
rra; no he venido a traer paz, sino espada. 35 Porque
he venido a poner al hijo en contra de su padre, a

la hija en contra de su madre, a la nuera en contra
de su suegra; 36 los enemigos de cada uno son los de
su propia casa. 37 El que ama a su padre o a su ma-
dre más que a mí no es digno de mí, y el que ama a
su hijo o a su hija más que a mí no es digno de mí.
38 El que no carga con su cruz y me sigue no es dig-
no de mí. 39 El que quiera conservar su vida la per-
derá, y el que la pierda por mí la conservará.

Recompensa a quien lo recibe
(Mc 9,37-41; Lc 10,16)

40 El que os recibe a vosotros me recibe a mí, y
quien me recibe a mí recibe a quien me ha envia-
do. 41 El que recibe a un profeta por ser profeta reci-
birá recompensa de profeta, y el que recibe a un justo
por ser justo recibirá recompensa de justo. 42 El que
dé de beber a uno de estos pequeñuelos tan sólo un
vaso de agua fresca porque es mi discípulo, os ase-
guro que no se quedará sin recompensa.

Conclusión del segundo discurso
(7,28; 13,53; 19,1; 26,1)

11 1 Cuando Jesús acabó de dar instrucciones a
sus doce discípulos, se fue de allí a enseñar y
anunciar el mensaje en los pueblos de la región.

JESÚS ES RECHAZADO. EL REINO SUSCITA OPOSICIÓN

ACTITUDES FRENTE A JESÚS

Los mensajeros de Juan Bautista
(Lc 7,18-23)

[2]Juan, que había oído en la cárcel las obras de Je-
sús, envió a sus discípulos [3]a preguntarle:
–¿Eres tú el que ha de venir o tenemos que espe-
rar a otro?
[4]Jesús les respondió:
–Id a contar a Juan lo que habéis visto y oído: [5]los
ciegos ven, los cojos andan, los leprosos quedan lim-
pios, los sordos oyen, los muertos resucitan y se anun-
cia el evangelio a los pobres (Is 26,19; 29,18-19; 35,5-
6; 61,1). [6]¡Dichoso el que no se escandalice de mí!

Jesús elogia a Juan Bautista
(Lc 7,24-35)

[7]Cuando se fueron, Jesús comenzó a hablar de
Juan a la gente:
–¿Qué salisteis a ver en el desierto? ¿Una caña
movida por el viento? [8]¿Qué salisteis a ver? ¿A al-
guien vestido lujosamente? Los que visten lujosa-

mente están en los palacios de los reyes. [9]Entonces,
¿qué salisteis a ver? ¿Un profeta? Sí, os lo digo; y
más que un profeta. [10]Él es de quien está escrito: *Yo
envío a mi mensajero delante de ti para que te prepare
el camino* (Éx 23,20; Mal 3,1). [11]Os aseguro que no
ha nacido de mujer nadie mayor que Juan Bautista,
pero el más pequeño en el Reino de los Cielos es
mayor que él. [12]Desde los tiempos de Juan Bautista
hasta ahora el Reino de los Cielos sufre violencia, y
los violentos pretenden apoderarse de él. [13]Todos los
profetas y la Ley anunciaron este Reino hasta que
vino Juan. [14]Y si queréis admitirlo, él es Elías, el que
había de venir. [15]¡El que tenga oídos, que oiga!

Jesús lamenta la terquedad de su pueblo

[16]¿Con quién compararé esta generación? Se pa-
rece a esos chiquillos sentados en las plazas, que se
gritan unos a otros: [17]«Os hemos tocado la flauta y
no habéis bailado, hemos cantado lamentaciones y
no habéis llorado». [18]Porque vino Juan, que ni co-
mía ni bebía, y dicen: «Tiene un demonio». [19]Ha ve-
nido el Hijo del Hombre, que come y bebe, y dicen:
«Éste es un comilón y un borracho, amigo de publi-
canos y pecadores». Pero la sabiduría ha quedado
acreditada con sus obras.

Lamento sobre Corozaín, Betsaida y Cafarnaún
(Lc 10,13-15)

[20]Se puso entonces a recriminar a las ciudades donde había hecho la mayoría de sus milagros porque no se habían convertido.

[21]–¡Ay de ti, Corozaín! ¡Ay de ti, Betsaida! Si en Tiro y en Sidón se hubieran hecho los milagros realizados en vosotras, haría ya tiempo que se hubieran arrepentido cubiertas de saco y ceniza. [22]Pero os digo que el día del juicio será más llevadero para Tiro y Sidón que para vosotras. [23]Y tú, Cafarnaún, ¿crees que te vas a elevar hasta el cielo? ¡Hasta el abismo te hundirás! Porque si en Sodoma se hubieran hecho los milagros realizados en ti, habría durado hasta el día de hoy. [24]Pero os digo que el día del juicio será más llevadero para Sodoma que para ti.

El Reino, revelado a los pequeños
(Lc 10,21-22)

[25]Por entonces Jesús exclamó:

–Yo te alabo, Padre, Señor del cielo y de la tierra, porque has escondido estas cosas a los sabios y a los entendidos, y se las has manifestado a los sencillos. [26]Sí, Padre, porque así te ha parecido bien. [27]Todo

me lo ha entregado mi Padre; nadie conoce al Hijo
sino el Padre, y nadie conoce al Padre sino el Hijo y
aquel a quien el Hijo se lo quiera manifestar. [28]Ve-
nid a mí todos los que estáis cansados y agobiados y
yo os aliviaré. [29]Cargad con mi yugo y aprended de
mí, que soy sencillo y humilde de corazón, y encon-
traréis descanso en vuestra vida, [30]porque mi yugo
es llevadero y mi carga ligera.

La Ley al servicio de la persona
(Mc 2,23-28; Lc 6,1-5)

12 [1]En una ocasión iba Jesús caminando por los
sembrados. Era sábado. Sus discípulos tenían
hambre, y comenzaron a cortar espigas y a comer-
las. [2]Los fariseos, al verlo, le dijeron:
–Mira, tus discípulos hacen lo que no está permi-
tido hacer en sábado.
[3]Él les respondió:
–¿No habéis leído lo que hizo David cuando tuvo
hambre él y los suyos; [4]cómo entró en la casa de Dios
y comió los panes de la proposición, de los que no es-
taba permitido comer ni a él ni a los suyos, sino sólo
a los sacerdotes? [5]¿O no habéis leído en la Ley que
en día de sábado los sacerdotes del templo pueden
incumplir el precepto del sábado sin incurrir en cul-

pa? 6Pues yo os digo que hay aquí algo más impor-
tante que el templo. 7Si hubierais comprendido qué
quiere decir: *Misericordia quiero y no sacrificios* (Os 6,6;
1Sam 15,22), no condenaríais a los inocentes. 8Por-
que el Hijo del Hombre es Señor del sábado.

Una curación en sábado
(Mc 3,1-6; Lc 6,6-11)

9De allí pasó a la sinagoga. 10Había en ella un
hombre que tenía seca una mano, y los que busca-
ban un motivo para acusar a Jesús le hicieron esta
pregunta:
–¿Está permitido curar en sábado?
11Él les contestó:
–¿Quién de vosotros que tenga una sola oveja, si
cae en un hoyo en día de sábado no le echa una
mano y la saca? 12Pues, ¡cuánto más vale un hom-
bre que una oveja! Así que está permitido hacer el
bien en sábado.
13Entonces dijo al hombre:
–Extiende tu mano.
La extendió y quedó sana como la otra. 14Pero los
fariseos, al salir, se pusieron a planear el modo de
acabar con él.

Jesús, siervo de Dios

15Jesús se enteró y se alejó de allí. Lo siguieron mu-
chos y los curó a todos, 16encargándoles severamente
que no lo publicasen. 17Así se cumplió lo anuncia-
do por el profeta Isaías:

18*Mirad a mi siervo, a quien sostengo,*
mi elegido, a quien prefiero.
Sobre él pondré mi espíritu
para que anuncie el derecho a las naciones.
19*No gritará ni peleará,*
no voceará por las calles.
20*La caña cascada no la quebrará,*
la mecha humeante no la apagará
hasta que haga triunfar la justicia.
21*En él pondrán las gentes su esperanza*
(Is 42,1-4).

Controversia sobre el poder de Jesús
(Mc 3,20-30; Lc 11,14-23; 12,10)

22Entonces le presentaron un endemoniado ciego
y mudo. Jesús lo curó, de manera que el mudo ha-
blaba y veía. 23Todo el pueblo, asombrado, decía:
–¿No es éste el Hijo de David?
24Pero los fariseos, al oírlo, dijeron:

–Este echa los demonios con el poder de Belce-
bú, príncipe de los demonios.
25Jesús, sabiendo lo que pensaban, les dijo:
–Todo reino dividido acaba en la ruina; ninguna
ciudad o casa dividida puede subsistir. 26Si Satanás
expulsa a Satanás, está dividido contra sí mismo;
¿cómo podrá, entonces, subsistir su reino? 27Si yo
echo los demonios con el poder de Belcebú, ¿con
qué poder lo echan vuestros hijos? Por eso ellos mis-
mos serán vuestros jueces. 28Pero si echo los demo-
nios con el Espíritu de Dios, es señal de que ha lle-
gado a vosotros el Reino de los Cielos.
29¿Cómo puede uno entrar en la casa de un hom-
bre fuerte y arrebatarle sus cosas si antes no lo ata?
Sólo así podrá saquear su casa. 30El que no está con-
migo está contra mí, y el que no recoge conmigo des-
parrama.
31Por eso os digo: A los hombres se les perdona-
rán todos sus pecados y blasfemias, pero la blasfe-
mia contra el Espíritu no se les perdonará. 32Al que
hable contra el Hijo del Hombre se le perdonará,
pero al que hable contra el Espíritu Santo no se le
perdonará ni en esta vida ni en la otra.
33Decís que el árbol es bueno si es bueno su fruto;
decís que el árbol es malo si es malo su fruto; por-
que el árbol se conoce por su fruto. 34¡Raza de víbo-
ras! ¿Cómo podéis vosotros hablar de cosas buenas,

siendo malvados? Porque de lo que rebosa el cora-
zón habla la boca. 35La persona buena, de su bon-
dad saca buenas cosas; y la mala de su maldad saca
cosas malas. 36Y yo os digo que de toda palabra ocio-
sa que digan los hombres darán cuenta el día del jui-
cio. 37Por tus palabras serás absuelto y por tus pala-
bras serás condenado.

Le piden un signo milagroso
(Mc 8,11-12; Lc 11,29-32)

38Entonces algunos maestros de la Ley y algunos
fariseos le dijeron:
–Maestro, queremos verte hacer una señal mila-
grosa.
39Él respondió:
–Esta generación malvada y adúltera pide una se-
ñal, y no se le dará otra que la señal del profeta Jo-
nás. 40De la misma manera que Jonás *estuvo tres días
y tres noches en el vientre del cetáceo* (Jon 2,1-3), así
estará el Hijo del Hombre tres días y tres noches en
el corazón de la tierra. 41Los habitantes de Nínive
se levantarán en el día del juicio con esta genera-
ción y la condenarán, porque se arrepintieron por
la predicación de Jonás, y aquí hay algo que es más
que Jonás. 42La reina del sur se levantará en el día
del juicio con esta generación y la condenará, por-

que ella vino de los confines de la tierra para escu-
char la sabiduría de Salomón, y aquí hay algo que
es más que Salomón.

Retorno del espíritu inmundo

43Cuando el espíritu impuro sale de una persona,
anda por lugares áridos buscando descanso, y, al no
encontrarlo, 44dice: «Volveré a mi casa de donde
salí». Al volver, la encuentra libre, barrida y arre-
glada. 45Entonces va y trae consigo otros siete espí-
ritus peores que él, y entran y se instalan allí. Así el
estado final de aquella persona resulta peor que el
primero. Eso sucederá también a esta generación
malvada.

La verdadera familia de Jesús
(Mc 3,31-35; Lc 8,19-21)

46Mientras él hablaba a la gente, su madre y sus
hermanos estaban fuera y querían hablar con él.
47Alguien le dijo:
–Tu madre y tus hermanos están afuera y quieren
hablar contigo.
48Él respondió:
–¿Quién es mi madre y quiénes son mis herma-
nos?

49Y extendiendo su mano hacia sus discípulos, dijo:
–Estos son mi madre y mis hermanos. 50El que
hace la voluntad de mi Padre celestial, ese es mi her-
mano, mi hermana y mi madre.

EL REINO CRECE

Les habla en parábolas
(Mc 4,1-2; Lc 8,4)

13 1Aquel día, Jesús salió de su casa y se sentó
a la orilla del lago. 2Acudió a él tanta gen-
te, que subió a una barca mientras la gente quedó
en la playa. 3Les expuso muchas cosas en parábolas.

Parábola del sembrador
(Mc 4,3-9; Lc 8,5-8)

Les decía:
–Salió el sembrador a sembrar. 4Al sembrar, parte
de la semilla cayó junto al camino; pero vinieron las
aves y se la comieron. 5Otra parte cayó en un pe-
dregal, donde no había mucha tierra, y brotó en se-
guida porque la semilla no tenía profundidad en la
tierra; 6pero al salir el sol la abrasó y, por no tener
raíz, se secó. 7Otra cayó entre zarzas; las zarzas cre-
cieron y la ahogaron. 8Otra parte cayó en tierra bue-

na, y dio frutos: una ciento, otra sesenta, otra treinta.
9¡El que tenga oídos, que oiga!

Razón de las parábolas
(Mc 4,10-12; Lc 8,9-10)

10Los discípulos se le acercaron y le preguntaron:
–¿Por qué les hablas en parábolas?
11Él les respondió:
–A vosotros se os ha dado conocer los misterios
del Reino de los Cielos, pero a ellos no. 12Pues al que
tiene se le dará más y tendrá de sobra; pero al que
no tiene, aun lo que tiene se le quitará. 13Por esto
les hablo en parábolas, porque miran y no ven, es-
cuchan y no oyen ni entienden. 14Así se cumple en
ellos la profecía de Isaías:

Por mucho que oigáis no entenderéis,
por mucho que miréis no veréis,
15*porque la mente de este pueblo está embotada.*
Tienen tapados los oídos y los ojos cerrados
para no ver nada con sus ojos
ni oír con sus oídos,
ni entender con la mente
ni convertirse a mí
para que yo los cure (Is 6,9-10).

16¡Dichosos vuestros ojos porque ven y vuestros oí-
dos porque oyen! 17Os aseguro que muchos profe-
tas y justos desearon ver lo que veis y no lo vieron,
y oír lo que oís y no lo oyeron.

Explicación de la parábola del sembrador
(Mc 4,13-20; Lc 8,11-15)

18Escuchad vosotros lo que significa la parábola del
sembrador: 19Si uno oye la palabra del Reino y no
la entiende, viene el Maligno y le arrebata lo sem-
brado en el corazón. Éste es lo sembrado junto al
camino. 20Lo caído en el pedregal es el que oye la
palabra de momento y la acepta con alegría, 21pero
no tiene raíz, es inconstante y, cuando llega la prue-
ba o la persecución a causa de la palabra, inmedia-
tamente se viene abajo. 22Lo sembrado entre zarzas
es el que oye la palabra, pero las preocupaciones de
esta vida y la seducción de la riqueza ahogan la pa-
labra y queda sin fruto. 23Lo sembrado en tierra bue-
na es el que oye la palabra y la entiende y da fruto:
ciento, sesenta y treinta por uno.

La cizaña

24Jesús les propuso otra parábola:
–El Reino de los Cielos es semejante a un hombre

que sembró buena semilla en un campo. 25Mientras to-
dos dormían vino su enemigo, esparció cizaña en me-
dio del trigo y se fue. 26Cuando creció la hierba y se
formó la espiga, apareció también la cizaña. 27Los cria-
dos fueron a decir a su amo: «¿No sembraste buena se-
milla en tu campo? ¿Cómo es que tiene cizaña?». 28Él
les respondió: «Un enemigo hizo esto». Los criados di-
jeron: «¿Quieres que vayamos a arrancarla?». 29Les con-
testó: «¡No!, no sea que, al recoger la cizaña, arran-
quéis con ella el trigo. 30Dejad crecer juntas las dos
cosas hasta la siega; entonces diré a los segadores: Re-
coged primero la cizaña y atadla en haces para que-
marla, pero el trigo recogedlo en mi granero».

La semilla de mostaza y la levadura

31Les propuso otra parábola:
–El Reino de los Cielos es como un grano de mos-
taza que toma un hombre y lo siembra en su cam-
po. 32Es la más pequeña de todas las semillas; pero
cuando crece es la mayor de las hortalizas y se hace
árbol, hasta el punto de que las aves del cielo vie-
nen y anidan en sus ramas.

33Les dijo otra parábola:
–El Reino de los Cielos es semejante a la levadu-
ra que una mujer toma y la mete en tres medidas
de harina hasta que fermenta toda la masa.

[34]Jesús decía a la gente todas estas cosas en pará-
bolas, y no les decía nada sin parábolas, [35]para que
se cumpliera lo que había anunciado el profeta:

Abriré mi boca para decir parábolas
y publicaré lo que estaba oculto
desde la creación del mundo (Sal 78,2).

Explicación de la parábola de la cizaña

[36]Jesús dejó a la gente y se fue a casa. Sus discípu-
los se le acercaron y le dijeron:

–Explícanos la parábola de la cizaña del campo.
[37]Él respondió:

–El que siembra la buena semilla es el Hijo del
Hombre. [38]El campo es el mundo. La buena semilla
son los hijos del Reino, y la cizaña son los hijos del
maligno. [39]El enemigo que la siembra es el diablo. La
siega es el fin del mundo, y los segadores los ángeles.
[40]Como se recoge la cizaña y se quema en el fuego,
así también será al fin del mundo. [41]El Hijo del Hom-
bre enviará a sus ángeles, que recogerán de su Reino
a todos los que son causa de pecado y a todos los
agentes de injusticias [42]y los echarán al horno ardien-
te; allí será el llanto y el rechinar de dientes. [43]En-
tonces los justos resplandecerán como el sol en el Rei-
no de su Padre. ¡El que tenga oídos, que oiga!

El tesoro y la perla

44El Reino de los Cielos es semejante a un tesoro
escondido en el campo. El que lo encuentra lo es-
conde y, lleno de alegría, va, vende todo lo que tie-
ne y compra aquel campo.
45El Reino de los Cielos es semejante a un mercader
que busca perlas preciosas. 46Cuando encuentra una de
gran valor, va, vende todo lo que tiene y la compra.

La red

47El Reino de los Cielos es semejante a una red que
se echa al mar y recoge toda clase de peces: 48cuan-
do está llena, los pescadores la sacan a la orilla, se
sientan, recogen los buenos en cestos y tiran los ma-
los. 49Así será al fin del mundo: vendrán los ángeles,
separarán a los malos de los justos 50y los echarán al
horno de fuego. Allí será el llanto y el rechinar de
dientes.

Conclusión
(7,28; 11,1; 19,1; 26,1)

51Jesús preguntó a sus discípulos:
–¿Habéis entendido todo esto?
Le contestaron:

–¡Sí!
[52]Y él les dijo:
–Por eso, el Maestro de la Ley que se ha hecho
discípulo del Reino de los Cielos es como un padre
de familia que saca de su tesoro cosas nuevas y vie-
jas.
[53]Cuando Jesús acabó estas parábolas, se fue de allí.

EL REINO Y LA IGLESIA

Jesús, rechazado en Nazaret
(Mc 6,1-6; Lc 4,16-30)

[54]Se fue a su tierra y se puso a enseñar en la sina-
goga. La gente, asombrada, decía:
–¿De dónde le viene a éste esa sabiduría y esos
prodigios? [55]¿No es este el hijo del carpintero? ¿No
es su madre María, y sus hermanos Santiago, José,
Simón y Judas? [56]Y sus hermanas, ¿no viven con no-
sotros? ¿De dónde le viene todo esto?
[57]Y aquello les parecía un escándalo. Pero Jesús les
dijo:
–Sólo en su tierra y en su casa desprecian al pro-
feta.
[58]Y no hizo allí muchos milagros por su falta de fe.

Opinión de Herodes sobre Jesús

14 1Por entonces la fama de Jesús llegó a oídos del tetrarca Herodes 2y dijo a sus cortesanos:

–Ese es Juan Bautista, que ha resucitado de entre los muertos, y por eso tiene poder de obrar milagros.

Muerte de Juan Bautista
(Mc 6,14-29; Lc 9,7-9)

3Herodes había detenido a Juan, lo había encadenado y lo había metido en la cárcel por causa de Herodías, la mujer de su hermano Filipo; 4pues Juan le decía:

–No te es lícito tenerla por mujer.

5Aunque quiso matarlo, tuvo miedo del pueblo, que lo tenía por profeta. 6Al llegar el cumpleaños de Herodes, la hija de Herodías bailó en presencia de todos, y tanto agradó a Herodes, 7que juró darle lo que pidiera. 8Ella, instigada por su madre, le dijo:

–Dame ahora mismo en una bandeja la cabeza de Juan Bautista.

9El rey se entristeció, pero por el juramento y por los invitados ordenó que se la dieran, 10y envió a cortar la cabeza de Juan en la cárcel. 11Trajeron la cabeza en una bandeja y se la entregaron a la mucha-

cha, que a su vez la llevó a su madre. 12Sus discípu-
los fueron, recogieron el cadáver y lo sepultaron.
Después fueron a decírselo a Jesús.

Primera multiplicación de los panes
(Mc 6,30-44; Lc 9,10-17; Jn 6,1-14)

13Al enterarse de lo sucedido Jesús se fue de allí
en una barca a un lugar tranquilo y solitario. La gen-
te, al enterarse, lo siguió a pie desde las ciudades.
14Al desembarcar y ver a tanta gente, se compade-
ció de ella y curó a sus enfermos. 15Al caer el día, se
le acercaron sus discípulos y le dijeron:
–Estamos en un descampado y ya es muy tarde;
despide a la gente para que vayan a las aldeas a com-
prarse algo de comer.
16Jesús les dijo:
–No hace falta que se vayan. Dadles vosotros de
comer.
17Ellos le dijeron:
–Sólo tenemos aquí cinco panes y dos peces.
18Él dijo:
–Traédmelos.
19Mandó que la gente se echase sobre la hierba,
tomó los cinco panes y los dos peces, alzó los ojos
al cielo y los bendijo; partió los panes y se los dio a
los discípulos para que se los distribuyeran a la gen-

te. [20]Todos comieron y se hartaron; y se recogieron doce canastos llenos de las sobras. [21]Los que comieron eran unos cinco mil hombres, sin contar mujeres y niños.

Jesús camina sobre el agua
(Mc 6,47-53; Jn 6,15-21)

[22]Después mandó a los discípulos a que se embarcaran y se le adelantaran rumbo a la otra orilla, mientras él despedía a la gente. [23]Una vez que la despidió, subió al monte, a solas, para orar. Al caer la tarde estaba solo allí.

[24]Mientras, la barca se hallaba ya en medio del lago, batida por las olas, porque el viento era contrario. [25]Hacia las tres de la madrugada se dirigió a ellos andando sobre el lago. [26]Los discípulos, al verlo caminar sobre el lago, se asustaron y decían:

–¡Es un fantasma!

Como se pusieron a gritar llenos de miedo, [27]Jesús les dijo:

–Tranquilizaos. Soy yo, no temáis.

[28]Pedro le respondió:

–Señor, si eres tú, mándame ir a ti sobre las aguas.

[29]Él dijo:

–¡Ven!

Pedro saltó de la barca y fue hacia Jesús andando

sobre las aguas. 30Pero, al ver la fuerza del viento,
se asustó y, como empezaba a hundirse, gritó:
–¡Sálvame, Señor!
31Jesús le tendió la mano, lo agarró y le dijo:
–Hombre de poca fe, ¿por qué has dudado?
32Cuando subieron a la barca, el viento se calmó.
33Y los que estaban en ella se postraron ante él, di-
ciendo:
–Verdaderamente tú eres el Hijo de Dios.

Curaciones en Genesaret
(Mc 6,53-56)

34Acabada la travesía, tomaron tierra en Genesa-
ret. 35Las gentes del lugar lo reconocieron y propa-
garon la noticia por toda la comarca. Le trajeron to-
dos los enfermos 36y le suplicaban que les dejase tan
sólo tocar la orla de su manto. Y todos los que la
tocaban quedaban sanos.

La Ley de Dios y las prescripciones farisaicas
(Mc 7,1-13)

15 1Entonces se acercaron a Jesús unos fariseos
y maestros de la Ley de Jerusalén y le dije-
ron:
2–¿Por qué tus discípulos quebrantan las tradicio-

nes de los ancianos, pues no se lavan las manos al
comer?
3Él les respondió:
–¿Cómo es que vosotros mismos desobedecéis el
mandato de Dios para seguir vuestra tradición? 4Por-
que Dios dijo: *Honra a tu padre y a tu madre* (Éx
20,12; Dt 5,16) y *el que maldiga a su padre y a su ma-
dre será reo de muerte* (Éx 21,17; Lev 20,9). 5Pero vo-
sotros decís que el que declara a su padre o a su ma-
dre: «Lo que tenía para ayudarte lo he ofrecido al
templo», 6queda libre de la obligación de ayudar a
su padre y a su madre. Así habéis anulado el man-
dato de Dios con vuestra tradición. 7¡Hipócritas!,
bien profetizó Isaías de vosotros:

8*Este pueblo me honra con los labios,*
pero su corazón está lejos de mí.
9*El culto que me dan está vacío,*
pues la doctrina que enseñan
son preceptos humanos (Is 29,13; Sal 78,36-37).

10Llamó a la gente y les dijo:
–Escuchad atentamente: 11No mancha al hombre
lo que entra por la boca, sino lo que sale de la boca;
eso es lo que le mancha.
12Entonces los discípulos se le acercaron y le dije-
ron:

–¿Sabes que los fariseos, al oír tus palabras, se han
sentido ofendidos?
[13]Él respondió:
–Toda planta que no ha plantado mi Padre celes-
tial será arrancada de raíz. [14]Dejadlos; son ciegos,
guías de ciegos; y si un ciego guía a otro ciego, am-
bos caerán en el hoyo.
[15]Pedro tomó la palabra y dijo:
–Explícanos esa parábola.
[16]Él dijo:
–¿Pero tampoco vosotros entendéis? [17]¿No sabéis
que todo lo que entra por la boca va al vientre y ter-
mina en el retrete? [18]Pero lo que sale de la boca pro-
cede del corazón, y eso es lo que mancha al hom-
bre. [19]Porque del corazón provienen los malos
pensamientos, homicidios, adulterios, fornicaciones,
robos, falsos testimonios, blasfemias. [20]Eso es lo que
mancha al hombre; pero comer con las manos sin
lavar no mancha al hombre.

Jesús cura a la hija de una cananea (Mc 7,24-30)

[21]Jesús se marchó de allí y se fue a las regiones de
Tiro y Sidón. [22]En esto una mujer cananea venida
de aquellos contornos se puso a gritar:
–¡Ten compasión de mí, Señor, Hijo de David! Mi
hija está atormentada por un demonio.

23Pero él no le respondió nada. Sus discípulos se acercaron y le dijeron:

–Despídela, porque viene gritando detrás de nosotros.

24Él respondió:

–No he sido enviado sino a las ovejas perdidas de la casa de Israel.

25Pero ella se acercó, se puso de rodillas ante él y le suplicó:

–¡Señor, ayúdame!

26Él respondió:

–No está bien quitarles el pan a los hijos para echárselo a los perros.

27Ella dijo:

–Es cierto, Señor; pero también los perros comen las migajas que caen de la mesa de sus amos.

28Entonces Jesús le dijo:

–Mujer, ¡qué grande es tu fe! Que te suceda lo que pides. Y desde aquel momento su hija quedó curada.

Curaciones junto al lago

29Jesús partió de allí, llegó a la orilla del lago de
Galilea, subió al monte y se sentó. 30Se le acercó
mucha gente que llevaba cojos, ciegos, sordos, mancos y otros muchos enfermos. Los pusieron a sus pies
y él los curó. 31La gente se maravillaba al ver a los

mudos que hablaban, a los mancos sanos, a los cojos andando y a los ciegos que recobraban la vista. Y alabaron al Dios de Israel.

Segunda multiplicación de los panes
(Mc 8,1-10)

32Jesús llamó a sus discípulos y les dijo:
–Me conmueve esta gente, pues ya llevan tres días conmigo y no tienen qué comer. No quiero despedirlos en ayunas, no sea que desfallezcan en el camino.
33Los discípulos le dijeron:
–¿De dónde podremos sacar pan para hartar a tanta gente aquí, en un despoblado?
34Jesús les dijo:
–¿Cuántos panes tenéis?
Ellos contestaron:
–Siete y algunos peces.
35Mandó a la gente que se sentara en el suelo.
36Tomó los siete panes y los peces, dio gracias, los
partió y los dio a los discípulos, y estos a la gente.
37Comieron todos y se saciaron, y se recogieron siete cestos con las sobras.
38Los que comieron eran
cuatro mil hombres, sin contar las mujeres y los niños.
39Despidió a la gente, subió a la barca y se fue
a la región de Magadán.

Piden a Jesús una señal del cielo
(Mc 8,11-13; Lc 12,54-56)

16 [1]Los fariseos y los saduceos se le acercaron con la intención de tenderle una trampa y le pidieron que les mostrase una señal del cielo. [2]Él les respondió:

–Por la tarde decís: «Hará buen tiempo, porque el cielo está rojizo». [3]Y por la mañana: «Hoy hará malo, porque el cielo está rojizo y cargado». Sabéis interpretar el aspecto del cielo, ¿y no sois capaces de interpretar las señales de los tiempos? [4]Esta generación malvada e infiel pide una señal, pero no se les dará sino el signo de Jonás.

Sin más, los dejó y se fue.

La levadura de los fariseos y saduceos
(Mc 8,14-21)

[5]Cuando los discípulos pasaron a la otra orilla se olvidaron de llevar pan.

[6]Jesús les dijo:

–Tened mucho cuidado con la levadura de los fariseos y saduceos.

[7]Ellos comentaban entre sí:

–Lo dice porque no hemos traído pan.

[8]Jesús, dándose cuenta, les dijo:

–¿Por qué habláis de que no tenéis pan? ¡Hom-
bres de poca fe! 9¿Aún no entendéis? ¿No os acor-
dáis ya de cuando repartí cinco panes para cinco mil
hombres? ¿Cuántos cestos recogisteis de las sobras?
10¿Y de cuando repartí los siete para los cuatro mil?
¿Cuántos canastos recogisteis? 11¿Cómo no entendéis
que no os hablaba de panes? ¡Cuidado con la leva-
dura de los fariseos y saduceos!
12Entonces comprendieron que no les había dicho
que no tuvieran cuidado con el fermento del pan,
sino con las enseñanzas de los fariseos y saduceos.

Confesión de fe de Pedro
(Mc 8,27-30; Lc 9,18-21)

13Al llegar Jesús a la región de Cesarea de Filipo,
preguntó a sus discípulos:
–¿Quién dice la gente que es el Hijo del Hombre?
14Ellos le dijeron:
–Unos, que Juan el Bautista; otros, que Elías;
otros, que Jeremías o uno de los profetas.
15Él les dijo:
–Y vosotros, ¿quién decís que soy yo?
16Simón tomó la palabra y dijo:
–Tú eres el Mesías, el Hijo del Dios vivo.
17Jesús le respondió:
–Dichoso tú, Simón, hijo de Juan, porque eso no

te lo ha revelado la carne ni la sangre, sino mi Pa-
dre que está en los cielos. [18]Yo te digo que tú eres
Pedro y sobre esta piedra edificaré mi Iglesia, y las
puertas del infierno no prevalecerán contra ella. [19]Te
daré las llaves del Reino de los Cielos; y lo que ates
en la tierra quedará atado en los cielos, y lo que des-
ates en la tierra quedará desatado en los cielos.
[20]Entonces ordenó a sus discípulos que no dijesen
a nadie que él era el Mesías.

III. INVITACIÓN A LOS DISCÍPULOS

SEGUIR A JESÚS

Primer anuncio de su muerte y resurrección
(Mc 8,31-33; Lc 9,22-27)

[21]Desde entonces comenzó Jesús a declarar a sus
discípulos que él tenía que ir a Jerusalén y padecer
mucho de parte de los ancianos del pueblo, de los
sumos sacerdotes y de los maestros de la Ley, ser
matado y resucitar al tercer día.
[22]Pedro se lo llevó aparte y se puso a reprenderle:
–¡Dios no lo quiera, Señor! ¡No te sucederá eso!
[23]Pero él, volviéndose, le dijo:
–¡Apártate de mí, Satanás!, pues eres un obstá-

culo para mí, porque tus pensamientos son como los
de los hombres, no como los de Dios.

Las exigencias del seguimiento

24Dirigiéndose a sus discípulos añadió:
–El que quiera venir detrás de mí, niéguese a sí
mismo, tome su cruz y me siga. 25Porque el que quie-
ra salvar su vida la perderá, pero el que pierda su
vida por mí la encontrará. 26¿Qué le vale al hombre
ganar el mundo entero si pierde su vida? ¿O qué
puede dar a cambio de su vida? 27El Hijo del Hom-
bre vendrá en la gloria de su Padre con sus ángeles,
y entonces dará a cada uno según su conducta. 28Os
aseguro que algunos de los presentes no morirán sin
haber visto al Hijo del Hombre venir como rey.

Transfiguración de Jesús
(Mc 9,2-13; Lc 9,28-36)

17 1Seis días después Jesús tomó consigo a Pe-
dro, a Santiago y a Juan, su hermano, y los
llevó a un monte alto a solas 2y se transfiguró ante
ellos: su rostro brillaba como el sol y sus vestiduras
se volvieron blancas como la luz. 3En esto se le apa-
recieron Moisés y Elías conversando con él. 4Pedro
tomó la palabra y dijo a Jesús:
–Señor, ¡qué bien se está aquí! Si quieres, hago

aquí tres tiendas: una para ti, otra para Moisés y otra
para Elías.
5Aún estaba hablando, cuando una nube lumino-
sa los cubrió y una voz desde la nube decía:
–Este es mi Hijo amado, en quien me complazco,
¡escuchadlo!
6Al oírlo, los discípulos cayeron de bruces, aterra-
dos de miedo. 7Jesús se acercó, los tocó y les dijo:
–¡Levantaos, no tengáis miedo!
8Al alzar la vista no vieron a nadie, sino sólo a Je-
sús. 9Mientras bajaban del monte Jesús les ordenó:
–No contéis a nadie esta visión hasta que el Hijo
del Hombre haya resucitado de entre los muertos.
10Los discípulos le preguntaron:
–¿Por qué dicen los maestros de la Ley que primero
debe venir Elías?
11Jesús les respondió:
–Sí, Elías tenía que venir a ponerlo todo en orden.
12Pero yo os digo que Elías ha venido ya y no lo han re-
conocido sino que lo han tratado a su antojo. Del mis-
mo modo van a hacer padecer al Hijo del Hombre.
13Entonces entendieron los discípulos que les ha-
bía hablado de Juan el Bautista.

Curación de un epiléptico
(Mc 9,14-29; Lc 9,37-45)

14Cuando llegaban a donde estaba la gente, se le acercó un hombre que, postrándose ante él, le dijo:
15–Señor, ¡ten compasión de mi hijo, que es epiléptico y está muy mal! Muchas veces cae en el fuego y otras muchas en el agua.
16Lo he presentado a tus discípulos y no han podido curarlo.
17Jesús respondió:
–¡Gente incrédula y perversa! ¿Hasta cuándo tendré que estar con vosotros? Traédmelo.
18Jesús lo increpó, el demonio salió del muchacho y en aquel momento quedó curado.
19Los discípulos se acercaron a Jesús y, cuando estuvieron a solas con él, le preguntaron:
–¿Por qué nosotros no pudimos echarlo?
20Les dijo:
–Por vuestra poca fe. Os aseguro que si tuvierais fe como un grano de mostaza, diríais a este monte: «Vete de aquí allá», y se trasladaría; nada os sería imposible. [
21«Esta clase de demonios sólo se expulsa con la oración» (Mc 9,29)].

Segundo anuncio de su muerte y resurrección
(Mc 9,30-32; Lc 9,43-45)

22Un día que estaban juntos en Galilea les dijo Jesús:
–El Hijo del Hombre va a ser entregado en manos de los hombres,
23lo matarán y al tercer día resucitará.

Y ellos se entristecieron mucho.

El impuesto del templo

24Cuando llegaron a Cafarnaún, los recaudadores de los impuestos se acercaron a Pedro y le dijeron:

–¿No paga vuestro maestro el impuesto?

25Pedro respondió:

–Sí.

Al entrar en casa, se anticipó Jesús a preguntarle:

–¿Qué te parece, Simón? Los reyes de la tierra, ¿de quiénes cobran los impuestos: de sus hijos o de los extraños?

26Él contestó que de los extraños. Jesús le dijo:

–Luego los hijos están libres.
27Pero, para no escandalizarlos, vete al mar, echa el anzuelo y al primer pez que suba sácalo, ábrele la boca y encontrarás en ella la moneda precisa. Tómala y dásela a ellos por mí y por ti.

LA VIDA DE LA COMUNIDAD CRISTIANA

El mayor en el Reino
(Mc 9,33-37; Lc 9,46-48)

18 [1]En aquel momento se acercaron los discípu-
los a Jesús y le preguntaron:
–¿Quién es el más importante en el Reino de los
Cielos?
[2]Jesús llamó a un niño, lo puso en medio [3]y dijo:
–Os aseguro que si no cambiáis y os hacéis como
niños, no entraréis en el Reino de los Cielos. [4]El que
se haga pequeño como este niño, ése es el mayor en
el Reino de los Cielos. [5]El que acoge en mi nombre
a un niño como éste, a mí me acoge.

Evitar el escándalo
(Mc 9,42-48; Lc 17,1-2)

[6]Al que sea ocasión de pecado para uno de estos
pequeños que creen en mí, más le valdría que le ata-
ran al cuello una piedra de molino y lo tiraran al mar.
[7]¡Ay de quienes son ocasión de pecado en el mun-
do! Es inevitable que haya escándalos, pero ¡ay de
aquel por el que venga el escándalo!
[8]Si tu mano o tu pie son para ti ocasión de peca-

do, córtatelos y tíralos lejos de ti. Más te vale en-
trar en la vida manco o cojo que con las dos manos
o los dos pies ser arrojado al fuego eterno. 9Y si tu
ojo es para ti ocasión de pecado, sácatelo y tíralo le-
jos de ti. Es mejor entrar con un solo ojo en la vida
que con dos ojos ser arrojado al fuego. 10Cuidado con
despreciar a uno de estos pequeños, porque os digo
que sus ángeles en el cielo están continuamente en
la presencia de mi Padre celestial. [11].

La oveja perdida
(Lc 15,3-7)

12¿Qué os parece? Si un hombre tiene cien ovejas
y se le extravía una de ellas, ¿no dejará en el monte
las noventa y nueve e irá a buscar la extraviada? 13Si
la encuentra, os aseguro que se alegra por ella más
que por las noventa y nueve que no se habían ex-
traviado. 14De la misma manera, vuestro Padre ce-
lestial no quiere que se pierda ni uno solo de esos
pequeños.

Corrección fraterna
(Lc 17,3)

15Si tu hermano te ofende, ve y repréndelo a so-
las; si te escucha, habrás ganado a tu hermano;

16pero si no te escucha, toma todavía contigo uno o
dos, *para que cualquier causa sea decidida por la pala-
bra de dos o tres testigos* (Dt 19,15). 17Si no quiere
escucharles, dilo a la comunidad; y si tampoco quiere
escuchar a la comunidad, considéralo como un pa-
gano o un publicano.

18Os aseguro que todo lo que atéis en la tierra que-
dará atado en el cielo, y todo lo que desatéis en la
tierra quedará desatado en el cielo.

19Os aseguro que, si dos de vosotros se ponen de
acuerdo sobre la tierra, cualquier cosa que pidan les
será concedida por mi Padre celestial. 20Porque don-
de hay dos o tres reunidos en mi nombre, allí estoy
yo en medio de ellos.

Parábola del perdón

21Pedro se acercó y le dijo:

–Señor, ¿cuántas veces tengo que perdonar a mi
hermano cuando me ofenda? ¿Hasta siete veces?

22Jesús le dijo:

–No te digo hasta siete veces, sino hasta setenta ve-
ces siete. 23El Reino de los Cielos es semejante a un
rey que quiso arreglar sus cuentas con sus empleados.
24Al comenzar a tomarlas, le fue presentado uno que
le debía diez mil talentos. 25No teniendo con qué pa-
gar, el señor mandó que fuese vendido él, su mujer y

sus hijos y todo cuanto tenía, y que le fuera pagada
la deuda. [26]El empleado se echó a sus pies y le supli-
có: «Dame un plazo y te lo pagaré todo». [27]El señor
se compadeció de él, lo soltó y le perdonó la deuda.
[28]El empleado, al salir, se encontró con uno de sus
compañeros que le debía cien denarios, lo agarró por
el cuello y le dijo: «¡Paga lo que debes!». [29]El compa-
ñero se echó a sus pies y le suplicó: «¡Dame un plazo
y te pagaré!». [30]Pero él no quiso, sino que fue y lo me-
tió en la cárcel hasta que pagara la deuda. [31]Al ver
sus compañeros lo ocurrido, se disgustaron mucho y
fueron a contar a su señor todo lo que había pasado.
[32]Entonces su señor lo llamó y le dijo: «Siervo mal-
vado, te he perdonado toda aquella deuda porque me
lo suplicaste. [33]¿No debías tú también haberte com-
padecido de tu compañero, como yo me compadecí
de ti?». [34]Y el señor, irritado, lo entregó a los carcele-
ros, hasta que pagase toda la deuda. [35]Así hará mi Pa-
dre celestial con vosotros si cada uno de vosotros no
perdona de corazón a su hermano.

Conclusión
(7,28; 11,1; 13,53; 26,1)

19 [1]Cuando Jesús acabó este discurso, salió de
Galilea y se fue a Judea, al otro lado del Jor-
dán. [2]Lo siguió mucha gente, y allí los curó.

El amor verdadero (Mc 10,1-12)

[3]Se le acercaron unos fariseos y le preguntaron
para ponerlo a prueba:
–¿Le está permitido al varón separarse de su mu-
jer por cualquier motivo?
[4]Él respondió:
–¿No habéis leído que el creador desde el princi-
pio *los hizo varón y hembra* (Gén 1,27; 5,2) [5]y que
dijo: *Por eso el hombre dejará a su padre y a su madre
y se unirá a su mujer y serán los dos una sola carne?*
(Gén 2,24). [6]De tal manera que ya no son dos, sino
una sola carne. Por tanto, lo que Dios ha unido que
no lo separe el hombre.
[7]Le replicaron:
–Entonces, ¿por qué Moisés ordenó al marido dar-
le el acta de divorcio cuando se separa de ella?
[8]Les dijo:
–Moisés os permitió separaros de vuestras muje-
res por la dureza de vuestro corazón, pero al princi-
pio no era así. [9]Por tanto, os digo que el que se se-
pare de su mujer, excepto en el caso de unión
ilegítima, y se case con otra, comete adulterio.
[10]Los discípulos le dijeron:
–Si tal es la condición del varón respecto a su mu-
jer, no conviene casarse.
[11]Pero él les dijo:

–No todos pueden con esto, sino aquellos a quie-
nes Dios se lo concede. 12Hay eunucos que nacie-
ron así del vientre de su madre, los hay que fueron
hechos eunucos por los hombres y los hay que a sí
mismos se hicieron tales por el Reino de los Cielos.
¡El que sea capaz de hacer esto, que lo haga!

Jesús bendice a unos niños
(Mc 10,13-16; Lc 18,15-17)

13Entonces le presentaron unos niños para que les
impusiera las manos y rezase por ellos. Los discípu-
los los regañaban, 14pero Jesús dijo:
–Dejad que los niños se acerquen a mí y no se lo
impidáis, porque de los que son como ellos es el Rei-
no de los Cielos.
15Después de imponerles las manos, continuó su
camino.

El joven rico
(Mc 10,17-27; Lc 18,18-30)

16En cierta ocasión se le acercó un hombre y le
preguntó:
–Maestro, ¿qué tengo que hacer de bueno para al-
canzar la vida eterna?
17Él le contestó:

–¿Por qué me preguntas acerca de lo que es bueno? El único bueno es Dios. Pero, si quieres entrar en la vida, guarda los mandamientos.

18Replicó:

–¿Cuáles?

Jesús dijo:

–*No matarás, no cometerás adulterio, no robarás, no levantarás falsos testimonios,* 19*honra a tu padre y a tu madre y ama a tu prójimo como a ti mismo* (Éx 20,12-16; Dt 5,16-20; Lev 19,18).

20El joven le dijo:

–Todo eso lo he guardado. ¿Qué más hace falta?

21Jesús le dijo:

–Si quieres ser perfecto, anda, vende todo lo que tienes y dáselo a los pobres, y tendrás un tesoro en el cielo; después, ven y sígueme.

22Al oír esto, el joven se fue muy triste, porque tenía muchos bienes.

23Jesús dijo a sus discípulos:

–Os aseguro que un rico difícilmente entrará en el Reino de los Cielos. 24Es más fácil que un camello pase por el ojo de una aguja que un rico entre en el Reino de los Cielos.

25Al oír esto, los discípulos se quedaron asombrados y dijeron:

–Entonces, ¿quién puede salvarse?

26Jesús los miró y les dijo:

–Para los hombres esto es imposible, pero para
Dios todo es posible.
27 Entonces Pedro le dijo:
–Nosotros lo hemos dejado todo y te hemos se-
guido; ¿qué nos espera?
28 Jesús les dijo:
–Os aseguro que vosotros, los que me habéis segui-
do, en la nueva creación, cuando el Hijo del Hombre
se siente en el trono de su gloria, os sentaréis también
sobre doce tronos para juzgar a las doce tribus de Is-
rael. 29 Y todo el que deje casa, hermanos o hermanas,
padre o madre, o hijos o campos por mi causa, recibirá
el ciento por uno y heredará la vida eterna. 30 Muchos
primeros serán los últimos, y los últimos los primeros.

Parábola de los jornaleros

20 1 El Reino de los Cielos es como el dueño de
una finca que salió muy de mañana a contra-
tar obreros para su viña. 2 Convino con los obreros en
un denario al día, y los envió a su viña. 3 Fue también
a las nueve de la mañana, vio a otros que estaban pa-
rados en la plaza 4 y les dijo: «Id también vosotros a la
viña, y os daré lo que sea justo». 5 Y fueron. De nuevo
fue hacia el mediodía, y otra vez a las tres de la tarde,
e hizo lo mismo. 6 Volvió por fin hacia las cinco de la
tarde, encontró a otros que estaban parados y les dijo:

«¿Por qué estáis aquí todo el día sin hacer nada?». [7]Le
dijeron: «Porque nadie nos ha contratado». Él les dijo:
«Id también vosotros a la viña». [8]Al caer la tarde dijo
el dueño de la viña a su administrador: «Llama a los
obreros y págales el jornal, empezando por los últimos
hasta los primeros». [9]Vinieron los de las cinco de la tar-
de y recibieron un denario cada uno. [10]Al llegar los pri-
meros, pensaron que cobrarían más, pero también ellos
recibieron un denario cada uno. [11]Al tomarlo, murmu-
raban contra el propietario [12]diciendo: «Esos últimos
han trabajado una sola hora y los has igualado a noso-
tros, que hemos soportado el peso del día y el calor».
[13]Él respondió a uno de ellos: «Amigo, no te hago nin-
guna injusticia. ¿No convinimos en un denario? [14]Toma
lo tuyo y vete. Pero yo quiero dar a este último lo mis-
mo que a ti. [15]¿No puedo hacer lo que quiera con lo
mío? ¿O ves con malos ojos el que yo sea bueno?».
[16]Así los últimos serán primeros y los primeros últimos.

Tercer anuncio de su muerte y resurrección
(Mc 10,32-34; Lc 18,31-34)

[17]Cuando Jesús subía a Jerusalén, llevó aparte a los
doce discípulos y les dijo:
[18]–Mirad, estamos subiendo a Jerusalén. Allí el
Hijo del Hombre será entregado a los sumos sacer-
dotes y a los maestros de la Ley: lo condenarán a

muerte, 19lo entregarán a los paganos, se burlarán
de él, lo azotarán y lo crucificarán, pero al tercer día
resucitará.

Los puestos principales
(Mc 10,35-45)

20Se acercó a Jesús la madre de los Zebedeos con
sus hijos y se puso de rodillas para pedirle un favor.
21Él le preguntó:

–¿Qué quieres?

Ella respondió:

–Manda que estos dos hijos míos se sienten uno a tu derecha y otro a tu izquierda en tu Reino.

22Jesús respondió:

–No sabéis lo que pedís. ¿Podréis beber el cáliz que yo he de beber?

Contestaron:

–Sí, podemos.

23Jesús les dijo:

–Beberéis mi cáliz, pero el sentarse a mi derecha o a mi izquierda no es cosa mía el concederlo; es para quienes ha sido reservado por mi Padre.

24Los otros diez, al oír esto, se indignaron contra los dos hermanos.

25Jesús los llamó y les dijo:

–Sabéis que los jefes de las naciones las tiranizan

y que los grandes las oprimen. [26]Entre vosotros no
debe ser así, sino que si alguno de vosotros quiere
ser grande, que sea vuestro servidor; [27]y el que de
vosotros quiera ser el primero, que sea vuestro es-
clavo. [28]De la misma manera que el Hijo del Hom-
bre no ha venido a ser servido, sino a servir y dar su
vida en rescate por muchos.

Curación de dos ciegos
(Mc 10,46-52; Lc 18,35-43)

[29]Al salir de Jericó, los siguió mucha gente. [30]Dos
ciegos, sentados junto al camino, oyeron que pasa-
ba Jesús, y gritaron:
–¡Señor, Hijo de David, ten compasión de noso-
tros!
[31]La gente los reprendió para que se callasen, pero
ellos gritaban con más fuerza:
–¡Señor, Hijo de David, ten compasión de noso-
tros!
[32]Jesús se detuvo, los llamó y les dijo:
–¿Qué queréis que haga por vosotros?
[33]Le dijeron:
–Señor, ¡que se abran nuestros ojos!
[34]Jesús se compadeció, tocó sus ojos, y al punto re-
cobraron la vista y se fueron tras él.

RECHAZO DE JESÚS. PASIÓN Y RESURRECCIÓN

RECHAZO DEL MESÍAS EN JERUSALÉN

Entrada triunfal en Jerusalén
(Mc 11,1-11; Lc 19,28-38; Jn 12,12-19)

21 1Próximos ya a Jerusalén, al llegar a Betfagé, cerca del monte de los Olivos, Jesús envió a dos discípulos, 2diciéndoles:
–Id a la aldea de enfrente; a la entrada encontraréis una borriquilla atada, y con ella un pollino; desatadlos y traédmelos. 3Y si alguien os dice algo, respondedle: «El Señor los necesita, y en seguida los devolverá».
4Esto ocurrió para que se cumpliera lo que había dicho el profeta:

5*Decid a la hija de Sión:*
Mira, tu rey viene a ti
humilde y montado en un asno,
en un pollino, cría de un animal de carga
(Is 62,11; Zac 9,9).

6Los discípulos fueron e hicieron como Jesús les había ordenado: 7trajeron la borriquilla y el pollino, pusieron sobre ellos sus mantos, y Jesús se montó.

[8]Muchos alfombraban el camino con sus mantos y
otros con ramas que cortaban de los árboles. [9]Los
que iban delante y detrás gritaban:

¡Hosanna al Hijo de David!
Bendito el que viene en nombre del Señor.
¡Hosanna en las alturas! (Sal 118,25-26).

[10]Al entrar Jesús en Jerusalén, toda la ciudad se
alborotó; decían:
–¿Quién es éste?
[11]La gente respondía:
–Éste es Jesús, el profeta de Nazaret de Galilea.

Expulsión de los mercaderes del templo
(Mc 11,15-19; Lc 19,45-48; Jn 2,13-17)

[12]Jesús entró en el templo y echó a todos los que
estaban allí vendiendo y comprando. Volcó las me-
sas de los cambistas y los puestos de los vendedores
de palomas, [13]y les dijo:
–Está escrito: *Mi casa es casa de oración;* pero vo-
sotros la habéis convertido *en una cueva de ladrones*
(Is 56,7; Jer 7,11).
[14]Algunos ciegos y cojos se acercaron a Jesús en el
templo y él los curó. [15]Pero los sumos sacerdotes y los
maestros de la Ley, al ver las maravillas que hacía y

a los niños que gritaban en el templo: «¡Hosanna al Hijo de David!», se indignaron y le dijeron:
16–¿No oyes lo que están diciendo?
Jesús les contestó:
–Sí. ¿Nunca habéis leído: *De la boca de los pequeños y de los niños de pecho te procuraste alabanzas?* (Sal 8,3).
17Y dejándolos, salió de la ciudad, se fue a Betania y allí pasó la noche.

La higuera que no da frutos
(Mc 11,12-14.20-24)

18Cuando volvía muy temprano a la ciudad, sintió hambre.
19Vio una higuera junto al camino, se acercó a ella y, al no encontrar más que hojas, le dijo:
–Que nunca más brote de ti fruto alguno.
Y la higuera se secó en aquel mismo instante.
20Al ver esto los discípulos, admirados, decían:
–¿Cómo se ha secado de repente la higuera?
21Jesús les respondió:
–Os aseguro que si tuvierais fe y no dudarais, no sólo haríais lo de la higuera, sino que si decís a este monte: «Quítate de ahí y échate al mar», así se hará.
22Todo lo que pidáis con fe en la oración lo recibiréis.

La autoridad de Jesús puesta en duda
(Mc 11,27-33; Lc 20,1-8)

23Jesús entró en el templo, y mientras enseñaba,
se le acercaron los sumos sacerdotes y los ancianos
del pueblo y le preguntaron:
–¿Con qué autoridad haces todo esto? ¿Quién te
ha dado esa autoridad?
24Jesús les respondió:
–Yo también os haré una pregunta; y si me con-
testáis, os diré con qué autoridad hago todo esto. 25El
bautismo de Juan, ¿era del cielo o de los hombres?
Ellos discutían entre sí y comentaban: «Si decimos
que del cielo, nos dirá: Entonces, ¿por qué no creís-
teis en él? 26Y si decimos que de los hombres, teme-
mos a la gente, porque todos tienen a Juan por pro-
feta». 27Y respondieron a Jesús:
–No lo sabemos.
Él les replicó:
–Tampoco yo os digo con qué autoridad hago todo
esto.

Parábola de los dos hijos

28¿Qué os parece? Un hombre tenía dos hijos. Se
acercó al primero y le dijo: «Anda, vete a trabajar
hoy a la viña». 29Y él respondió: «No quiero». Pero

después se arrepintió y fue. 30Se acercó al otro hijo
y le dijo lo mismo, y éste respondió: «Voy, señor;
pero no fue». 31¿Cuál de los dos hizo la voluntad de
su padre?

Le contestaron:

–El primero.

Jesús dijo:

–Os aseguro que los publicanos y las prostitutas
entrarán en el Reino de los Cielos antes que voso-
tros. 32Porque vino Juan a mostraros el camino de
la salvación y no creísteis en él, mientras que los pu-
blicanos y las prostitutas le creyeron. Pero vosotros,
a pesar de verlo, no os habéis arrepentido ni creído
en él.

Parábola de los viñadores perversos
(Mc 12,1-12; Lc 20,9-19)

33Oíd otra parábola: Un propietario plantó una
viña, la cercó con una valla, cavó en ella un lagar,
edificó una torre para guardarla, la arrendó a unos
viñadores y se fue de viaje. 34Cuando llegó el tiem-
po de la vendimia, mandó sus criados a los viñado-
res para recibir su parte. 35Pero los viñadores agarra-
ron a los criados, y a uno le pegaron, a otro lo
mataron y a otro lo apedrearon. 36Mandó de nuevo
otros criados, más que antes, e hicieron con ellos lo

mismo. [37]Finalmente les mandó a su hijo, pensan-
do: «A mi hijo lo respetarán». [38]Pero los viñadores,
al ver al hijo, se dijeron: «Éste es el heredero. Va-
mos a matarlo y nos quedamos con su herencia».
[39]Lo agarraron, lo echaron fuera de la viña y lo ma-
taron. [40]Cuando venga el dueño de la viña, ¿qué
hará con aquellos viñadores?
[41]Le dijeron:
–Hará morir de mala muerte a esos malvados y
arrendará la viña a otros viñadores que le paguen
los frutos a su tiempo.
[42]Jesús les dijo:
–¿No habéis leído nunca en las Escrituras:

La piedra que desecharon los constructores,
es ahora la piedra angular.
Esto ha sido obra del Señor,
una maravilla a nuestros ojos? (Sal 118,22-23).

[43]Por eso os digo que se os quitará a vosotros el
Reino de los Cielos para dárselo a un pueblo que pa-
gue sus frutos. [44]El que caiga sobre esta piedra se es-
trellará, y sobre el que ella caiga será aplastado.
[45]Cuando los sumos sacerdotes y los fariseos oye-
ron estas parábolas, comprendieron que se refería a
ellos [46]y querían prenderlo, pero temían a la gente
porque lo tenían por profeta.

Parábola del gran banquete
(Lc 14,15-24)

22 1Jesús tomó de nuevo la palabra y les dijo
esta parábola:
2–El Reino de los Cielos es semejante a un rey que
celebró las bodas de su hijo. 3Envió sus criados a lla-
mar a los invitados a las bodas, pero no quisieron
venir. 4Mandó de nuevo a otros criados con este en-
cargo: «Decid a los invitados: el banquete está pre-
parado, mis terneros y cebones dispuestos, todo está
a punto; venid a las bodas». 5Pero ellos no hicieron
caso y se fueron: unos a su campo y otros a su ne-
gocio, 6los demás echaron mano a los criados, los
maltrataron y los mataron. 7El rey, entonces, se irri-
tó, mandó sus tropas a exterminar a aquellos asesi-
nos e incendió su ciudad. 8Luego dijo a sus criados:
«El banquete de bodas está preparado, pero los in-
vitados no eran dignos. 9Id a las encrucijadas de los
caminos, y a todos los que encontréis convidadlos
a la boda». 10Los criados salieron a los caminos y re-
cogieron a todos los que encontraron, malos y bue-
nos, y la sala de bodas se llenó de invitados. 11El rey
entró para ver a los invitados, reparó en un hombre
que no tenía traje de boda 12y le dijo: «Amigo,
¿cómo has entrado aquí sin tener un traje de boda?».
Pero él no contestó. 13Entonces el rey dijo a los ca-

mareros: «Atadlo de pies y manos y arrojadlo a las tinieblas exteriores. Allí será el llanto y el rechinar de dientes». [14]Porque muchos son los llamados, pero pocos los escogidos.

El impuesto al César
(Mc 12,13-17; Lc 20,20-26)

[15]Los fariseos se fueron a deliberar y ver cómo le podrían cazar en alguna palabra. [16]Le enviaron discípulos suyos con los herodianos a decirle:

–Maestro, sabemos que eres sincero, que enseñas de verdad el camino de Dios y que no te importa nada el qué dirán, porque no tienes respetos humanos. [17]Dinos tu parecer: ¿Es lícito pagar el impuesto al César o no?

[18]Jesús, conociendo su malicia, dijo:

[19]–Enseñadme la moneda del tributo.

Ellos le presentaron un denario.

[20]Jesús les dijo:

–¿De quién es esta efigie y esta inscripción?

[21]Respondieron:

–Del César.

Él les replicó:

–Pues dad al César lo que es del César y a Dios lo que es de Dios.

[22]Al oírlo se asombraron, lo dejaron y se fueron.

Los saduceos y la resurrección de los muertos
(Mc 12,18-27; Lc 20,27-40)

23 El mismo día se le acercaron unos saduceos, que
niegan la resurrección, y le preguntaron:
24 –Maestro, Moisés dijo: *Si muere un hombre casado sin tener hijos, su hermano se casará con la viuda para dar descendencia a su hermano* (Dt 25,5; Gén
38,8). 25 Eran siete hermanos: el primero se casó y
murió sin dejar hijos, por lo que la viuda se casó con
el hermano siguiente. 26 Igualmente el segundo y el
tercero, hasta el séptimo. 27 Finalmente murió tam-
bién la mujer. 28 En la resurrección, ¿de cuál de los
siete será esa mujer? Porque todos la tuvieron por
mujer.
29 Jesús les respondió:
–Estáis en un error, por no entender las Escritu-
ras ni el poder de Dios. 30 Porque en la resurrección
ni los hombres ni las mujeres se casarán, sino que
serán como ángeles en el cielo. 31 Y acerca de la re-
surrección de los muertos, ¿no habéis leído lo que
dijo Dios: 32 *Yo soy el Dios de Abrahán, el Dios de Isaac*
y el Dios de Jacob? (Éx 3,6.15-16). No es un Dios de
muertos, sino de vivos.
33 Al oírlo, la gente se admiraba de su enseñanza.

El mandamiento más importante
(Mc 12,28-34; Lc 10,25-28)

34Cuando los fariseos oyeron que había tapado la
boca a los saduceos, se reunieron, 35y uno de ellos,
doctor en la Ley, le preguntó para ponerlo a prueba:
36–Maestro, ¿cuál es el mandamiento principal de
la Ley?
37Él le dijo:
–*Amarás al Señor, tu Dios, con todo tu corazón, con
toda tu alma y con toda tu mente* (Dt 6,5). 38Este es
el principal y primer mandamiento. 39El segundo es
semejante a este: *Amarás a tu prójimo como a ti mismo* (Lev 19,18). 40En estos dos mandamientos se re-
sume toda la Ley y los Profetas.

Hijo de David
(Mc 12,35-37; Lc 20,41-44)

41Jesús preguntó a los fariseos cuando estaban reunidos:
42–¿Qué opináis del Mesías? ¿De quién es hijo?
Respondieron:
–De David.
43Él les replicó:
–Pues, ¿cómo David, inspirado por el Espíritu, le
llama Señor cuando dice: 44*El Señor dijo a mi Señor:*

Siéntate a mi derecha, hasta que ponga a tus enemigos
debajo de tus pies? (Sal 110,1). [45]Pues si el mismo
David le llama Señor, ¿cómo puede ser hijo suyo?
[46]Nadie podía responderle; y desde aquel día na-
die se atrevió a preguntarle.

Denuncia de los maestros de la Ley y de los fariseos
(Mc 12,38-40; Lc 11,37-52; 20,45-47)

23 [1]Entonces Jesús, dirigiéndose a la gente y a
sus discípulos, exclamó:
[2]–En la cátedra de Moisés se han sentado los
maestros de la Ley y los fariseos. [3]Haced y guardad
lo que os digan; pero no hagáis lo que ellos hacen,
porque dicen y no hacen. [4]Atan cargas pesadas e in-
soportables y las echan a los hombros del pueblo,
pero ellos ni con un dedo quieren moverlas. [5]Hacen
todas sus obras para que los vean los demás. Ensan-
chan sus filacterias y alargan los flecos del manto.
[6]Les gusta ocupar los primeros puestos en los ban-
quetes y en las sinagogas, [7]ser saludados en las pla-
zas y que los llamen «maestros». [8]Pero vosotros no
os dejéis llamar maestro, porque uno es vuestro
maestro y todos vosotros sois hermanos. [9]A nadie
en la tierra llaméis padre, porque uno solo es vues-
tro Padre, el celestial. [10]Ni os dejéis llamar precep-

tores, porque uno solo es vuestro preceptor: el Me-
sías. [11]El mayor de vosotros sea vuestro servidor.
[12]Pues el que se ensalza será humillado y el que se
humilla será ensalzado.

Jesucristo desenmascara a los escribas y fariseos

[13]¡Ay de vosotros, maestros de la Ley y fariseos hi-
pócritas, que cerráis el Reino de los Cielos a los hom-
bres! No entráis vosotros ni dejáis entrar a los que
quieren. [[14]].
[15]¡Ay de vosotros, maestros de la Ley y fariseos hi-
pócritas, que recorréis mares y tierras para hacer un
prosélito y, cuando llega a serlo, lo hacéis reo del
fuego dos veces más que vosotros!
[16]¡Ay de vosotros, guías ciegos, que decís: «Si se
jura por el santuario, no es nada; pero el que jura
por el oro del santuario queda obligado»! [17]¡Necios
y ciegos! ¿Qué es más? ¿El oro o el santuario que
santifica el oro? [18]Y decís además: «Jurar por el al-
tar no es nada, pero el que jura por lo ofrendado
sobre él queda obligado». [19]¡Ciegos! ¿Qué es más?
¿La ofrenda o el altar que santifica a la ofrenda?
[20]El que jura por el altar jura por él y por todo lo
que está sobre él, [21]y el que jura por el santuario
jura por él y por quien lo habita, [22]y el que jura por

el cielo jura por el trono de Dios y por el que está
sentado en él.
[23]¡Ay de vosotros, maestros de la Ley y fariseos hi-
pócritas, que pagáis el diezmo de la menta, del anís
y del comino, y descuidáis lo más importante de la
Ley: la justicia, la misericordia y la fe! Hay que ha-
cer una cosa sin descuidar la otra. [24]¡Guías ciegos,
que coláis un mosquito y os tragáis un camello!
[25]¡Ay de vosotros, maestros de la Ley y fariseos hi-
pócritas, que limpiáis por fuera el vaso y el plato, pero
por dentro están llenos de rapiña y codicia! [26]¡Fari-
seo ciego! Limpia primero el vaso y el plato por den-
tro, para que también por fuera queden limpios.
[27]¡Ay de vosotros, maestros de la Ley y fariseos hi-
pócritas, que sois como sepulcros blanqueados, que
por fuera aparecen hermosos, pero por dentro están
llenos de huesos de muertos y de podredumbre!
[28]Así también vosotros por fuera parecéis justos ante
los hombres, pero por dentro estáis llenos de hipo-
cresía y de crímenes.
[29]¡Ay de vosotros, maestros de la Ley y fariseos hi-
pócritas, que edificáis sepulcros a los profetas, ador-
náis las tumbas de los justos [30]y decís: «Si hubiéra-
mos vivido en tiempo de nuestros padres, no
habríamos participado con ellos en la sangre de los
profetas!». [31]Así testificáis, contra vosotros mismos,
que sois hijos de los que mataron a los profetas.

[32]Colmad, pues, la medida de vuestros padres. [33]¡Ser-
pientes, raza de víboras!, ¿cómo escaparéis de la con-
denación del fuego? Por eso yo os envío profetas, sa-
bios y maestros de la Ley: [34]a unos los mataréis y
crucificaréis, y a otros los azotaréis en vuestras si-
nagogas y los perseguiréis de ciudad en ciudad, [35]para
que caiga sobre vosotros toda la sangre inocente ver-
tida sobre la tierra, desde la sangre del justo Abel
hasta la sangre de Zacarías, hijo de Baraquías, a
quien asesinasteis entre el santuario y el altar. [36]Os
aseguro que todo eso vendrá sobre esta generación.

Lamento sobre Jerusalén
(Lc 13,34-35)

[37]¡Jerusalén, Jerusalén, que matas a los profetas y
apedreas a los que te son enviados! ¡Cuántas veces
he querido reunir a tus hijos como la gallina reúne
a sus polluelos debajo de las alas y no has querido!
[38]Pues bien, *vuestra casa quedará desierta* (Jer 7,14;
12,7; 26,4-6). [39]Os digo que ya no me veréis hasta
que digáis: *¡Bendito el que viene en nombre del Señor!*
(Sal 118,26).

LA VENIDA DEL HIJO DEL HOMBRE

Jesús predice la destrucción del templo
(Mc 13,1-2; Lc 21,5-6)

24 1Jesús salió del templo e iba caminando, cuan-
do se le acercaron sus discípulos para mos-
trarle las construcciones del templo. 2Él les dijo:
–¿Veis todo esto? Os aseguro que no quedará aquí
piedra sobre piedra. ¡Todo será destruido!
3Estando él sentado en el monte de los Olivos, fue-
ron los discípulos y le preguntaron a solas:
–Dinos cuándo sucederá eso y cuál será la señal
de tu venida y del fin del mundo.

Señales precursoras
(Mc 13,3-13; Lc 21,7-19)

4Jesús les respondió:
–Mirad que nadie os engañe. 5Muchos vendrán en
mi nombre diciendo: «Yo soy el Mesías», y engaña-
rán a muchos. 6Cuando oigáis hablar de guerras y
noticias de batallas, no os alarméis, porque es nece-
sario que todo eso ocurra; pero todavía no será el
fin. 7Se levantarán pueblos contra pueblos y reino
contra reino. Habrá hambre y terremotos en diver-
sos lugares. 8Eso será sólo el comienzo de los dolo-

res. 9Entonces os entregarán a la tortura y a la muer-
te. Por mi causa os odiarán todos los pueblos. 10Mu-
chos se escandalizarán, se traicionarán y odiarán
unos a otros. 11Surgirán muchos falsos profetas y en-
gañarán a muchos. 12El exceso de la maldad enfria-
rá la caridad de mucha gente, 13pero el que perse-
vere hasta el fin se salvará. 14Esta buena noticia del
Reino se predicará en el mundo entero en testimo-
nio para todas las naciones, y luego vendrá el fin.

Señales de la destrucción de Jerusalén
(Mc 13,14-23; Lc 21,20-24)

15Cuando veáis en el lugar santo el ídolo abomina-
ble (Dan 9,27; 11,31; 12,11) anunciado por el profe-
ta Daniel (el que lea que entienda), 16los que estén
en Judea, que huyan a los montes; 17el que esté en la
terraza, que no baje a recoger nada de su casa; 18y el
que esté en el campo que no vuelva por su manto.
19¡Ay de las que estén encinta y criando en aquellos
días! 20Rezad para que vuestra huida no caiga en in-
vierno ni en sábado. 21Porque habrá una angustia tan
grande como no la ha habido desde el principio del
mundo hasta ahora ni la habrá jamás. 22Si aquellos
días no se acortasen, nadie se salvaría; pero, en aten-
ción a los elegidos, aquellos días serán acortados.
23Si alguno os dice: «El Mesías está aquí o allá»,

no le creáis. [24]Surgirán falsos mesías y falsos profe-
tas, y harán grandes señales y prodigios para enga-
ñar, si fuera posible, aun a los mismos elegidos. [25]Mi-
rad que os lo he dicho todo de antemano. [26]Si os
dicen que está en el desierto, no salgáis; si en un es-
condite, no lo creáis. [27]Porque como el relámpago
sale del oriente y brilla hasta el occidente, así será
la venida del Hijo del Hombre. [28]Donde esté el ca-
dáver, allí se reunirán los buitres.

La venida del Hijo del Hombre
(Mc 13,24-27; Lc 21,25-28)

[29]En aquellos días, después de esta tribulación, el
sol se oscurecerá, la luna no alumbrará, las estrellas
caerán del cielo y las fuerzas celestes se tambalea-
rán. [30]Entonces aparecerá en el cielo la señal del Hijo
del Hombre; todas las tribus de la tierra se golpea-
rán el pecho y verán venir al Hijo del Hombre so-
bre las nubes del cielo con gran poder y majestad.
[31]Él enviará a sus ángeles con potentes trompetas y
reunirán de los cuatro vientos a los elegidos desde
uno a otro extremo del mundo.

Certeza y cercanía del fin
(Mc 13,28.31; Lc 21,29-33)

[32]Aprended del ejemplo de la higuera. Cuando sus
ramas se ponen tiernas y echan hojas, conocéis que
el verano se acerca. [33]Así también vosotros, cuando
veáis todo esto, sabed que él ya está cerca, a las puer-
tas. [34]Os aseguro que no pasará esta generación an-
tes de que suceda todo esto. [35]El cielo y la tierra pa-
sarán, pero mis palabras no pasarán. [36]Aunque aquel
día y aquella hora nadie los conoce, ni los ángeles
del cielo, ni el Hijo, sino sólo el Padre.

Exhortación a la vigilancia
(Mc 13,32-37; Lc 17,26-30.34-36)

[37]Como en los tiempos de Noé, así será la venida
del Hijo del Hombre. [38]En los días que precedieron
al diluvio comían, bebían y se casaban ellos y ellas,
hasta el día en que entró Noé en el arca; [39]y no se
dieron cuenta hasta que vino el diluvio y los barrió a
todos. Así sucederá cuando venga el Hijo del Hom-
bre: [40]entonces estarán dos en el campo, a uno se lo
llevarán y a otro lo dejarán; [41]estarán dos mujeres mo-
liendo juntas, a una se la llevarán y a otra la dejarán.
[42]Estad en guardia, porque no sabéis en qué día
va a venir vuestro Señor. [43]Tened en cuenta que si

el amo de casa supiera a qué hora de la noche iba a
venir el ladrón, estaría en guardia y no dejaría que
le asaltaran la casa. 44Estad preparados también vo-
sotros, porque a la hora que menos penséis vendrá
el Hijo del Hombre.

Parábola del criado fiel
(Lc 12,42-46)

45¿Quién es el criado fiel y prudente, puesto por el
amo al frente de su servidumbre para que les dé la
comida a su hora? 46Dichoso ese criado si, al llegar su
amo, lo encuentra cumpliendo con su deber. 47Os ase-
guro que lo pondrá al frente de todos sus bienes.
48Pero si ese criado es de mala condición y, pensando
que su amo va a tardar en venir, 49se pone a maltra-
tar a sus compañeros, a comer y a beber con los bo-
rrachos, 50su amo vendrá el día que él menos lo es-
pere, 51le castigará severamente y le asignará su suerte
con los hipócritas. Allí será el llanto y el rechinar de
dientes.

Parábola de las diez muchachas
(Lc 12,35-38)

25 1Sucede con el Reino de los Cielos lo que
con aquellas diez muchachas que tomaron

sus lámparas y salieron al encuentro del esposo.
2 Cinco de ellas eran necias y cinco sensatas. 3 Las
necias llevaron sus lámparas, pero no se proveyeron
de aceite, 4 mientras que las sensatas llevaron las lám-
paras y alcuzas con aceite. 5 Como el esposo tarda-
ba, les entró sueño a todas y se durmieron. 6 A me-
dianoche se oyó un grito: «Ya está ahí el esposo, salid
a su encuentro». 7 Se despertaron todas las mucha-
chas y se pusieron a preparar sus lámparas. 8 Las ne-
cias dijeron a las sensatas: «Dadnos de vuestro acei-
te, pues nuestras lámparas se apagan». 9 Las sensatas
respondieron: «Por si no basta para nosotras y vo-
sotras, mejor es que vayáis a los vendedores y lo
compréis». 10 Mientras fueron a comprarlo, vino el
esposo; las que estaban dispuestas entraron con él a
las bodas, y se cerró la puerta. 11 Más tarde llegaron
también las otras muchachas diciendo: «¡Señor, se-
ñor, ábrenos!». 12 Y él respondió: «Os aseguro que no
os conozco». 13 Por tanto, estad en guardia, porque
no sabéis el día ni la hora.

Parábola de los talentos
(Lc 19,11-27)

14 Sucede también con el Reino de los Cielos lo que
con aquel hombre que, al irse de viaje, llamó a sus
criados y les confió su hacienda. 15 A uno dio cinco

talentos, a otro dos y a otro uno, a cada uno según
su capacidad; luego se marchó. 16El que había reci-
bido cinco se puso en seguida a trabajar con ellos y
ganó otros cinco. 17Asimismo el de los dos ganó otros
dos. 18Pero el que había recibido uno solo, cavó en
la tierra y enterró el dinero de su señor.

19Después de mucho tiempo volvió el amo y pidió
cuentas a sus criados. 20Llegó el que había recibido cin-
co talentos y presentó otros cinco, diciendo: «Señor,
me diste cinco talentos; aquí tienes otros cinco que he
ganado. 21El amo le dijo: «¡Bien, criado bueno y fiel!;
has sido fiel en lo poco, te confiaré lo mucho; entra en
el gozo de tu señor». 22Se presentó también el de los
dos talentos, y dijo: «Señor, me diste dos talentos; mira,
he ganado otros dos». 23Su amo le dijo: «¡Bien, criado
bueno y fiel!; has sido fiel en lo poco, te confiaré lo
mucho; entra en el gozo de tu señor». 24Se acercó tam-
bién el que había recibido un solo talento, y dijo: «Se-
ñor, sé que eres duro, que cosechas donde no has sem-
brado y recoges donde no has esparcido. 25Tuve miedo,
fui y escondí tu talento en la tierra. Aquí tienes lo
tuyo». 26Su amo le respondió: «¡Siervo malo y holga-
zán! ¿Sabías que quiero cosechar donde no he sembra-
do y recoger donde no he esparcido? 27Debías, por tan-
to, haber entregado mi dinero a los banqueros para que,
al volver yo, retirase lo mío con intereses. 28Quitadle,
pues, el talento y dádselo al que tiene diez. 29Porque al

que tiene se le dará y le sobrará; pero al que no tiene,
aun lo que tiene se le quitará. 30Y a ese criado inútil,
echadlo a las tinieblas exteriores. Allí será el llanto y
el rechinar de dientes».

El juicio final

31Cuando venga el Hijo del Hombre en su gloria
con todos sus ángeles se sentará sobre el trono de
su gloria. 32Todos los pueblos serán llevados a su pre-
sencia y él separará a unos de otros, como el pastor
separa las ovejas de las cabras. 33Pondrá las ovejas a
su derecha y las cabras a su izquierda.
34Entonces el rey dirá a los de su derecha: «Venid,
benditos de mi Padre, tomad posesión del Reino pre-
parado para vosotros desde el principio del mundo.
35Porque tuve hambre y me disteis de comer, tuve
sed y me disteis de beber, fui emigrante y me aco-
gisteis, 36estuve desnudo y me vestisteis, enfermo y
me visitasteis, preso y fuisteis a verme».
37Entonces los justos le responderán: «Señor,
¿cuándo te vimos hambriento y te alimentamos, se-
diento y te dimos de beber? 38¿Cuándo te vimos emi-
grante y te acogimos, o desnudo y te vestimos?
39¿Cuándo te vimos enfermo o en la cárcel y fuimos
a verte?».
40Y el rey les dirá: «Os aseguro que cuando lo hi-

cisteis con uno de estos mis hermanos más peque-
ños, conmigo lo hicisteis».
41Luego dirá a los de la izquierda: «Apartaos de mí,
malditos, al fuego eterno preparado para el diablo y
sus ángeles. 42Porque tuve hambre y no me disteis
de comer, tuve sed y no me disteis de beber, 43fui
emigrante y no me acogisteis, estuve desnudo y no
me vestisteis, enfermo y en la cárcel y no me visi-
tasteis».
44Entonces responderán también ellos diciendo:
«Señor, ¿cuándo te vimos hambriento o sediento o
emigrante o enfermo o en prisión y no te asistimos?».
45Y él les contestará: «Os aseguro que cuando no
lo hicisteis con uno de esos pequeñuelos, tampoco
lo hicisteis conmigo».
46Y éstos irán al castigo eterno, pero los justos a
la vida eterna.

La Pascua del Hijo del Hombre

Conspiración del Sanedrín
(Mc 14,1-2; Lc 22,1-2; Jn 11,45-53)

26 1Cuando Jesús terminó este discurso, dijo a
sus discípulos:
2–Sabéis que dentro de dos días es la Pascua, y el Hijo
del Hombre será entregado para que lo crucifiquen.

3Entonces se reunieron los sumos sacerdotes y los
ancianos del pueblo en el palacio del sumo sacerdo-
te, llamado Caifás, 4y acordaron prender a Jesús con
engaño y darle muerte. 5Pero decían: «Durante la
fiesta no, para que el pueblo no se alborote».

Unción en Betania
(Mc 14,3-9; Jn 12,1-8)

6Se encontraba Jesús en Betania, en casa de Si-
món el leproso, 7cuando se acercó a él una mujer
con un vaso de alabastro de un perfume muy caro y
lo derramó sobre su cabeza mientras estaba sentado
a la mesa. 8Al ver esto, los discípulos se indignaron
y decían:

–¿A qué viene este derroche? 9Podía haberse ven-
dido a gran precio y habérselo dado a los pobres.

10Jesús se dio cuenta, y les dijo:

–¿Por qué molestáis a esa mujer? Ha hecho una
buena obra conmigo. 11A los pobres los tendréis
siempre con vosotros, pero a mí no me tendréis siem-
pre. 12Al derramar este perfume sobre mi cuerpo, lo
ha anticipado para preparar mi sepultura. 13Os ase-
guro que en cualquier parte del mundo donde se
predique esta buena noticia, será recordada esta
mujer y lo que ha hecho.

Traición de Judas
(Mc 14,10-11; Lc 22,3-6)

[14]Entonces Judas Iscariote, uno de los Doce, fue a los sumos sacerdotes [15]y les dijo:
–¿Qué me queréis dar, y yo os lo entrego?
Ellos le ofrecieron treinta monedas de plata. [16]Desde ese momento buscaba oportunidad para entregarlo.

Preparación de la cena pascual
(Mc 14,12-16; Lc 22,7-13)

[17]El primer día de la fiesta de los Panes ácimos se acercaron los discípulos a Jesús y le preguntaron:
–¿Dónde quieres que te preparemos la cena de Pascua?
[18]Él contestó:
–Id a la ciudad, a casa de Fulano, y decidle: «El maestro dice: Mi hora está cerca; quiero celebrar en tu casa la cena de la Pascua con mis discípulos».
[19]Ellos hicieron lo que Jesús les ordenó, y prepararon la cena de la Pascua.

Anuncio de la traición de Judas
(Mc 14,17-21; Lc 22,14.21-23; Jn 13,21-30)

[20]Al atardecer se puso a la mesa con los Doce.

[21]Mientras cenaban les dijo:
–Os aseguro que uno de vosotros me va a entregar.
[22]Muy entristecidos, comenzaron a decirle uno por uno:
–¿Soy yo, Señor?
[23]Él respondió:
–El que mete la mano conmigo en el plato, ése me
entregará. [24]El Hijo del Hombre se va, según está escrito de él; pero ¡ay de aquel que entrega al Hijo del Hombre! ¡Más le valdría no haber nacido!
[25]Entonces preguntó Judas, el que lo iba a entregar:
–¿Soy yo acaso, Maestro?
Jesús le respondió:
–Tú lo has dicho.

La cena pascual
(Mc 14,22-25; Lc 2,15-20; 1Cor 11,23-25)

[26]Durante la cena Jesús tomó pan, lo bendijo, lo partió y lo dio a sus discípulos, diciendo:
–Tomad y comed. Esto es mi cuerpo.
[27]Después tomó un cáliz, dio gracias y se lo dio, diciendo:
–Bebed todos de él, [28]porque esta es mi sangre, la sangre de la nueva alianza, que será derramada por
todos para el perdón de los pecados. [29]Os digo que

ya no beberé más de este fruto de la vid hasta el día
en que beba con vosotros un vino nuevo en el rei-
no de mi Padre. [30]Después de haber cantado los him-
nos salieron hacia el monte de los Olivos.

Predice las negaciones de Pedro
(Mc 14,27-31; Lc 22,31-34; Jn 13,36-38)

[31]Entonces Jesús les dijo:
–Todos vais a fallar por mi causa esta noche, pues
así lo dice la Escritura: *Heriré al pastor y se dispersa-
rán las ovejas del rebaño* (Zac 13,7). [32]Pero después
de resucitar iré delante de vosotros a Galilea.
[33]Pedro le dijo:
–Aunque todos fallen por causa tuya, yo no fallaré.
[34]Jesús le dijo:
–Te aseguro que esta misma noche, antes que el
gallo cante, me negarás tres veces.
[35]Pedro le replicó:
–Aunque tenga que morir contigo, jamás te negaré.
Y lo mismo dijeron todos los demás.

Agonía en Getsemaní
(Mc 14,32-42; Lc 22,39-46)

[36]Entonces Jesús fue con ellos a un huerto llama-
do Getsemaní, y dijo a los discípulos:

–Quedaos aquí mientras voy a orar un poco más
allá.
[37]Se llevó consigo a Pedro y a los dos hijos de Ze-
bedeo; comenzó a sentir tristeza y angustia [38]y les dijo:
–Me muero de tristeza. Quedaos aquí y velad con-
migo.
[39]Avanzó unos pasos más, cayó de bruces y se puso
a orar así:
–Padre mío, si es posible, que pase de mí este cá-
liz; pero no sea lo que yo quiero, sino lo que quieres
tú.
[40]Volvió donde estaban los discípulos, los encon-
tró dormidos y dijo a Pedro:
–¿Con que no habéis podido velar una hora con-
migo? [41]Velad y orad para que no caigáis en tentación.
El espíritu está dispuesto, pero la carne es débil.
[42]De nuevo, por segunda vez, se fue a orar, diciendo:
–Padre mío, si no es posible que este cáliz pase sin
que yo lo beba, hágase tu voluntad.
[43]Volvió y los encontró dormidos, vencidos por el
sueño. [44]Los dejó y volvió a orar de nuevo, por ter-
cera vez, repitiendo las mismas palabras. [45]Después
fue a los discípulos y les dijo:
–¡De modo que durmiendo y descansando! Ya lle-
ga la hora, y el Hijo del Hombre va a ser entregado
en manos de los pecadores. [46]Levantaos, vamos. El
que me entrega llega ya.

Prendimiento de Jesús
(Mc 14,43-50; Lc 22,47-53; Jn 18,3-12)

47Aún estaba hablando, cuando llegó Judas, uno de los Doce, y con él un gran tropel de gente con espadas y palos, enviados por los sumos sacerdotes y los ancianos del pueblo.
48El traidor les había dado esta señal: «Al que yo bese, ése es; prendedle».
49Se acercó a Jesús y le saludó:

–¡Hola, Maestro!, y lo besó.

50Jesús le dijo:

–Amigo, ¡a lo que vienes!

Entonces se acercaron a Jesús, le echaron mano y lo prendieron.
51Uno de los que estaban con Jesús sacó la espada, dio un golpe al criado del sumo sacerdote y le cortó una oreja.
52Jesús le dijo:

–Vuelve la espada a su sitio, que todos los que manejan espada a espada morirán.
53¿O crees que no puedo pedir ayuda a mi Padre, que me mandaría ahora mismo más de doce legiones de ángeles?
54Pero ¿cómo se cumplirían entonces las Escrituras, según las cuales tiene que suceder así?

55Luego se dirigió a la gente y dijo:

–¡Habéis venido a prenderme como a un ladrón, con espadas y palos! Todos los días enseñaba sentado en el templo y no me prendisteis.
56Pero todo esto sucede para que se cumpla lo que escribieron los profetas.

Entonces todos los discípulos lo abandonaron y huyeron.

Jesús ante el Sanedrín: proceso religioso
(Mc 14,53-65; Lc 22,54-55.63-71;
Jn 18,12-14.19-24)

57Los que prendieron a Jesús lo llevaron a casa de
Caifás, el sumo sacerdote, donde los maestros de la
Ley y los ancianos estaban reunidos. 58Pedro lo ha-
bía seguido de lejos hasta el palacio del sumo sacer-
dote; entró y se sentó con los criados para ver en
qué paraba la cosa.
59Los sumos sacerdotes y el Sanedrín en pleno bus-
caban un falso testimonio contra Jesús para conde-
narle a muerte. 60Pero no lo encontraron, aunque se
presentaron muchos testigos falsos. 61Al fin llegaron
dos que dijeron:
–Este dijo: «Puedo derribar el templo de Dios y en tres días reedificarlo».
62El sumo sacerdote se levantó y le preguntó:
–¿No respondes nada a lo que éstos atestiguan contra ti?
63Pero Jesús permaneció callado. El sumo sacerdote
le insistió:
–¡Te conjuro por Dios vivo que nos digas si tú eres el Mesías, el Hijo de Dios!

[64]Jesús respondió:
–Tú lo has dicho; y además os digo que desde ahora veréis al Hijo del Hombre *sentado a la diestra del Padre y venir sobre las nubes del cielo* (Sal 110,1; Dan 7,13).
[65]Entonces el sumo sacerdote se rasgó las vestiduras y dijo:
–¡Ha blasfemado! ¿Qué necesidad tenemos ya de testigos? Habéis oído la blasfemia. [66]¿Qué os parece?
Ellos respondieron:
–¡Que es reo de muerte!
[67]Lo escupieron en la cara y le dieron bofetadas y puñetazos, [68]mientras le decían:
–Adivina, Mesías, quién te ha pegado.

Pedro niega a Jesús
(Mc 14,66-72; Lc 22,56-62; Jn 18,15-18.25-27)

[69]Pedro estaba fuera sentado en el patio. Se le acercó una criada y le dijo:
–Tú también estabas con Jesús, el galileo.
[70]Pero él lo negó delante de todos, diciendo:
–No sé lo que dices.
[71]Al salir hacia el portal, lo vio otra criada, y dijo a los que estaban allí:
–Este estaba con Jesús el Nazareno.

72 Y él de nuevo lo negó con juramento:
–No conozco a ese hombre.
73 Al poco tiempo se acercaron a Pedro los que es-
taban allí y le dijeron:
–Seguro que tú también eres de ellos, pues tu mis-
ma habla te descubre.
74 Entonces él comenzó a jurar y perjurar:
–No conozco a ese hombre.
Y en aquel instante cantó el gallo. 75 Entonces Pe-
dro recordó que Jesús le había dicho:
–Antes de que cante el gallo me negarás tres veces.
Y saliendo fuera, se echó a llorar amargamente.

Jesús ante Pilato: proceso político
(Mc 15,1, Lc 23,1-2; Jn 18,28-32)

27 1 Al amanecer, los sumos sacerdotes y los an-
cianos del pueblo decidieron condenar a
muerte a Jesús. 2 Lo ataron y lo llevaron al goberna-
dor Pilato.

Muerte de Judas
(He 1,18-19)

3 Judas, el traidor, al ver que Jesús había sido con-
denado, se arrepintió y devolvió las treinta mone-
das de plata a los sumos sacerdotes y a los ancianos,

diciendo:
4–He pecado entregando sangre inocente.
Ellos dijeron:
–A nosotros ¿qué? ¡Tú verás!
5Tiró en el templo las monedas, fue y se ahorcó.
6Los sumos sacerdotes recogieron las monedas de
plata y dijeron:
–No es lícito echarlas en el tesoro del templo, por-
que son precio de sangre.
7Y decidieron comprar con ellas el «campo del al-
farero» para sepultura de los extranjeros. 8Por eso
aquel lugar se llama «Campo de sangre» hasta el
día de hoy. 9Así se cumplió lo que dijo el profeta
Jeremías: *Tomaron las treinta monedas de plata en que*
fue tasado aquel a quien pusieron precio los israelitas,
10*y las dieron por el campo del alfarero, según lo que*
me ordenó el Señor (Jer 32,6-9; Zac 11,12-13).

Pilato interroga a Jesús
(Mc 15,2-5; Lc 23,3-5; Jn 18,33-38)

11Jesús compareció ante el gobernador, quien le
preguntó:
–¿Eres tú el rey de los judíos?
Jesús respondió:
–Tú lo dices.
12Pero nada respondió a las acusaciones que le ha-
cían los sumos sacerdotes y los ancianos.

[13]Pilato le preguntó:
–¿No oyes todo lo que dicen contra ti?
[14]Pero él no le respondió nada, hasta el punto de
que el gobernador se quedó muy extrañado.

Jesús, sentenciado a muerte
(Mc 15,6-15; Lc 23,13-25; Jn 18,39-19,16)

[15]Por la fiesta el gobernador solía conceder al pue-
blo la libertad de un preso, el que ellos quisieran.
[16]Tenía entonces un preso famoso, llamado Barrabás.
[17]Pilato preguntó a todos los que estaban allí:
–¿A quién queréis que os deje en libertad? ¿A Ba-
rrabás o a Jesús, a quien llaman el Mesías?
[18]Pues sabía que lo habían entregado por envi-
dia. [19]Estando en el tribunal, su mujer mandó a de-
cirle:
–No resuelvas nada contra ese justo, porque esta
noche he tenido horribles pesadillas pos su causa.
[20]Pero los sumos sacerdotes y los ancianos conven-
cieron a la gente de que pidieran la libertad de Ba-
rrabás y la muerte de Jesús. [21]El gobernador volvió
a preguntarles:
–¿A quién de los dos queréis que os suelte?
Ellos respondieron:
–A Barrabás.
[22]Pilato les dijo:

–¿Qué haré entonces con Jesús, a quien llaman el Mesías?

Todos dijeron:

–¡Que lo crucifiquen!

23Él replicó:

–Pues ¿qué mal ha hecho?

Ellos gritaron más fuerte:

–¡Que lo crucifiquen!

24Viendo Pilato que nada conseguía, sino que aumentaba el alboroto, mandó que le trajeran agua y se lavó las manos ante el pueblo, diciendo:

–Soy inocente de esta sangre. ¡Vosotros veréis!

25Y todo el pueblo respondió:

–¡Que su sangre caiga sobre nosotros y sobre nuestros hijos!

26Entonces puso en libertad a Barrabás y les entregó a Jesús, después de azotarlo, para que lo crucificaran.

Coronación de espinas
(Mc 15,16-20; Jn 19,2-3)

27Los soldados del gobernador se llevaron a Jesús al pretorio y reunieron en torno de él a toda la tropa. 28Lo desnudaron, le vistieron una túnica de púrpura, 29trenzaron una corona de espinas y se la pusieron en la cabeza, y una caña en su mano de-

recha; luego, arrodillándose ante él, se burlaban di-
ciendo:
–¡Salve, rey de los judíos!
30Le escupían y le pegaban con la caña en la ca-
beza. 31Después de haberse burlado de él, le quita-
ron la túnica, le pusieron sus ropas y lo llevaron para
crucificarlo.

Crucifixión
(Mc 15,21-32; Lc 23,26-43; Jn 19,17-27)

32Cuando salían, encontraron a un vecino de Cire-
ne, llamado Simón, y le obligaron a llevar la cruz. 33Al
llegar a un lugar llamado Gólgota (que significa «La
Calavera») 34dieron de beber a Jesús vino mezclado con
hiel; pero él lo probó y no lo quiso beber. 35Los que lo
crucificaron se repartieron sus vestidos a suertes. 36Y
se sentaron allí para custodiarlo. 37Sobre su cabeza pu-
sieron la causa de su condena: «Este es Jesús, el rey de
los judíos». 38Con él crucificaron a dos ladrones, uno
a la derecha y otro a la izquierda. 39Los que pasaban
por allí le insultaban moviendo la cabeza 40y diciendo:
–¡Tú que destruías el templo y lo reedificabas en
tres días, sálvate a ti mismo!; si eres Hijo de Dios,
¡baja de la cruz!
41Del mismo modo los sumos sacerdotes, los maes-
tros de la Ley y los ancianos se burlaban de él di-
ciendo:

[42]–Ha salvado a otros y no puede salvarse a sí mis-
mo. Si es rey de Israel, ¡que baje de la cruz y cree-
remos en él! [43]Confiaba en Dios. ¡Que lo libre aho-
ra, si es que lo ama! ya que decía: «Soy Hijo de
Dios». [44]Hasta los ladrones crucificados con él lo in-
sultaban.

Muerte de Jesús
(Mc 15,33-41; Lc 23,44-49; Jn 19,28-30)

[45]Desde el mediodía se oscureció toda la tierra has-
ta las tres. [46]Hacia las tres de la tarde Jesús gritó con
voz potente:
Elí, Elí, lemá sabaktani? (que quiere decir: *Dios mío, Dios mío, ¿por qué me has abandonado?)* (Sal 22,2).
[47]Algunos de los presentes, al oírlo, decían:
–¡Está llamando a Elías!
[48]En seguida uno de ellos fue corriendo a buscar
una esponja, la empapó en vinagre, la puso en una
caña y le dio de beber. [49]Los otros decían:
–Deja, a ver si viene Elías a salvarlo.
[50]Y Jesús, dando de nuevo un fuerte grito, expiró.
[51]Entonces el velo del templo se rasgó en dos de arri-
ba abajo; la tierra tembló y las piedras se resquebra-
jaron, [52]se abrieron los sepulcros y muchos cuerpos
de santos que estaban muertos resucitaron; [53]y, sa-

liendo de los sepulcros, después de la resurrección
de Jesús, entraron en la ciudad santa y se aparecie-
ron a muchos. 54El centurión, por su parte, y los que
con él estaban custodiando a Jesús, al ver el terre-
moto y las cosas que ocurrían, tuvieron mucho mie-
do y decían:
–Verdaderamente este era Hijo de Dios.
55Había también allí, mirando desde lejos, muchas
mujeres que habían seguido a Jesús desde Galilea
para atenderle. 56Entre ellas estaba María Magdale-
na, María la madre de Santiago y José, y la madre
de los Zebedeos.

Jesús es sepultado
(Mc 15,42-47; Lc 23,50-56; Jn 19,38-42)

57Al caer la tarde vino un hombre rico de Arima-
tea, llamado José, que era también discípulo de Je-
sús. 58Se presentó a Pilato, le pidió el cuerpo de Je-
sús, y Pilato mandó que se lo dieran. 59José tomó el
cuerpo, lo envolvió en una sábana limpia 60y lo de-
positó en su propio sepulcro nuevo, que había he-
cho excavar en la roca. Hizo rodar una losa grande
para cerrar la puerta del sepulcro y se fue. 61Estaban
allí María Magdalena y la otra María, sentadas frente
al sepulcro.

El sepulcro custodiado

62Al día siguiente, es decir, el día después de la Pre-
paración de la Pascua, los sumos sacerdotes y los fa-
riseos fueron juntos a Pilato y le dijeron:
63–Señor, nos hemos acordado de que ese impos-
tor dijo cuando aún vivía: «A los tres días resucita-
ré». 64Manda asegurar el sepulcro hasta el día ter-
cero, no sea que vengan sus discípulos, lo roben y
digan al pueblo: «Ha resucitado de entre los muer-
tos, y el último engaño sea peor que el primero».
65Pilato les dijo:
–Tenéis guardias, id y aseguradlo como creáis con-
veniente.
66Ellos fueron y aseguraron el sepulcro, sellando la
piedra y montando la guardia.

Resurrección de Jesús
(Mc 16,1-8; Lc 24,1-12; Jn 20,1-10)

28 1Pasado el sábado, al rayar el alba, el pri-
mer día de la semana, fueron María Mag-
dalena y la otra María a ver el sepulcro. 2De pronto
hubo un gran terremoto. Un ángel del Señor bajó
del cielo, se acercó, hizo rodar la losa del sepulcro y
se sentó en ella. 3Su aspecto era como un relámpa-
go, y su vestido blanco como la nieve. 4Los guardias

temblaron de miedo y se quedaron como muertos.
5Pero el ángel, dirigiéndose a las mujeres, les dijo:
–No temáis. Sé que buscáis a Jesús, el crucificado;
6no está aquí, ha resucitado, como dijo. Venid a ver el
sitio donde estaba, e 7id en seguida a decir a sus discí-
pulos: «Ha resucitado de entre los muertos y va de-
lante de vosotros a Galilea; allí le veréis». Esto es todo.
8Ellas se alejaron a toda prisa del sepulcro, y con
miedo y gran alegría corrieron a llevar la noticia a
los discípulos. 9De pronto Jesús salió a su encuentro
y las saludó. Ellas se acercaron, se echaron a sus pies
y lo adoraron.
10Entonces Jesús les dijo:
–No temáis; id a decir a mis hermanos que vayan
a Galilea; allí me verán.

Soborno de los guardias

11Mientras las mujeres se iban, algunos de los guar-
dias fueron a la ciudad y contaron a los sumos sa-
cerdotes todo lo que había ocurrido. 12Estos se re-
unieron con los ancianos y acordaron en consejo dar
bastante dinero a los soldados, 13advirtiéndoles:
–Decid que sus discípulos fueron de noche y lo ro-
baron mientras dormíais. 14Y si eso llega por casua-
lidad a oídos del gobernador, nosotros le convence-
remos y conseguiremos que no os castigue.

[15]Ellos tomaron el dinero e hicieron como les habían dicho. Y este rumor se divulgó entre los judíos hasta el día de hoy.

Aparición en Galilea
(Mc 16,14-18; Lc 24,36-49;
Jn 20,19-23; He 1,6-8)

[16]Los once discípulos fueron a Galilea, al monte
que Jesús había señalado. [17]Al verlo, lo adoraron.
Algunos habían dudado hasta entonces. [18]Jesús se
acercó y les dijo:
–Se me ha dado plena autoridad en el cielo y en
la tierra. [19]Id, pues, y haced discípulos míos de to-
dos los pueblos, bautizándolos en el nombre del Pa-
dre y del Hijo y del Espíritu Santo, [20]y enseñándo-
les a poner por obra todo lo que yo os he mandado.
Sabed que yo estoy con vosotros todos los días hasta el fin del mundo.

Evangelio según san Marcos

PRÓLOGO

Predicación de Juan el Bautista
(Mc 3,1-12; Lc 3,1-9.15-17; Jn 1,19-28)

1 1Comienzo de la buena noticia de Jesús, Me-
sías, Hijo de Dios. 2Como está escrito en el pro-
feta Isaías:

Yo envío delante de ti a mi mensajero
para que te prepare el camino (Mal 3,1; cf Éx 23,20).
3*Voz que grita en el desierto:*
Preparad el camino del Señor,
allanad sus sendas (Is 40,3).

4Juan Bautista se presentó en el desierto bautizan-
do y predicando un bautismo para la conversión y el
perdón de los pecados. 5Acudían a él de la región de
Judea y todos los habitantes de Jerusalén, confesaban
sus pecados, y él los bautizaba en el río Jordán.

[6]Juan iba vestido de pelo de camello, llevaba una
correa de cuero a la cintura, y se alimentaba de sal-
tamontes y miel silvestre. [7]Decía:
–Detrás de mí viene el que es más fuerte que yo,
y yo no soy digno de postrarme para desatarle la co-
rrea de sus sandalias. [8]Yo os bautizo con agua, pero
él os bautizará en el Espíritu Santo.

Bautismo de Jesús
(Mt 3,13-17; Lc 3,21-22)

[9]Por aquellos días vino Jesús desde Nazaret de Ga-
lilea y fue bautizado por Juan en el Jordán. [10]En
cuanto salió del agua, vio los cielos abiertos y al Es-
píritu Santo como una paloma bajando sobre él. [11]Se
oyó una voz del cielo:
–Tú eres mi Hijo amado, en ti me complazco.

Tentación en el desierto
(Mt 4,1-11; Lc 4,1-13)

[12]Luego el Espíritu lo llevó al desierto. [13]Allí estu-
vo durante cuarenta días, siendo tentado por Sata-
nás. Vivía entre las bestias salvajes y los ángeles le
servían.

I. JESÚS, EL MESÍAS

REVELACIÓN DE JESÚS: CEGUERA DE LOS DIRIGENTES JUDÍOS

La buena noticia
(Mt 4,12-17; Lc 4,14-15)

14 Después de que Juan fuera encarcelado, Jesús fue
a Galilea a predicar la buena noticia de Dios. 15 De-
cía: «Se ha cumplido el tiempo. El Reino de Dios
está cerca. Convertíos y creed en el evangelio».

Primeros discípulos
(Mt 4,18-22; Lc 5,1-11)

16 Pasando junto al lago de Galilea, vio a Simón y
a Andrés, el hermano de Simón, echando las redes
en el lago, pues eran pescadores. 17 Jesús les dijo:
–Venid conmigo y os haré pescadores de hombres.
18 Al instante dejaron las redes y lo siguieron. 19 Fue
más adelante, y vio a Santiago, el de Zebedeo, y a
su hermano Juan, que estaban también dentro de la
barca remendando sus redes. 20 Jesús los llamó; ellos,
dejando a su padre Zebedeo en la barca con los jor-
naleros, le siguieron.

Curación de un poseso (Lc 4,31-37)

[21]Entraron en Cafarnaún y, cuando llegó el sábado, Jesús fue a la sinagoga y se puso a enseñar. [22]Todos se maravillaban de su doctrina, porque les enseñaba como quien tiene autoridad, y no como los maestros de la Ley.

[23]En la sinagoga había un hombre poseído de un espíritu inmundo, que se puso a gritar:

[24]–¿Qué tenemos que ver contigo, Jesús Nazareno? ¿Has venido a destruirnos? Sé quién eres: ¡el santo de Dios!

[25]Jesús le increpó:

–¡Cállate y sal de él!

[26]Y el espíritu inmundo, retorciéndole y gritando, salió de él. [27]Todos quedaron estupefactos y se preguntaban unos a otros:

–¿Qué es esto? ¡Una doctrina nueva con tanta autoridad! ¡Manda a los espíritus inmundos y le obedecen!

[28]Y su fama se extendió rápidamente por todas partes en todo el territorio de Galilea.

Curaciones
(Mt 8,14-17; Lc 4,38-41)

[29]Salieron de la sinagoga y fueron a la casa de Simón y de Andrés, con Santiago y Juan. [30]Le dijeron

que la suegra de Simón estaba en cama con fiebre.
31Él la agarró de la mano y la levantó. La fiebre des-
apareció, y ella se puso a servirles.
32Al anochecer le llevaron todos los enfermos y
endemoniados. 33Toda la ciudad se agolpó a la puer-
ta. 34Jesús curó a muchos pacientes de diversas en-
fermedades y lanzó muchos demonios; pero no les
dejaba hablar, porque le conocían.

Predicación en Galilea
(Lc 4,42-44)

35Muy de madrugada se levantó, salió y se fue a
un lugar solitario, y allí estuvo rezando. 36Simón y
sus compañeros lo buscaron. 37Cuando lo encontra-
ron le dijeron:
–Todos te están buscando.
38Él les dijo:
–Vamos a otra parte, a los pueblos vecinos, a pre-
dicar también allí, pues para esto he venido.
39Jesús marchó a predicar en las sinagogas por toda
Galilea, y echaba a los demonios.

Curación de un leproso
(Mt 8,2-4; Lc 5,12-16)

40Se le acercó un leproso y, poniéndose de rodi-
llas, le suplicaba:

–Si quieres, puedes limpiarme.
[41]Él, compadecido, extendió la mano, lo tocó y le
dijo:
–Quiero, queda limpio.
[42]Al instante quedó limpio de su lepra. [43]A conti-
nuación lo despidió, advirtiéndole severamente:
[44]–Mira, no se lo digas a nadie; muéstrate al sa-
cerdote y presenta la ofrenda que ordenó Moisés
para que les conste tu curación.
[45]Él, sin embargo, en cuanto se retiró, comenzó a
divulgar a voces lo ocurrido, de manera que Jesús
ya no podía entrar públicamente en ninguna ciudad.
Tenía que permanecer fuera de poblado, en lugares
solitarios, y aun así acudían a él de todas partes.

Curación de un paralítico
(Mt 9,1-8; Lc 5,17-26)

2 [1]Entró de nuevo en Cafarnaún después de al-
gunos días y se supo que estaba en casa. [2]Acu-
dieron tantos, que ni a la puerta cabían, y él les di-
rigía la palabra. [3]Le trajeron entre cuatro un paralí-
tico, [4]pero como había tanta gente no podían llegar
hasta él. Entonces levantaron la techumbre donde
él estaba, hicieron un boquete y descolgaron la ca-
milla con el paralítico. [5]Jesús, al ver la fe que tenían,
dijo al paralítico:

–Hijo, tus pecados te son perdonados.
[6]Algunos de los maestros de la Ley se dijeron:
[7]–¿Cómo habla éste así? ¡Blasfema! ¿Quién pue-
de perdonar los pecados sino sólo Dios?
[8]Jesús, conociendo sus pensamientos, les dijo:
–¿Por qué pensáis así? [9]¿Qué es más fácil: decirle al
paralítico «tus pecados son perdonados», o decirle «le-
vántate, carga con tu camilla y anda?». [10]Pues para
que veáis que el Hijo del Hombre tiene poder en la
tierra para perdonar los pecados, dijo al paralítico:
[11]–Levántate, carga con tu camilla y vete a tu casa.
[12]El paralítico se levantó, cargó inmediatamente con
la camilla y salió a la vista de todos. Todos se queda-
ron sobrecogidos y glorificaron a Dios, diciendo:
–Jamás hemos visto cosa igual.

Llama a Leví y come con pecadores
(Mt 9,9-13; Lc 5,27-32)

[13]Fue de nuevo a la orilla del lago. Toda la gente
acudía a él, y él les enseñaba. [14]Al pasar vio a Leví,
el de Alfeo, sentado en la oficina de los impuestos,
y le dijo:
–Sígueme.
Él se levantó y lo siguió. [15]Después, mientras es-
taba en su casa a la mesa, muchos publicanos y pe-
cadores se sentaron con él y sus discípulos, pues eran

muchos los que lo seguían. [16]Los maestros de la Ley
y los fariseos, al verlo comiendo con los pecadores y
publicanos, decían a sus discípulos:
–¿Por qué come con publicanos y pecadores?
[17]Jesús lo oyó y les dijo:
–No tienen necesidad de médico los sanos, sino
los enfermos; no he venido a llamar a los justos, sino
a los pecadores.

La cuestión del ayuno
(Mt 9,14-17; Lc 5,33-39)

[18]Un día en que los discípulos de Juan y los fariseos
estaban ayunando se le acercaron a preguntarle:
–¿Por qué los discípulos de Juan y los discípulos
de los fariseos ayunan, y en cambio los tuyos no?
[19]Jesús les contestó:
–¿Pueden acaso ayunar los invitados a la boda
mientras el esposo está con ellos? Mientras tienen
consigo al esposo no pueden ayunar. [20]Pero vendrán
días en que les quiten al esposo, y entonces ayuna-
rán. [21]Nadie remienda con paño nuevo un vestido
viejo, pues el remiendo nuevo tiraría de lo viejo y
el rasgón se haría mayor. [22]Ni echa vino nuevo en
odres viejos, pues el vino reventaría los odres y se
perderían el vino y los odres, sino que el vino nue-
vo se echa en odres nuevos.

La persona y el sábado
(Mt 12,1-8; Lc 6,1-5)

23Un sábado iba Jesús por los sembrados, y sus dis-
cípulos comenzaron a cortar espigas al pasar. 24Los
fariseos le dijeron:
–¡Mira!, ¿por qué hacen en sábado lo que no está
permitido?
25Él les respondió:
–¿No habéis leído lo que hizo David cuando tuvo
necesidad y sintieron hambre él y los suyos? 26Entró
en la casa de Dios, siendo sumo sacerdote Abiatar,
y comió los panes de la proposición, que sólo pue-
den comer los sacerdotes, y dio también a los que
iban con él.
27Y añadió:
–El sábado ha sido hecho para el hombre y no el
hombre para el sábado. 28Así que el Hijo del Hom-
bre es señor también del sábado.

El hombre de la mano atrofiada
(Mt 12,9-14; Lc 6,6-11)

3 1Entró de nuevo en la sinagoga. Había allí un
hombre que tenía una mano seca. 2Estaban ace-
chando a ver si Jesús lo curaba en sábado, para acu-
sarlo. 3Él dijo al hombre que tenía la mano seca:

–Levántate y ponte en medio.

4Luego les dijo:

–¿Está permitido en sábado hacer el bien o el mal, salvar una vida o destruirla?

Ellos callaban. 5Entonces, mirándolos indignado y apenado por la dureza de su corazón, dijo al hombre:

–Extiende tu mano.

La extendió y quedó sana. 6Los fariseos salieron y, con los herodianos, tomaron la resolución de acabar con él.

REVELACIÓN DE JESÚS: INCOMPRENSIÓN DE SUS PAISANOS

Curaciones junto al lago
(Mt 4,23-25; 12,15-16)

7Jesús se retiró con sus discípulos hacia el lago y mucha gente de Galilea lo siguió. 8Otros muchos de Judea, de Jerusalén, de Idumea, de Transjordania y de los alrededores de Tiro y Sidón, al oír las cosas que hacía, acudieron a él. 9Dijo entonces a sus discípulos que le reservaran una barca, pues la gente lo estrujaba. 10Había curado a tantos, que todos los que tenían alguna enfermedad se echaban sobre él para tocarlo. 11Los espíritus inmundos, cuando lo veían, se postraban ante él y gritaban:

–¡Tú eres el Hijo de Dios!
[12]Pero él les ordenaba severamente que no lo descubriesen.

Elección de los Doce
(Mt 10,1-4; Lc 6,12-16)

[13]Después subió al monte, llamó a los que él qui-
so y se acercaron a él. [14]Designó a doce, a los que
llamó apóstoles, para que estuvieran con él y para
enviarlos a predicar [15]con poder de echar los demo-
nios. [16]Designó a estos doce: Simón, a quien llamó
Pedro; [17]Santiago y su hermano Juan, hijos de Ze-
bedeo, a quienes llamó Boanerges, que significa Hi-
jos del trueno; [18]Andrés y Felipe; Bartolomé y Ma-
teo; Tomás y Santiago, hijo de Alfeo; Tadeo y Simón
el Cananeo, [19]y Judas Iscariote, el mismo que le traicionó.

¿Está Jesús trastornado?

[20]Cuando volvieron a casa, se reunió de nuevo
tanta gente que no podían comer. [21]Los suyos, al enterarse, salieron para llevárselo con ellos, pues decían que estaba trastornado.

Jesús y Belcebú
(Mt 12,24-32; Lc 11,15-23; 12,10)

22Los maestros de la Ley, que habían venido de Je-
rusalén, decían:
–¡Tiene a Belcebú!
Y añadían:
–¡Echa a los demonios con el poder del príncipe
de los demonios!
23Jesús entonces los llamó y les propuso estas com-
paraciones:
24–¿Cómo es posible que Satanás eche a Satanás?
Si un reino está dividido contra sí mismo, ese reino
no puede subsistir. 25Y si una casa está dividida con-
tra sí misma, esa casa no puede subsistir. 26Si Sata-
nás se alza contra sí mismo, está dividido y no pue-
de subsistir; toca a su fin.
27Por otra parte, nadie puede entrar en la casa de
un hombre fuerte y arrebatarle sus cosas si antes no
lo ata; sólo así podrá saquear su casa. 28Os aseguro
que a los hombres se les perdonarán todos los peca-
dos y blasfemias que digan; 29pero quien blasfeme
contra el Espíritu Santo no tendrá perdón jamás y
cargará con su pecado eternamente.
30Decía esto porque repetían: «Tiene un espíritu
inmundo».

Madre y hermanos de Jesús
(Mt 12,46-50; Lc 8,19-21)

31Llegaron la madre y los hermanos de Jesús; se
quedaron fuera y lo mandaron llamar. 32La gente es-
taba sentada a su alrededor cuando le dijeron:
–Mira, ahí afuera te buscan tu madre y tus her-
manos y hermanas.
33Él respondió:
–¿Quiénes son mi madre y mis hermanos?
34Y mirando a los que estaban sentados a su alre-
dedor, añadió:
–Éstos son mi madre y mis hermanos. 35El que
hace la voluntad de Dios, ése es mi hermano, mi
hermana y mi madre.

Parábola del sembrador
(Mt 13,4-9; Lc 8,5-8)

4 1De nuevo comenzó a enseñar a la orilla del
lago. Acudió a él tanta gente que subió a sen-
tarse en una barca en el lago, mientras la gente se
quedaba en tierra en la orilla. 2Les enseñaba muchas
cosas en parábolas. Les decía:
3–Escuchad: Salió el sembrador a sembrar; 4al sem-
brar, parte de la semilla cayó junto al camino, vinie-
ron las aves y se la comieron. 5Otra parte cayó en

un pedregal, donde no había mucha tierra, y brotó
en seguida porque la semilla no tenía profundidad
en la tierra; [6]pero al salir el sol la abrasó, y por no
tener raíz se secó. [7]Otra cayó entre zarzas; las zarzas
crecieron, la ahogaron y no dio fruto. [8]Otra parte
cayó en tierra buena y dio fruto lozano y crecido, una
treinta, otra sesenta y otra ciento.

[9]Y añadió:

–¡El que tenga oídos, que oiga!

Razón de las parábolas
(Mt 13,10-17; Lc 8,9-10)

[10]Cuando se quedó a solas, los Doce y los que estaban a su alrededor le preguntaron el significado de
las parábolas. [11]Y les dijo:

–A vosotros se os ha dado conocer los secretos del Reino de Dios; pero a los demás, a los que están fuera, todo les llega en parábolas

[12]*para que, aunque miren, no vean;*
y, aunque oigan, no entiendan,
no sea que se conviertan
y sean perdonados (Is 6,9-10).

Explicación de la parábola del sembrador
(Mt 13,18-23; Lc 8,11-15)

[13]Jesús añadió:
–¿No entendéis esta parábola? ¿Cómo, entonces, vais a entender las demás? [14]El sembrador siembra la palabra. [15]Los de junto al camino son aquellos en los que se siembra la palabra, pero apenas la han oído, va Satanás y arrebata la palabra sembrada en ellos. [16]Los sembrados en el pedregal son aquellos que oyen la palabra y la aceptan con alegría; [17]pero no tienen raíces, son inconstantes y, en cuanto les sobreviene, a causa de la palabra, una tribulación o persecución, inmediatamente se vienen abajo. [18]Los que reciben la semilla entre zarzas son los que oyen la palabra; [19]pero en ellos brotan las preocupaciones del mundo, el engaño de las riquezas y demás ambiciones, y ahogan la palabra haciéndola infructuosa. [20]Los que reciben la semilla en tierra buena son aquellos que oyen la palabra, la aceptan y dan fruto, el treinta, el sesenta o el ciento por uno.

Jesús prosigue su enseñanza
(Lc 8,16-18)

[21]También les dijo:
–¿Acaso se trae una lámpara para ocultarla en una vasija o ponerla debajo de la cama? ¿No es para co-

locarla en el candelero? 22Porque nada hay oculto que no sea descubierto, y nada secreto que no sea puesto en claro. 23El que tenga oídos para oír, que oiga.

24Les decía también:

–¡Atención a lo que oís! Con la misma medida con que midáis seréis medidos, y se os dará con creces. 25Porque al que tiene se le dará, y al que no tiene, aun lo que tiene se le quitará.

Parábola de la semilla

26También les dijo:

–El Reino de Dios es como un hombre que echa una semilla en la tierra. 27Lo mismo si está dormido como si está despierto, si es de noche como si es de día, la semilla, sin que él sepa cómo, germina y crece. 28La tierra por sí misma da el fruto: primero la hierba, luego la espiga, después el grano gordo en la espiga. 29Y cuando el fruto está maduro, el hombre echa la hoz porque es el tiempo de la cosecha.

Parábola de la mostaza
(Mt 13,31-32; Lc 13,18-19)

30Continuaba diciendo:

–¿Con qué compararemos el Reino de Dios o con qué parábola lo explicaremos? 31Es como un grano

de mostaza, que, cuando se siembra, es la más pe-
queña de las semillas de la tierra; [32]pero, una vez
sembrada, crece y se hace la más grande entre to-
das las hortalizas, y echa ramas tan grandes que las
aves pueden anidar a su sombra.

Conclusión

[33]Con muchas parábolas por el estilo les exponía
la doctrina según ellos podían comprenderla, [34]y no
les hablaba sin parábolas, pero a sus discípulos se las
explicaba a solas.

La tempestad calmada
(Mt 8,23-27; Lc 8,22-25)

[35]Aquel mismo día, ya caída la tarde, les dijo:
–Pasemos a la otra orilla.
[36]Y dejando a la gente, lo llevaron con ellos en la
barca tal como se encontraba; y le acompañaban
otras barcas. [37]Se levantó entonces una fuerte bo-
rrasca y las olas saltaban por encima de la barca, de
forma que estaba a punto de llenarse. [38]Jesús estaba
durmiendo sobre un cabezal en la popa. Ellos lo des-
pertaron y le dijeron:
–Maestro, ¿no te importa que perezcamos?
[39]Él se levantó, increpó al viento y dijo al mar:

–¡Calla! ¡Cálmate!
El viento cesó y se hizo una gran calma. 40Después
les dijo:
–¿Por qué sois tan miedosos? ¿Todavía no tenéis
fe?
41Ellos quedaron atemorizados y se decían unos a
otros:
–¿Quién es este, que hasta el viento y el mar le
obedecen?

El endemoniado de Gerasa
(Mt 8,28-34; Lc 8,26-39)

5 1Llegaron a la orilla opuesta, a la región de los
gerasenos. 2En cuanto desembarcaron, les salió al
encuentro, de entre los sepulcros, un hombre poseí-
do de espíritu impuro, 3que vivía en el cementerio y
al que nadie podía sujetar ni siquiera con cadenas.
4Muchas veces lo habían atado con grillos y cadenas,
pero él había roto las cadenas y destrozado los grillos
y nadie podía sujetarlo. 5Se pasaba el día y la noche
entre los sepulcros y en los montes gritando y golpeán-
dose con piedras. 6Al ver desde lejos a Jesús, corrió,
se postró ante él 7y empezó a gritar:
–Déjame en paz, Jesús, hijo del Dios altísimo. ¡Te
conjuro por Dios que no me atormentes!
8Es que Jesús le había ordenado:

–¡Espíritu impuro, sal de él!
9Jesús le preguntó:
–¿Cómo te llamas?
Él contestó:
–Me llamo legión, pues somos muchos.
10Y se puso a rogarle insistentemente que no lo
echara de aquella región.
11Había por allí, en la ladera del monte, una gran
piara de cerdos paciendo. 12Los espíritus impuros pi-
dieron a Jesús:
–Envíanos a los cerdos para que entremos en ellos.
13Jesús se lo permitió. Ellos salieron y se metieron en
los cerdos; y la piara, de unos dos mil cerdos, se lanzó
al lago por un precipicio y se ahogaron. 14Los porque-
ros huyeron y lo contaron en el pueblo y en los case-
ríos. La gente fue a ver lo que había sucedido. 15Al acer-
carse a Jesús y ver sentado, vestido y en su sano juicio
al endemoniado que había tenido la legión, se llena-
ron de miedo. 16Los que lo habían visto contaban lo
ocurrido con el endemoniado y con los cerdos. 17En-
tonces rogaron a Jesús que se fuera de allí. 18Al subir a
la barca Jesús, el endemoniado le pidió que le dejara ir
con él. 19Jesús no le dejó, sino que le dijo:
–Vete a tu casa con los tuyos y cuéntales todo lo
que el Señor, compadecido de ti, ha hecho contigo.
20Él se fue y comenzó a publicar por la Decápolis lo
que Jesús había hecho con él; y todos se admiraban.

La hija de Jairo y la mujer con flujos
(Mt 9,18-26; Lc 8,40-56)

21Cuando Jesús regresó en barca a la otra orilla,
se reunió con él mucha gente, y se quedó junto al
lago. 22Llegó uno de los jefes de la sinagoga, llama-
do Jairo, y, al ver a Jesús, se echó a sus pies 23rogán-
dole con insistencia:
–Mi hijita se está muriendo; ven a poner tus ma-
nos sobre ella para que se cure y viva.
24Jesús fue con él. Lo seguía mucha gente, que lo
apretujaba.
25Una mujer que padecía hemorragias desde hacía
doce años, 26que había sufrido mucho con muchos
médicos y había gastado toda su fortuna sin obtener
ninguna mejoría, empeorando incluso, 27al oír hablar
de Jesús, se acercó a él por detrás entre la gente y le
tocó el manto, 28pues se decía: «Con sólo tocar sus
vestidos me curo». 29Inmediatamente la fuente de las
hemorragias se secó y sintió que su cuerpo estaba cu-
rado de la enfermedad. 30Jesús, al sentir que había sali-
do de él aquella fuerza, se volvió a la gente y dijo:
–¿Quién me ha tocado?
31Sus discípulos le contestaron:
–Ves que la multitud te apretuja, ¿y dices que
quién te ha tocado?
32Él seguía mirando alrededor para ver quién lo

había hecho. 33Entonces la mujer, que sabía lo que había ocurrido en ella, se acercó asustada y temblorosa, se postró ante Jesús y le dijo toda la verdad. 34Él dijo a la mujer:

–Hija, tu fe te ha salvado; vete en paz, libre ya de tu enfermedad.

35Todavía estaba hablando cuando llegaron algunos de casa del jefe de la sinagoga diciendo:

–Tu hija ha muerto. No molestes ya al maestro.

36Pero Jesús, sin hacer caso de ellos, dijo al jefe de la sinagoga:

–No tengas miedo; tú ten fe, y basta.

37Y no dejó que le acompañaran más que Pedro, Santiago y Juan, el hermano de Santiago. 38Al llegar a la casa del jefe de la sinagoga, Jesús vio el alboroto y a la gente que no dejaba de llorar y gritar. 39Entró y dijo:

–¿Por qué lloráis y alborotáis así? La niña no está muerta, está dormida.

40Se reían de él, pero Jesús echó a todos fuera, se quedó sólo con los padres de la niña y los que habían ido con él, y entró donde estaba la niña. 41La agarró de la mano y le dijo:

–*Talitha kumi* (que significa: Muchacha, yo te digo: ¡Levántate!).

42Inmediatamente la niña se levantó y echó a andar, pues tenía doce años. 43La gente se quedó asom-

brada. Jesús les recomendó vivamente que nadie se
enterara. Luego mandó que diesen de comer a la niña.

Jesús, rechazado en Nazaret
(Mt 13,53-58; Lc 4,16-30)

6 1Jesús salió de allí y se fue a su tierra acompa-
ñado de sus discípulos. 2El sábado se puso a en-
señar en la sinagoga, y la gente, al oírlo, decía asom-
brada:
–¿De dónde le viene a este todo eso? ¿Cómo tie-
ne tal sabiduría y hace tantos milagros? 3¿No es este
el carpintero, el hijo de María y el hermano de San-
tiago, de José, de Judas y de Simón? ¿Y sus herma-
nas no viven con nosotros?
Y se escandalizaban de él.
4Jesús les dijo:
–Sólo en su tierra, entre sus parientes y en su
casa desprecian a un profeta.
5Y no pudo hacer allí ningún milagro, aparte de
curar a algunos enfermos imponiéndoles las manos.
6Y se quedó sorprendido de su falta de fe.

REVELACIÓN DE JESÚS: RECONOCIMIENTO INICIAL DE LOS DISCÍPULOS

Misión de los Doce
(Mt 10,1.5-15; Lc 9,1-6)

Recorrió después las aldeas del contorno enseñan-
do. 7Llamó a los Doce y los envió de dos en dos, dán-
doles poder sobre los espíritus inmundos. 8Les orde-
nó que, aparte de un bastón, no llevasen nada para
el camino: ni pan, ni alforja, ni dinero en la faja; 9que
fueran calzados con sandalias, pero que no llevaran
dos túnicas. 10También les dijo:
–Quedaos en la casa en que entréis hasta que de-
jéis aquel lugar; 11y si no os reciben ni os escuchan,
al salir de allí sacudid el polvo de vuestros pies en
testimonio contra ellos.
12Ellos se fueron a predicar que se convirtieran;
13echaban muchos demonios, ungían con aceite a
muchos enfermos y los curaban.

Muerte de Juan el Bautista
(Mt 14,1-12; Lc 9,7-9)

14La fama de Jesús llegó a oídos del rey Herodes.
Unos decían: «Ése es Juan Bautista, que ha resuci-

tado y tiene el poder de hacer milagros», 15otros de-
cían: «Es Elías» y otros: «Es un profeta como los an-
tiguos». 16Pero Herodes, al oír hablar de esto, decía:
«Es Juan, a quien yo mandé cortar la cabeza, que
ha resucitado».

17Herodes había detenido a Juan y lo había meti-
do en la cárcel por causa de Herodías, la mujer de
su hermano Filipo, que él tenía como esposa. 18Por-
que Juan le decía: «No te está permitido tener la
mujer de tu hermano». 19Herodías odiaba a Juan y
quería matarlo; pero no podía, 20porque Herodes res-
petaba a Juan, pues reconocía que era un hombre
justo y santo, y lo protegía; cuando lo oía quedaba
perplejo, pero lo escuchaba con gusto.

21Y llegó el día oportuno. Herodes ofrecía un ban-
quete en su cumpleaños a los magnates, a los tribu-
nos y a los grandes personajes de Galilea. 22La hija
de Herodías en persona entró, danzó y agradó a He-
rodes y a los invitados. Entonces el rey dijo a la mu-
chacha:

–Pídeme lo que quieras y te lo daré.

23Y juró:

–Te daré lo que me pidas, aunque sea la mitad de mi reino.

24Ella salió y preguntó a su madre:

–¿Qué pido?

Su madre contestó:

–La cabeza de Juan el Bautista.
25Corrió de nuevo a donde estaba el rey, entró y
dijo:
–Quiero que me des inmediatamente la cabeza de
Juan el Bautista en una bandeja.
26El rey se entristeció mucho, pero no quiso des-
airarla por el juramento y por los invitados. 27Inme-
diatamente el rey mandó a un verdugo que trajera
la cabeza de Juan. Él fue a la cárcel, le cortó la ca-
beza, 28la trajo en una bandeja y se la dio a la mu-
chacha, y la muchacha se la dio a su madre. 29Sus
discípulos, al enterarse, fueron, recogieron el cadá-
ver y lo sepultaron.

Regreso de los Doce y primera multiplicación
(Mt 14,13-21; Lc 9,10-17; Jn 6,1-14)

30Se reunieron de nuevo los apóstoles con Jesús y le
contaron lo que habían hecho y enseñado. 31Él les dijo:
–Venid conmigo a un lugar retirado y tranquilo y
descansad un poco.
Porque eran tantos los que iban y venían, que no
tenían tiempo ni para comer. 32Se fueron en la bar-
ca a un lugar tranquilo ellos solos. 33Al ver que se
iban, muchos se dieron cuenta, y de todos los po-
blados corrieron allá a pie y se les adelantaron. 34Je-
sús, al desembarcar y ver tanta gente, se compade-

ció de ellos porque eran como ovejas sin pastor, y se
puso a enseñarles muchas cosas. [35]Como se hacía tar-
de, se le acercaron sus discípulos y le dijeron:

–El lugar está despoblado y es ya muy tarde. [36]Des-
pídelos para que vayan a las aldeas y caseríos de los
alrededores y se compren algo de comer.

[37]Jesús les respondió:

–Dadles vosotros de comer.

Ellos le dijeron:

–¿Cómo vamos a comprar nosotros pan por valor
de doscientos denarios para darles de comer?

[38]Él les preguntó:

–¿Cuántos panes tenéis? Id a ver.

Lo averiguaron, y le dijeron:

–Cinco panes y dos peces.

[39]Les mandó que se sentasen todos por grupos so-
bre la hierba verde; [40]y se sentaron en corros de cien-
to y de cincuenta.

[41]Jesús tomó los cinco panes y los dos peces, alzó
los ojos al cielo y los bendijo; partió los panes, y se
los dio a los discípulos para que se los distribuyeran
a la gente. Repartió también a todos los dos peces.
[42]Todos comieron y se hartaron, [43]y se recogieron
doce canastos llenos con las sobras de los panes y
de los peces. [44]Los que comieron fueron cinco mil
hombres.

Jesús camina sobre el agua.
(Mt 14,22-33; Jn 6,15-21)

45 Después mandó a sus discípulos que se embar-
caran y se le adelantaran rumbo a Betsaida, mien-
tras él despedía a la gente. 46 Una vez que la despi-
dió se fue al monte a orar. 47 Al caer la tarde, la barca
estaba en medio del lago y Jesús solo en tierra. 48 Al
verlos navegar fatigados, pues tenían viento contra-
rio, hacia la madrugada fue a ellos caminando so-
bre el lago. Hizo ademán de pasar de largo; 49 pero
ellos, al verlo caminar sobre el lago, dieron gritos
creyendo que era un fantasma, 50 pues todos lo vie-
ron y se asustaron. Jesús les habló y les dijo:
–Tranquilizaos; soy yo, no temáis.
51 Subió a la barca con ellos, y el viento se calmó.
52 Los discípulos no salían de su asombro, pues no
habían entendido lo de los panes y su mente estaba
embotada.

Curaciones en Genesaret
(Mt 14,34-36)

53 Acabada la travesía, tomaron tierra en Genesa-
ret y atracaron. 54 Al desembarcar, fue reconocido en
seguida. 55 Se pusieron a recorrer toda aquella región,
y las gentes acudían llevando en las camillas todos

sus enfermos a donde oían que Jesús se encontraba.
56Adonde entraba, aldeas, ciudades o caseríos, po-
nían a los enfermos en las plazas y le pedían que les
dejase tocar al menos la orla de su manto; y todos
los que lo tocaban quedaban curados.

Cuestiona las tradiciones
(Mt 15,1-20)

7 1Los fariseos y algunos maestros de la Ley de Je-
rusalén se acercaron a Jesús, 2y vieron que algu-
nos de sus discípulos se ponían a comer con manos
impuras, es decir, sin habérselas lavado. 3Porque los
fariseos y todos los judíos, siguiendo la tradición de
sus mayores, no se ponen a comer sin haberse lavado
cuidadosamente las manos. 4Si vienen de la plaza, no
comen sin haberse lavado; y tienen otras muchas
prácticas que observan por tradición, tales como la-
var copas, jarros y bandejas. 5Así que los fariseos y los
maestros de la Ley preguntaron a Jesús:
–¿Por qué tus discípulos no observan la tradición
de los mayores, sino que comen con las manos im-
puras?
6Él les contestó:
–Hipócritas, Isaías profetizó muy bien acerca de
vosotros, según está escrito:

Este pueblo me honra con los labios,
pero su corazón está lejos de mí.
7*En vano me rinden culto*
enseñando doctrinas
que son preceptos humanos (Is 29,13).

8Dejáis el mandamiento de Dios y os aferráis a la
tradición de los hombres.
9Y añadió:
–Vosotros, para guardar vuestras tradiciones, que-
brantáis el mandamiento de Dios. 10Porque Moisés
dijo: *Honra a tu padre y a tu madre* (Éx 20,12; Dt
5,16), y *el que maldiga a su padre o a su madre será con-
denado a muerte* (Éx 21,17; Lev 20,9). 11Vosotros, en
cambio, decís: «Al que diga a su padre o a su madre:
Lo que tenía para ayudarte lo he ofrecido al templo»,
12ya no le permitís hacer nada por su padre o por su
madre. 13Así habéis anulado el mandamiento de Dios
por una tradición que vosotros mismos os habéis
transmitido. Y hacéis muchas cosas semejantes.
14Llamó de nuevo a la gente y les dijo:
–Oídme todos y entended bien: 15Nada que entra
de fuera puede manchar al hombre; lo que sale de
dentro es lo que puede manchar al hombre. [16].

Instrucción privada a los discípulos
(Mt 15,15-20)

17Cuando dejó a la gente y entró en casa, los dis-
cípulos le dijeron que les explicara la parábola. 18Je-
sús les dijo:
–¿Pero tampoco vosotros entendéis? ¿No compren-
déis que todo lo que de fuera entra en el hombre
no puede mancharlo? 19Porque no entra en su cora-
zón, sino en el vientre, y luego va a parar al retrete.
(Así declaraba que todos los alimentos eran pu-
ros). 20Y continuó:
–Lo que sale del hombre es lo que mancha al hom-
bre; 21porque del corazón humano proceden los
malos pensamientos, las fornicaciones, robos, homi-
cidios, 22adulterios, avaricia, maldad, engaño, des-
enfreno, envidia, blasfemia, soberbia y estupidez.
23Todas esas cosas malas salen de dentro y hacen im-
puro al hombre.

La mujer pagana
(Mt 15,21-28)

24Jesús salió de allí y se fue a las regiones de Tiro y
de Sidón. Entró en una casa, y no quería que se su-
piera; sin embargo no pudo pasar inadvertido, 25pues
en cuanto una mujer, cuya hija tenía un espíritu in-

mundo, oyó hablar de Jesús, fue y se postró a sus pies.
26Esta mujer era pagana, sirofenicia de origen, y su-
plicaba a Jesús que echase de su hija al demonio.
27Él le respondió:

–Deja que primero se sacien los hijos, pues no está bien tomar el pan de los hijos para echárselo a los perros.

28Ella dijo:

–Es verdad, Señor; pero también los perros comen debajo de la mesa las migajas de los niños.

29Entonces Jesús le respondió:

–Vete, pues por haber hablado así ya ha salido de tu hija el demonio.

30Ella se fue a su casa; encontró a la niña echada en la cama. El demonio había salido de ella.

Curación de un sordomudo

31Abandonó el territorio de Tiro, fue por Sidón y
atravesó la Decápolis hacia el lago de Galilea. 32Le
llevaron un sordo mudo y le rogaron que le impu-
siera sus manos. 33Jesús lo llevó aparte de la gente,
le metió los dedos en los oídos y con su saliva le tocó
la lengua. 34Alzó los ojos al cielo, suspiró y le dijo:
–¡Ephata! (que quiere decir «¡ábrete!»).

35Inmediatamente se le abrieron los oídos y se le
soltó la atadura de la lengua, de modo que hablaba
correctamente. 36Les encargó que no lo dijeran a

nadie; pero cuanto más se lo ordenaba, más lo pro-
clamaban. 37Y en el colmo de la admiración decían:
–Todo lo ha hecho bien: hace oír a los sordos y
hablar a los mudos.

Segunda multiplicación de los panes
(Mt 15,32-39)

8 1Por aquellos días se reunió de nuevo con él mu-
cha gente, y no tenían qué comer. Jesús llamó a
sus discípulos y les dijo:
2–Esta gente me estremece, pues ya llevan tres días
conmigo y no tienen qué comer. 3Si los envío en ayu-
nas a sus casas, desfallecerán en el camino, pues al-
gunos han venido desde lejos. 4Sus discípulos le re-
plicaron:
–¿De dónde podremos sacar pan para todos aquí,
en un despoblado?
5Jesús les dijo:
–¿Cuántos panes tenéis?
Ellos contestaron:
–Siete.
6Mandó a la gente que se sentara en el suelo, tomó
los siete panes, dio gracias, los partió y se los entre-
gó a sus discípulos para que los repartieran. Y los re-
partieron a la gente. 7Tenían también unos peces: los
bendijo y mandó que los repartieran.

8Comieron todos hasta hartarse y se recogieron siete espuertas de las sobras. 9Eran como unos cuatro mil. Luego los despidió.

10A continuación subió con sus discípulos a la barca y se fue a la región de Dalmanuta.

Los fariseos le exigen una señal
(Mt 16,1-4)

11Los fariseos se acercaron y se pusieron a discutir con él. Para tentarlo, le pidieron una señal del cielo. 12Jesús, dando un profundo suspiro, dijo:

–¿Para qué pedirá esta generación una señal? Os aseguro que no se dará ninguna señal a esta generación.

13Los dejó y se embarcó de nuevo rumbo a la otra orilla.

La levadura de los fariseos y de Herodes
(Mt 16,5-12)

14Los discípulos se habían olvidado de llevar pan, y sólo tenían uno en la barca. 15Jesús les hizo esta amonestación:

–Mirad, guardaos de la levadura de los fariseos y de la de Herodes.

16Ellos comentaban:

–Es que no hemos traído pan.

17Jesús, dándose cuenta, les dijo:

–¿Por qué comentáis que no tenéis pan? ¿Aún no
entendéis ni comprendéis? ¿Tenéis embotada vues-
tra mente? 18¿Tenéis ojos y no veis, oídos y no oís?
19¿No os acordáis ya de cuando repartí cinco panes
para cinco mil personas? ¿Cuántos cestos recogisteis
de las sobras?

Ellos respondieron:

–Doce.

20Jesús insistió:

–Y cuando repartí los siete para los cuatro mil, ¿cuántos canastos recogisteis?

Dijeron:

–Siete.

21Y él añadió:

–¿Todavía no entendéis?

Curación de un ciego en Betsaida

22Llegaron a Betsaida, le trajeron un ciego y le su-
plicaron que lo tocase. 23Jesús cogió de la mano al
ciego, lo sacó fuera de la aldea, le dio saliva en los
ojos, le impuso las manos y le preguntó:

–¿Ves algo?

24Empezó a ver, y dijo:

–Veo hombres, y los veo andar como si fueran árboles.

25Luego le puso otra vez las manos sobre los ojos,
y vio claramente; recobró la vista, y veía todo des-
de lejos. 26Jesús le mandó a su casa, diciéndole:
–No entres ni siquiera en la aldea.

Confesión mesiánica de Pedro
(Mt 16,13-20; Lc 9,18-21)

27Salió Jesús con sus discípulos hacia las aldeas de
Cesarea de Filipo, y en el camino les preguntó:
–¿Quién dice la gente que soy yo?
28Ellos le contestaron:
–Unos que Juan el Bautista, otros que Elías y otros
que uno de los profetas.
29Él siguió preguntándoles:
–Y vosotros, ¿quién decís que soy?
Pedro tomó la palabra y dijo:
–Tú eres el Mesías.
30Entonces Jesús les prohibió terminantemente que
hablaran a nadie acerca de él.

II. JESÚS-MESÍAS, SUFRIENTE E HIJO DE DIOS

REVELACIÓN DEL CAMINO DOLOROSO DEL MESÍAS

Primer anuncio de su muerte y resurrección
(Mt 16,21-23; Lc 9,22)

31 Desde entonces comenzó a enseñarles que el Hijo del Hombre tenía que padecer mucho, ser rechazado por los ancianos, los sumos sacerdotes y los maestros de la Ley, morir y resucitar al tercer día.
32 Esto lo decía con toda claridad.

Pedro se lo llevó aparte y se puso a reprenderle.
33 Jesús se volvió y, mirando a sus discípulos, reprendió a Pedro diciéndole:

–¡Ponte detrás de mí, Satanás!, porque tus sentimientos no son los de Dios, sino los de los hombres.

Enseñanza sobre el seguimiento
(Mt 16,24-28; Lc 9,23-27)

34 Llamó a la gente y a sus discípulos y les dijo:

–El que quiera venir detrás de mí, que renuncie a sí
mismo, que cargue con su cruz y que me siga, 35 por-
que el que quiera salvar su vida la perderá, pero el

que pierda su vida por mí y por el evangelio la salva-
rá. [36]¿De qué le vale a uno ganar el mundo entero si
pierde su vida? [37]Y ¿qué dará a cambio de su vida?
[38]Porque si alguien se avergüenza de mí y de mi men-
saje ante esta generación adúltera y pecadora, tam-
bién el Hijo del Hombre se avergonzará de él cuan-
do venga en la gloria de su Padre con los santos
ángeles.

9 [1]Y añadió
–Os aseguro que algunos de los presentes no
morirán sin haber visto venir el Reino de Dios con
poder.

Transfiguración de Jesús
(Mt 17,1-13; Lc 9,28-36)

[2]Seis días después Jesús tomó consigo a Pedro, a
Santiago y a Juan, y los llevó a un monte alto a so-
las y se transfiguró ante ellos. [3]Sus vestidos se vol-
vieron de una blancura resplandeciente, como nin-
gún batanero de la tierra podría blanquearlos. [4]Se
les aparecieron Elías y Moisés hablando con Jesús.
[5]Pedro tomó la palabra y dijo a Jesús:
–Maestro, ¡qué bien se está aquí! Hagamos tres
tiendas: una para ti, otra para Moisés y otra para
Elías.

[6]Estaban tan asustados que no sabía lo que decía.
[7]Vino entonces una nube que los cubrió y una voz se oyó desde la nube:

–Este es mi Hijo amado. Escuchadlo.

[8]De pronto, cuando miraron alrededor, ya no vieron a nadie más que a Jesús solo con ellos.

[9]Mientras bajaban del monte, Jesús les ordenó que no contasen a nadie lo que habían visto hasta que el Hijo del Hombre hubiera resucitado de entre los
muertos. [10]Ellos guardaron el secreto, pero discutían qué querría decir con eso de «resucitar de entre los muertos».

[11]Y le preguntaron:

–¿Cómo es que dicen los maestros de la Ley que primero debe venir Elías?

[12]Él respondió:

–Elías vendrá antes a ponerlo todo en orden. Ahora bien, ¿cómo está escrito que el Hijo del Hombre
tendrá que padecer mucho y ser despreciado? [13]Yo
os digo que Elías ya ha venido y lo han tratado a su antojo, como estaba escrito de él.

Curación de un epiléptico
(Mt 17,14-20; Lc 9,37-42)

[14]Al llegar adonde estaban los otros discípulos, vio que los rodeaba mucha gente y que unos maestros

de la Ley discutían con ellos. [15]En cuanto la gente
vio a Jesús, todos quedaron sorprendidos y corrie-
ron a saludarlo. [16]Jesús les preguntó:
–¿De qué discutíais con ellos?
[17]Uno de entre la gente le respondió:
–Maestro, te he traído a mi hijo, que tiene un es-
píritu que lo ha dejado mudo. [18]Cuando se apodera
de él, lo tira al suelo, echa espumarajos, rechina los
dientes y se queda rígido. He pedido a tus discípu-
los que lo echasen, pero no han podido.
[19]Jesús respondió:
–¡Gente incrédula! ¿Hasta cuándo tendré que es-
tar con vosotros? ¿Hasta cuándo tendré que sopor-
taros? Traédmelo.
[20]Se lo llevaron y, apenas el espíritu vio a Jesús,
retorció violentamente al muchacho, que cayó al
suelo revolcándose y echando espumarajos.
[21]Jesús preguntó al padre:
–¿Cuánto tiempo hace que le sucede esto?
Él respondió:
–Desde la infancia. [22]Muchas veces lo tira al fue-
go y al agua para matarlo. Si puedes hacer algo, com-
padécete de nosotros y ayúdanos.
[23]Jesús le dijo:
–¡Si puedes...! Todo es posible para el que cree.
[24]Entonces el padre del muchacho exclamó:
–Yo creo; pero ayúdame a tener más fe.

25Jesús, al ver que acudía más gente, increpó al es-
píritu inmundo diciendo:
–Espíritu mudo y sordo, yo te lo ordeno: Sal del
muchacho y nunca más vuelvas a entrar en él.
26Y el espíritu, dando gritos y haciendo que el mu-
chacho se retorciera violentamente, salió de él, de-
jándolo como muerto, tanto que muchos decían que
estaba muerto. 27Pero Jesús lo tomó de la mano, lo
levantó, y el muchacho se puso en pie.
28Cuando Jesús volvió a casa, sus discípulos, a so-
las con él, le preguntaron:
–¿Por qué nosotros no pudimos expulsarlo?
29Él les contestó:
–A esa raza sólo se la puede expulsar con la ora-
ción y el ayuno.

Segundo anuncio de su muerte y resurrección
(Mt 17,22-23; Lc 9,43-45)

30Marcharon de allí y atravesaron Galilea. Jesús no
quería que nadie lo supiera, 31porque estaba dedica-
do a enseñar a sus discípulos. Les decía:
–El Hijo del Hombre va a ser entregado en ma-
nos de los hombres; lo matarán y, después de muer-
to, a los tres días resucitará.
32Pero ellos no entendían estas palabras, y no se
atrevían a preguntarle.

Enseñanza sobre el servicio
(Mt 18,1-5; Lc 9,46-48)

33Llegaron a Cafarnaún y, una vez en casa, les preguntó:
–¿Qué discutíais por el camino?
34Pero ellos callaban, porque en el camino habían discutido sobre quién entre ellos sería el más importante.
35Jesús se sentó, llamó a los Doce y les dijo:
–El que quiera ser el primero, que sea el último y el servidor de todos.
36Tomó en sus brazos a un niño, lo puso en medio de ellos y les dijo:
37–El que acoge a uno de estos pequeños en mi nombre, me acoge a mí; y el que me acoge a mí, no es a mí a quien acoge, sino al que me ha enviado.

Los que obran el bien
(Lc 9,49-50)

38Juan dijo a Jesús:
–Maestro, hemos visto a uno que echaba los demonios en tu nombre y se lo hemos prohibido porque no es de los nuestros.
39Jesús dijo:
–No se lo prohibáis, porque nadie que haga un

milagro en mi nombre puede después hablar mal de
mí. [40]El que no está contra nosotros está a nuestro
favor. [41]El que os dé de beber un vaso de agua por-
que sois del Mesías, os aseguro que no se quedará
sin recompensa.

Escándalo
(Mt 18,6-9; Lc 17,1-2)

[42]Al que escandalice a uno de estos pequeñuelos
que creen en mí, más le valdría que le ataran al cue-
llo una rueda de molino y lo tiraran al mar. [43]Si tu
mano es para ti ocasión de pecado, córtatela: más
te vale entrar manco en la vida que ir con las dos
manos al fuego que no se apaga. [44]Si tu pie es para
ti ocasión de pecado, córtatelo: [45]más te vale entrar
cojo en la vida que ser arrojado al fuego con los dos
pies. [46]Si tu ojo es para ti ocasión de pecado, sáca-
telo: [47]más te vale entrar tuerto en el Reino de Dios
que ser arrojado con los dos ojos [48]donde *el gusano
no muere y el fuego no se apaga* (Is 66,24).

[49]Todos serán salados con fuego. [50]La sal es bue-
na; pero si se hace insípida, ¿con qué le daréis sa-
bor? Tened sal y convivid en paz los unos con los
otros.

Matrimonio y divorcio
(Mt 19,1-12)

10 1Jesús partió de allí y se fue a Judea, al otro
lado del Jordán. La gente volvió a reunirse
a su alrededor. Él, según su costumbre, empezó a en-
señarles. 2Se le acercaron unos fariseos y le pregun-
taron para ponerlo a prueba:
–¿Le está permitido al varón separarse de su mu-
jer?
3Jesús les respondió:
–¿Qué os mandó Moisés?
4Ellos contestaron:
–Moisés mandó escribir un acta de divorcio y des-
pedirla.
5Jesús les dijo:
–Moisés escribió este precepto por la dureza de vues-
tros corazones. 6Pero al principio de la creación Dios
los creó varón y hembra (Gén 1,27). 7*Por eso el hombre
dejará a su padre y a su madre* 8*y se unirá a su mujer y
serán los dos una sola carne* (Gén 2,24). De manera que
ya no son dos, sino una sola carne. 9Por lo tanto, lo
que Dios ha unido, que no lo separe el hombre.
10Ya en casa, de nuevo los discípulos le pregunta-
ron acerca de esto. 11Jesús les dijo:
–El que se separe de su mujer y se case con otra,
comete adulterio contra la primera; 12y si la mujer

se separa de su marido y se casa con otro, comete
adulterio.

Jesús bendice a unos niños
(Mt 19,13-15; Lc 18,15-17)

[13]Le presentaron unos niños para que les impusiera
las manos, pero los discípulos los regañaban. [14]Jesús,
al verlo, se indignó y les dijo:
–Dejad que los niños se acerquen a mí; no se lo
impidáis, porque de los que son como ellos es el Rei-
no de Dios. [15]Os aseguro que el que no reciba el Rei-
no de Dios como un niño, no entrará en él.
[16]Y tomándolos en brazos los bendecía imponién-
doles las manos.

El joven rico
(Mt 19,16-30; Lc 18,18-30)

[17]Al salir Jesús de camino, un hombre corrió a pre-
guntarle, arrodillándose ante él:
–Maestro bueno, ¿qué tengo que hacer para alcan-
zar la vida eterna?
[18]Jesús le dijo:
–¿Por qué me llamas bueno? El único bueno es
Dios. [19]Ya conoces los mandamientos: *No matarás,
no cometerás adulterio, no robarás, no levantarás falso*

testimonio, no estafarás, honra a tu padre y a tu madre (Éx 20,12-16; Dt 5,16-20; 24,14).
20Él replicó:
Maestro, todo eso lo he cumplido desde mi juventud.
21Jesús lo miró con cariño y le dijo:
–Te queda una cosa que hacer: anda, vende todo lo que tienes, dáselo a los pobres y tendrás un tesoro en el cielo; después, ven y sígueme.
22Al oír esto, el joven se fue muy triste, porque tenía muchos bienes.
23Jesús miró alrededor y dijo a sus discípulos:
–¡Qué difícilmente entrarán en el Reino de Dios los que tienen riquezas!
24Los discípulos se quedaron asombrados ante estas palabras. Pero Jesús les repitió:
–Hijos, ¡qué difícil es entrar en el Reino de Dios!
25Es más fácil que un camello pase por el ojo de una aguja que un rico entre en el Reino de Dios.
26Ellos, más asombrados todavía, se decían:
Entonces, ¿quién puede salvarse?
27Jesús los miró y les dijo:
–Para los hombres esto es imposible; pero no para Dios, pues para Dios todo es posible.
28Entonces Pedro le dijo:
–Nosotros lo hemos dejado todo y te hemos seguido.

[29]Jesús respondió:
–Os aseguro que todo aquel que deje casa, hermanos, hermanas, padre, madre, hijos o tierras por
mí o por el evangelio, [30]recibirá el ciento por uno
ya en este mundo, en casas, hermanos, hermanas, madres, hijos y tierras, con persecuciones, y en el
mundo futuro la vida eterna. [31]Muchos primeros serán últimos, y muchos últimos serán primeros.

Tercer anuncio de su muerte y resurrección
(Mt 20,17-19; Lc 18,31-34)

[32]Subían camino de Jerusalén, y Jesús iba por delante. Los discípulos lo seguían asombrados y las gentes iban con miedo. Llevó aparte a los Doce y comenzó a decirles lo que iba a suceder.
[33]–Mirad, vamos a Jerusalén, y el Hijo del Hombre será entregado a los sumos sacerdotes y a los maestros de la Ley; lo condenarán a muerte y lo entregarán a los paganos, [34]se burlarán de él, le escupirán, lo
azotarán y lo matarán, pero a los tres días resucitará.

La petición de los Zebedeos
(Mt 20,20-28)

[35]Santiago y Juan, los hijos de Zebedeo, se le acercaron y le dijeron:

–Maestro, queremos que nos concedas lo que te
vamos a pedir.
36Él les dijo:
–¿Qué queréis que haga por vosotros?
37Ellos le contestaron:
–Concédenos que nos sentemos uno a tu derecha
y otro a tu izquierda en tu gloria.
38Jesús les replicó:
–¡No sabéis lo que pedís! ¿Podéis beber el cáliz que
yo beberé o ser bautizados con el bautismo con que
yo voy a ser bautizado?
39Ellos contestaron:
–¡Podemos!
Jesús les respondió:
–Beberéis el cáliz que yo beberé y seréis bautiza-
dos con el bautismo con el que yo seré bautizado;
40pero el sentarse a mi derecha o a mi izquierda no
es cosa mía el concederlo; es para quienes está re-
servado.
41Los otros diez, al oír esto, se indignaron contra
Santiago y Juan. 42Jesús los llamó y les dijo:
–Sabéis que los jefes de las naciones las tiranizan
y que los grandes las oprimen. 43Entre vosotros no
debe ser así, sino que si alguno de vosotros quiere
ser grande que sea vuestro servidor, 44y el que de vo-
sotros quiera ser el primero, que sea el servidor de
todos; 45de la misma manera que el Hijo del Hom-

bre no ha venido a ser servido, sino a servir y a dar su vida en rescate por todos.

Curación del ciego Bartimeo
(Mt 20,29-34; Lc 18,35-43)

46Fueron a Jericó; más tarde, al salir de la ciudad con sus discípulos y mucha gente, el hijo de Timeo (Bartimeo), un mendigo ciego, estaba sentado junto al camino.
47Al oír que pasaba Jesús el nazareno comenzó a gritar:

–¡Jesús, Hijo de David, ten compasión de mí!

48La gente le reprendía para que se callase, pero él gritaba con más fuerza:

–¡Hijo de David, ten compasión de mí!

49Jesús se detuvo y dijo:

–¡Llamadlo!

Llamaron al ciego diciéndole:

–¡Ánimo!, levántate, que te llama.

50Él, arrojando su manto, dio un salto y se acercó a Jesús.

51Jesús le dijo:

–¿Qué quieres que haga por ti?

El ciego respondió:

–Maestro, que vuelva a ver.

52Jesús le dijo:

–Anda, tu fe te ha curado.

Inmediatamente recobró la vista, y seguía a Jesús
por el camino.

REVELACIÓN DE SU AUTORIDAD EN JERUSALÉN

Entrada de Jesús en Jerusalén
(Mt 21,1-11; Lc 19,28-40; Jn 12,12-19)

11 1Al acercarse a Jerusalén, cerca de Betfagé y
Betania, junto al monte de los Olivos, Je-
sús envió a dos de sus discípulos, diciéndoles:
2–Id a la aldea de enfrente. A la entrada encon-
traréis un pollino atado, que nadie ha montado aún;
soltadlo y traedlo. 3Si alguien os dice: «¿Por qué ha-
céis eso?», contestadle: «El Señor lo necesita», y en
seguida os lo devolverá.
4Ellos fueron, encontraron el pollino atado a la
puerta, afuera, en la calle, y lo desataron. 5Algunos
de los que estaban allí les preguntaron:
–¿Por qué desatáis el pollino?
6Ellos respondieron lo que les había dicho Jesús, y
los dejaron.
7Llevaron el pollino a Jesús, pusieron encima sus
mantos y Jesús se montó en él. 8Muchos alfombra-
ban el camino con sus mantos y otros con ramas que

cortaban en los campos. 9Los que iban delante y de-
trás gritaban:

10*¡Hosanna! ¡Bendito el que viene*
en el nombre del Señor! (Sal 118,26).
¡Bendito el reino que llega,
el de nuestro padre David!
¡Hosanna en las alturas!

11Cuando Jesús entró en Jerusalén fue al templo
y, después de haberlo visto todo, ya tarde, salió con
los Doce para Betania.

Maldición de la higuera estéril
(Mt 21,18-19)

12Al día siguiente, al salir de Betania, Jesús sintió
hambre. 13Al ver de lejos una higuera que tenía ho-
jas, fue a ver si encontraba algo en ella; pero al lle-
gar sólo encontró hojas, pues no era tiempo de hi-
gos. 14Entonces dijo a la higuera:

–¡Que nadie coma nunca fruto de ti!

Sus discípulos lo oyeron.

Purificación del templo
(Mt 21,12-17; Lc 19,45-48; Jn 2,13-22)

15Cuando llegaron a Jerusalén, Jesús entró en el
templo y comenzó a echar a los que estaban allí ven-
diendo y comprando. Volcó las mesas de los cam-
bistas y los puestos de los vendedores de palomas,
16y no permitía que transportaran objetos por el tem-
plo. 17Luego se puso a enseñarles, y les decía:
–¿No está escrito que *mi casa es casa de oración para*
todas las naciones? (Is 56,7; Jer 7,11). Pero vosotros
la habéis convertido en una cueva de ladrones.
18Los sumos sacerdotes y los maestros de la Ley,
al enterarse, buscaron el modo de acabar con él,
pues le tenían miedo ya que toda la gente estaba
asombrada de su enseñanza. 19Al atardecer, Jesús sa-
lió de la ciudad.

La lección de la higuera seca
(Mt 21,20-22)

20Al pasar otra vez por la mañana cerca de la hi-
guera, vieron que se había secado de raíz. 21Pedro se
acordó y dijo a Jesús:
–¡Maestro, mira!, la higuera que maldijiste se ha
secado.
22Jesús le respondió:

–Tened fe en Dios. 23Os aseguro que el que sin du-
dar interiormente lo más mínimo, sino creyendo que
se cumplirán sus palabras, diga a ese monte: «Quí-
tate de ahí y échate al mar», lo alcanzará. 24Por eso
os digo: Todo lo que pidáis en la oración, creed que
lo habéis recibido y lo tendréis. 25Cuando os pongáis
a orar, si tenéis algo contra alguien, perdonádselo,
para que también vuestro Padre celestial os perdo-
ne vuestros pecados. 26Pues si vosotros no perdonáis,
tampoco vuestro Padre celestial os perdonará vues-
tras culpas.

La autoridad de Jesús, cuestionada
(Mt 21,23-27; Lc 20,1-8)

27Llegaron de nuevo a Jerusalén y, cuando anda-
ba Jesús por el templo, se le acercaron los sumos sa-
cerdotes, los maestros de la Ley y los ancianos del
pueblo 28y le preguntaron:

–¿Con qué autoridad haces todo esto? ¿Quién te ha dado esa autoridad?

29Jesús les respondió:
–Yo también os haré una pregunta y, si me con-
testáis, os diré con qué autoridad hago todo esto. 30El
bautismo de Juan, ¿era del cielo o era de los hom-
bres? ¡Respondedme!
31Ellos se hicieron este razonamiento:

–Si decimos que del cielo, nos dirá: Entonces, ¿por
qué no creísteis en él?;
32 y ¿cómo vamos a decir que
de los hombres...?

Temían al pueblo, porque todos tenían a Juan
como verdadero profeta.
33 Y respondieron a Jesús:

–No lo sabemos.

Jesús les replicó:

–Tampoco yo os digo con qué autoridad hago todo
esto.

Parábola de los viñadores perversos
(Mt 21,33-46; Lc 20,9-19)

12
1 Entonces les contó esta parábola:

–Un hombre plantó una viña, la cercó con
una valla, cavó en ella un lagar, edificó una torre
para guardarla, la arrendó a unos viñadores y se fue
de viaje.
2 A su debido tiempo mandó un criado a
los viñadores para recibir su parte de la vendimia;
3 pero ellos lo agarraron, lo golpearon y lo despidieron con las manos vacías.
4 De nuevo les mandó otro
criado, y también lo descalabraron y lo insultaron.
5 Envió a otro, y lo mataron; mandó otros muchos,
y a unos los golpearon y a otros los mataron.
6 Aún
le quedaba uno, su hijo querido. Se lo envió el último, pensando: «Respetarán a mi hijo».
7 Pero los viñadores se dijeron: «Éste es el heredero. Matémos-

lo, y nos quedaremos con su herencia». 8Lo agarra-
ron, lo mataron y lo echaron fuera de la viña. 9¿Qué
hará el dueño de la viña? Irá él, acabará con los vi-
ñadores y dará la viña a otros. 10¿No habéis leído
aquello de la Escritura?:

La piedra que los constructores desecharon,
se ha convertido en piedra angular;
11*esto ha sido obra del Señor,*
una maravilla a nuestros ojos (Sal 118,22-23).

12Intentaban prenderlo, porque comprendieron
que la parábola iba por ellos; pero temían a la gen-
te. Lo dejaron, y se fueron.

El tributo al César
(Mt 22,15-22; Lc 20,20-26)

13Le enviaron entonces algunos fariseos y herodia-
nos para cazarlo en alguna palabra. 14Llegaron y le
dijeron:
–Maestro, sabemos que eres sincero y que no te
importa nada el qué dirán, porque no tienes respe-
tos humanos y enseñas de verdad el camino de Dios.
¿Es lícito pagar el impuesto al César o no? ¿Lo de-
bemos dar o no?
15Jesús, conociendo su hipocresía, les dijo:

–¿Por qué me tentáis? Traedme una moneda, que la vea.
16Se la llevaron, y les dijo:
–¿De quién es esta efigie y esta inscripción?
Respondieron:
–Del César.
17Él les dijo:
–Pues dad al César lo que es del César, y a Dios lo que es de Dios.
Y quedaron admirados ante esa respuesta.

Los saduceos y la resurrección
(Mt 22,23-33; Lc 20,27-40)

18Se le acercaron también unos saduceos, que niegan la resurrección, y le preguntaron:
19–Maestro, Moisés nos escribió: *Si el hermano de uno muere dejando mujer sin hijos, su hermano debe casarse con la viuda y dar descendencia a su hermano* (Dt 25,5; cf Gén 38,8).
20Eran siete hermanos: el primero se casó, y murió sin dejar hijos.
21El segundo se casó con la viuda, y murió sin dejar descendencia, e igualmente el tercero.
22Ninguno de los siete dejó descendencia. Finalmente murió también la mujer.
23En la resurrección, cuando resuciten, ¿de quién de ellos será mujer? Porque los siete la tuvieron por mujer.

[24]Jesús les dijo:
–Estáis equivocados, porque no entendéis las Es-
crituras ni el poder de Dios. [25]En la resurrección, ni
los hombres ni las mujeres se casarán, sino que se-
rán como ángeles en los cielos. [26]Y acerca de la re-
surrección de los muertos, ¿no habéis leído en el li-
bro de Moisés, en lo de la zarza, lo que le dijo Dios?:
Yo soy el Dios de Abrahán, el Dios de Isaac y el Dios de Jacob (Éx 3,6.15-16). [27]No es un Dios de muer-
tos, sino de vivos. ¡Estáis muy equivocados!

El mandamiento principal
(Mt 22,34-40; Lc 10,25-28)

[28]Un maestro de la Ley, que había oído la discusión, viendo que les había contestado bien, se le acercó y le preguntó:
–¿Cuál es el primero de todos los mandamientos?
[29]Jesús respondió:
–El primero es: *Escucha, Israel: el Señor, Dios nues-
tro, es el único Señor;* [30]*y amarás al Señor tu Dios con todo tu corazón, con toda tu alma, con toda tu mente y con todas tus fuerzas* (Dt 6,4-5). [31]El segundo es éste:
Amarás a tu prójimo como a ti mismo (Lev 19,18). No hay mandamiento mayor que estos.
[32]El escriba le dijo:

–Muy bien, Maestro; con razón has dicho que *él
es uno solo y que no hay otro fuera de él,* 33*y amarlo
con todo el corazón, con toda la inteligencia y con to-
das las fuerzas, y amar al prójimo como a sí mismo* vale
mucho más que todos los holocaustos y sacrificios.
34Jesús, al ver que había respondido tan sabiamen-
te, le dijo:

–No estás lejos del Reino de Dios.

Y ya nadie se atrevió a preguntarle más.

El Hijo de David
(Mt 22,41-46; Lc 20,41-44)

35Jesús, una vez que enseñaba en el templo, pre-
guntó:
–¿Cómo pueden decir los maestros de la Ley que
el Mesías es Hijo de David? 36David mismo, inspi-
rado por el Espíritu Santo, dice:

El Señor dijo a mi Señor: Siéntate a mi derecha
hasta que ponga a tus enemigos debajo de tus pies
(Sal 110,1).

37Pues si el mismo David le llama Señor, ¿cómo
puede ser hijo suyo?

Y la multitud lo escuchaba con sumo gusto.

Denuncia a los letrados
(Mt 23,1,36; Lc 20,45-47)

38En sus enseñanzas decía también:
–Cuidado con los maestros de la Ley, que gustan
de pasearse con vestidos ostentosos, ser saludados
en las plazas, 39ocupar los primeros asientos en las
sinagogas y los primeros puestos en los banquetes;
40devoran los bienes de las viudas pretextando ha-
cer largas oraciones. Ellos serán juzgados muy seve-
ramente.

El donativo de la viuda
(Lc 21,1-4)

41Jesús estaba sentado frente al tesoro y miraba
cómo la gente echaba en las arcas. Muchos ricos
echaban mucho. 42Pero llegó una viuda pobre y echó
unos céntimos. 43Llamó a sus discípulos y les dijo:
–Os aseguro que esa pobre viuda ha echado más
que todos; 44pues todos han echado de lo que les so-
bra, en cambio ella ha echado de su indigencia todo
lo que tenía para vivir.

Jesús predice la destrucción del templo
(Mt 24,1-3; Lc 21,5-7)

13 1Al salir Jesús del templo, le dijo uno de sus
discípulos:
–Maestro, ¡mira qué piedras y qué edificios!
2Jesús le replicó:
–¿Ves esos grandes edificios? No quedará aquí pie-
dra sobre piedra; todo será destruido.
3Una vez que estaba sentado en el monte de los
Olivos, enfrente del templo, le preguntaron a solas
Pedro, Santiago, Juan y Andrés:
4–Dinos cuándo sucederá eso y cuál será la señal
de que todas esas cosas van a cumplirse.

Las señales de la tribulación
(Mt 24,4-14; Lc 21,8-19)

5Jesús les contestó:
–Mirad que nadie os engañe. 6Muchos vendrán
usando mi nombre y diciendo: «Yo soy», y engaña-
rán a muchos. 7Cuando oigáis hablar de guerras y
noticias de batallas, no os alarméis, porque es nece-
sario que eso suceda; pero todavía no será el fin. 8Se
levantarán pueblos contra pueblos y reinos contra
reinos, habrá hambre y terremotos por diversos lu-
gares. Eso será el comienzo de los dolores.

[9]Mirad por vosotros mismos: os entregarán a los
tribunales, os torturarán en las sinagogas, compare-
ceréis ante los gobernadores y los reyes por causa mía
y daréis testimonio ante ellos. [10]Pero primero el evan-
gelio será anunciado a todos los pueblos. [11]Cuando
os lleven para entregaros, no os angustiéis por lo que
habréis de decir; decid más bien lo que os sea inspi-
rado en aquella hora, pues no hablaréis vosotros,
sino el Espíritu Santo. [12]Un hermano entregará a la
muerte a su hermano, y un padre al hijo, y los hijos
se alzarán contra los padres y los matarán. [13]Todos
os odiarán por causa mía, pero el que persevere hasta
el fin se salvará.

[14]Cuando veáis el ídolo abominable y devastador
(el que lea, que entienda), entonces los que estén
en Judea, que huyan a los montes; [15]el que esté en
la terraza, que no baje a recoger nada de su casa;
[16]y el que esté en el campo, que no vuelva por su
manto. [17]¡Ay de las que estén encinta y criando en
aquellos días! [18]Rezad para que esto no caiga en in-
vierno, [19]porque en aquellos días habrá *una angustia
tan grande como no la ha habido desde el principio del
mundo* (Dan 12,1) que Dios creó hasta ahora, ni la
habrá jamás. [20]Y si el Señor no acortase aquellos días,
nadie se salvaría; pero, en atención a los elegidos que
él se escogió, acortará esos días.

[21]Si alguien os dice: «El Mesías está aquí o allá»,

no lo creáis. [22]Surgirán falsos mesías y falsos profe-
tas y harán señales y prodigios para engañar, si fue-
ra posible, aun a los mismos elegidos. [23]Tened cui-
dado, pues os lo he dicho todo de antemano.

Jesús, Señor y Juez de la historia
(Mt 24,29-31; Lc 21,25-28)

[24]Una vez pasada esta angustia, *el sol se oscurece-*
rá, la luna no alumbrará, [25]*las estrellas caerán* del cie-
lo y *las columnas de los cielos se tambalearán* (Dan
71,13-14). [26]Entonces verán venir el Hijo del Hom-
bre entre nubes con gran poder y majestad y [27]man-
dará a sus ángeles a reunir a sus elegidos de los cua-
tro vientos, desde uno a otro extremo del cielo y de
la tierra.

Estad alerta
(Mt 24,32-35; Lc 21,29-33)

[28]Aprended del ejemplo de la higuera: Cuando sus
ramas se ponen tiernas y echan hojas, conocéis que
el verano se acerca. [29]Así también vosotros, cuando
veáis todo esto, sabed que él ya está cerca, a las puer-
tas. [30]Os aseguro que no pasará esta generación an-
tes de que suceda todo esto. [31]El cielo y la tierra pa-
sarán, pero mis palabras no pasarán. [32]Respecto de

aquel día y aquella hora, nadie los conoce, ni los án-
geles del cielo, ni el Hijo, sino sólo el Padre.
33Estad alerta; velad, porque ignoráis el momen-
to. 34Es como un hombre que marchó de viaje y, al
dejar su casa, puso todo en manos de sus siervos, se-
ñalando a cada cual su tarea, y encargó al portero
que vigilase. 35Estad en vela, porque no sabéis cuán-
do viene el dueño de la casa, si por la tarde, a me-
dianoche, al canto del gallo o de madrugada; 36no
sea que llegue de repente y os encuentre dormidos.
37Lo que os digo a vosotros, se lo digo a todos: ¡Es-
tad en vela!

REVELACIÓN EN PLENITUD: PASIÓN Y RESURRECCIÓN

Conspiración contra Jesús
(Mt 26,1-5; Lc 22,1-2; Jn 11,45-53)

14 1Faltaban dos días para la fiesta de la Pas-
cua y los panes sin levadura. Los sumos sa-
cerdotes y los maestros de la Ley andaban buscan-
do el modo de prenderlo con engaño y quitarlo de
en medio. 2Pero decían:

–Durante la fiesta no, no sea que se alborote el pueblo.

Unción en Betania
(Mt 26,6-13; Jn 12,1-8)

3Estaba Jesús en Betania, en casa de Simón el le-
proso, sentado a la mesa. Llegó una mujer llevando
un frasco de alabastro con perfume de nardo autén-
tico, de mucho valor; rompió el frasco y lo derramó
sobre su cabeza. 4Algunos se indignaron y dijeron:
–¿A qué viene este derroche de perfume? 5Se po-
día vender a gran precio y dárselo a los pobres.
Y la criticaban. 6Jesús dijo:
–Dejadla; ¿por qué la molestáis? Ha hecho una
obra buena conmigo; 7porque a los pobres los ten-
dréis siempre entre vosotros, y cuando queráis po-
déis hacerles bien; pero a mí no me tendréis siem-
pre. 8Ha hecho lo que ha podido: se ha anticipado
a ungir mi cuerpo para la sepultura. 9Os aseguro que
donde se predique el evangelio, en todo el mundo,
se hablará de esta mujer y de lo que ha hecho.

Traición de Judas
(Mt 26,14-16; Lc 22,3-6)

10Entonces Judas Iscariote, uno de los Doce, fue a
los sumos sacerdotes para poner en sus manos a Je-
sús. 11Ellos, al oírlo, se alegraron y prometieron dar-
le dinero. Así que él buscaba una oportunidad para
entregarlo.

Preparativos para la cena
(Mt 26,17-19; Lc 22,7-13)

[12]El primer día de la fiesta de los Ácimos, cuando se sacrificaba el cordero pascual, sus discípulos le preguntaron:

–¿Dónde quieres que vayamos a preparar la cena de la Pascua?

[13]Mandó entonces a dos de sus discípulos y les dijo:

–Id a la ciudad, y os encontraréis con un hombre
que lleva un cántaro de agua: seguidlo [14]y, donde
entre, decid al dueño: El Maestro pregunta dónde está la sala en la que va a comer con sus discípulos
la cena de la Pascua. [15]Él os mostrará una sala en el
piso de arriba, grande, alfombrada y dispuesta. Preparadla allí.

[16]Los discípulos fueron, llegaron a la ciudad y encontraron todo como les había dicho; y prepararon la cena de la Pascua.

Anuncio de la traición de Judas
(Mt 26,20-25; Lc 22,14.21-23; Jn 13,21-30)

[17]Al atardecer, llegó él con los Doce. [18]Estando a
la mesa y comiendo, Jesús dijo:

–Os aseguro que uno de vosotros, que come conmigo, me entregará.

[19]Muy entristecidos, comenzaron a decirle uno tras
otro:
–¿Soy yo?
[20]Pero él les dijo:
–Uno de los Doce, el que moja conmigo en el mis-
mo plato. [21]El Hijo del Hombre se va, según está es-
crito de él; pero ¡ay de aquel que entrega al Hijo del
Hombre! ¡Más le valdría no haber nacido!

La cena pascual
(Mt 26,26-30; Lc 22,15-20; 1Cor 11,23-25)

[22]Durante la cena Jesús tomó pan, lo bendijo, lo
partió y se lo dio, diciendo:
–Tomad, esto es mi cuerpo.
[23]Después tomó un cáliz, dio gracias, se lo pasó a
ellos y bebieron de él todos. [24]Y les dijo:
–Esta es mi sangre, la sangre de la alianza, que será
derramada por todos. [25]Os aseguro que ya no bebe-
ré más de este fruto de la vid hasta el día en que
beba un vino nuevo en el Reino de Dios.
[26]Después de haber cantado los himnos, salieron
hacia el monte de los Olivos.

Jesús anuncia la negación de Pedro
(Mt 26,31-35; Lc 22,31-34; Jn 13,36-38)

27Jesús les dijo:
–Todos vais a fallar, porque está escrito: *Heriré al pastor y las ovejas se dispersarán* (Zac 13,7).
28Pero después resucitaré e iré delante de vosotros a Galilea.
29Pedro le dijo:
–Aunque todos fallen, yo no.
30Jesús le dijo:
–Te aseguro que esta misma noche, antes de que el gallo cante dos veces, me negarás tres.
31Pedro insistió:
–¡Aunque tenga que morir contigo, jamás te negaré!
Y lo mismo dijeron todos los demás.

Oración en Getsemaní
(Mt 26,36-46; Lc 22,39-46)

32Llegaron al huerto llamado Getsemaní, y Jesús dijo a sus discípulos:
–Quedaos aquí mientras voy a orar.
33Tomó consigo a Pedro, a Santiago y a Juan, comenzó a sentir terror y angustia,
34y les dijo:
–Me muero de tristeza; quedaos aquí y velad conmigo.

[35]Avanzó unos pasos, cayó de bruces y pidió que,
si era posible, pasara lejos de él aquella hora. [36]De-
cía:
–¡Abba, Padre!, todo te es posible; aparta de mí
este cáliz, pero no sea lo que yo quiero, sino lo que
quieres tú.
[37]Volvió, los encontró dormidos, y dijo a Pedro:
–¡Simón!, ¿duermes? ¿No has podido velar una
hora? [38]Velad y orad para que no caigáis en tentación.
El espíritu está dispuesto, pero la carne es débil.
[39]De nuevo se alejó, y oró repitiendo las mismas
palabras. [40]Volvió otra vez, los encontró dormidos,
vencidos por el sueño, y no sabían qué responder.
[41]Volvió por tercera vez y les dijo:
–¿Todavía estáis durmiendo y descansando? ¡Se ter-
minó! ¡Ha llegado la hora! El Hijo del Hombre va a
ser entregado en manos de los pecadores. [42]¡Levan-
taos, vamos! Ya está aquí el que me va a entregar.

Prendimiento de Jesús
(Mt 26,47-56; Lc 22,47-53; Jn 18,2-12)

[43]Aún estaba hablando cuando llegó Judas, uno de
los Doce, y con él un gran tropel de gente con es-
padas y palos, enviados por los sumos sacerdotes, los
maestros de la Ley y los ancianos. [44]El traidor les ha-
bía dado esta señal:

–Al que yo bese, ése es; prendedlo y conducidlo
bien seguro.
45 Llegó, se acercó y dijo:
–¡Maestro!
Y le besó. 46 Ellos le echaron mano y lo prendie-
ron. 47 Pero uno de los que estaban con Jesús sacó la
espada, dio un golpe al criado del sumo sacerdote y
le cortó la oreja.
48 Jesús les dijo:
–¡Habéis venido a prenderme como a un ladrón
con espadas y palos! 49 Todos los días estaba con vo-
sotros enseñando en el templo, y no me prendisteis.
Pero todo esto sucede para que se cumplan las Es-
crituras.
50 Todos lo abandonaron y huyeron. 51 Un joven,
cubierto sólo con una sábana, seguía a Jesús y le
echaron mano. 52 Pero él, soltando la sábana, se es-
capó desnudo.

Jesús ante el Sanedrín: Proceso religioso
(Mt 26,57-68; Lc 22,54-55.63-71; Jn 18,13-14.19-24)

53 Llevaron a Jesús ante el sumo sacerdote y se re-
unieron todos los sumos sacerdotes, los ancianos y
los maestros de la Ley. 54 Pedro le había seguido de
lejos hasta el patio del palacio del sumo sacerdote,

pero se quedó con los criados calentándose al fue-
go. [55]Los sumos sacerdotes y el Sanedrín en pleno
buscaban un testimonio contra Jesús para condenar-
lo a muerte, pero no lo encontraban.
[56]Muchos testificaban en falso contra él, pero no
coincidían los testimonios. [57]Algunos se levantaron
para testificar en falso, diciendo:
[58]–Nosotros le hemos oído decir: «Yo derribaré este
templo hecho por mano humana, y en tres días edifi-
caré otro que no estará hecho por manos humanas».
[59]Pero ni en esto coincidían sus testimonios. [60]En-
tonces, en medio de la asamblea, se levantó el sumo
sacerdote y preguntó a Jesús:
–¿No respondes nada a lo que estos testifican con-
tra ti?
[61]Él permaneció callado y no respondió nada. De
nuevo el sumo sacerdote le preguntó:
–¿Eres tú el Mesías, el hijo del Bendito?
[62]Jesús le dijo:
–¡Yo soy! *Y veréis al Hijo del Hombre sentado a la
diestra del todopoderoso y venir entre las nubes del cie-
lo* (Dan 7,13).
[63]Entonces el sumo sacerdote se rasgó las vestidu-
ras y dijo:
–¿Qué necesidad tenemos ya de testigos? [64]Habéis
oído la blasfemia. ¿Qué os parece?
Todos lo condenaron a muerte. [65]Luego se pusie-

ron a escupirle; le taparon la cara y lo abofeteaban diciendo:

–¡Adivina!

Y los criados le daban puñetazos.

Negación de Pedro
(Mt 26,69-75; Lc 22,56-62; Jn 18,15-18.25-27)

66Pedro estaba sentado abajo, en el patio. Llegó
una de las criadas del sumo sacerdote 67y al ver a
Pedro calentándose, lo miró y le dijo:
–También tú andabas con Jesús el nazareno.
68Él lo negó diciendo:
–No sé ni entiendo lo que dices.
Salió fuera al vestíbulo, y cantó el gallo. 69Al ver-
lo de nuevo la criada, volvió a decir a los presentes:
–Este es uno de ellos.
70Él lo negó otra vez. Poco después los presentes
decían a Pedro:
–Ciertamente eres de ellos, porque eres galileo.
71Pero él se puso a maldecir y a perjurar:
–No conozco a ese hombre que decís.
72Y al instante cantó el gallo por segunda vez. Pe-
dro se acordó de lo que Jesús le había dicho:
–Antes de que el gallo cante dos veces, tú me ha-
brás negado tres.
Y se echó a llorar.

Jesús ante Pilato: proceso político
(Mt 27,1-2.11-14; Lc 23,1-5; Jn 18,28-38)

15 1Al amanecer, celebraron consejo los sumos
sacerdotes, los ancianos, los maestros de la
Ley y el Sanedrín en pleno. Ataron a Jesús, lo lle-
varon y se lo entregaron a Pilato.
2Pilato le preguntó:
–¿Eres tú el rey de los judíos?
Y él respondió:
–Tú lo dices.
3Los sumos sacerdotes le acusaban de muchas co-
sas. 4Pilato le preguntó de nuevo:
–¿No respondes nada? Mira de cuántas cosas te
acusan.
5Pero Jesús no respondió nada, hasta el punto de
que Pilato quedó muy extrañado.

Jesús sentenciado a muerte
(Mt 27,16-26; Lc 23,13-25; Jn 18,39-19,16)

6Por la fiesta concedía la libertad a un preso, el que
ellos quisieran. 7Había entonces un preso, llamado
Barrabás, junto con los sediciosos que en un motín
habían cometido un homicidio. 8Llegó la gente y se
puso a pedirle la gracia que solía concederles. 9Pila-
to les dijo:

–¿Queréis que os ponga en libertad al rey de los
judíos?
10Pilato sabía que los sumos sacerdotes se lo ha-
bían entregado por envidia. 11Pero los sumos sacer-
dotes azuzaron al pueblo para que pidieran que les
pusiera en libertad a Barrabás. 12Pilato les dijo:
–¿Qué queréis que haga con el que llamáis rey de
los judíos?
13Ellos gritaron:
–¡Crucifícalo!
14Pilato replicó:
–Pero ¿qué mal ha hecho?
Ellos gritaban más alto:
–¡Crucifícalo!
15Pilato, entonces, queriendo satisfacer a la gen-
te, les puso en libertad a Barrabás y les entregó a Je-
sús para que lo azotaran y lo crucificaran.

La burla de los soldados
(Mt 27,27-31; Jn 19,2-3)

16Los soldados llevaron a Jesús dentro del palacio,
al pretorio, y reunieron a toda la tropa; 17le vistie-
ron una túnica de púrpura, le pusieron una corona
trenzada de espinas 18y comenzaron a saludarlo:
–Salve, rey de los judíos.
19Y le golpeaban la cabeza con una caña, le escu-

pían y, doblando la rodilla, le hacían reverencias.
20 Después de haberse burlado de él, le quitaron la túnica, le pusieron sus ropas y lo llevaron a crucificar.

Crucifixión de Jesús
(Mt 27,32-38; Lc 23,26-43; Jn 19,17-27)

21 Pasaba por allí de vuelta del campo un tal Simón de Cirene, padre de Alejandro y de Rufo, y le obligaron a llevar la cruz de Jesús.
22 Lo condujeron a un lugar llamado Gólgota (que
significa «La Calavera») 23 y le dieron vino mezcla-
do con mirra, pero no lo bebió. 24 Lo crucificaron y
se repartieron a suertes sus vestidos para ver qué se
llevaba cada uno. 25 Eran las nueve de la mañana
cuando lo crucificaron. 26 La inscripción con la cau-
sa de su condena decía: «El rey de los judíos».
27 Con él crucificaron a dos ladrones, uno a la dere-
cha y otro a la izquierda. 28 Así se cumplió la Escritu-
ra que dice: *Fue contado entre los criminales* (Is 53,12).

Jesús-Mesías es rechazado por su pueblo
(Mt 27,39-44; Lc, 23,35-37)

29 Los que pasaban por allí lo insultaban moviendo la cabeza y diciendo:
–¡Tú, que destruías el templo y lo edificabas en

tres días, [30]sálvate a ti mismo y baja de la cruz!
[31]Del mismo modo los sumos sacerdotes y los maestros de la Ley se burlaban de él y decían:
–Ha salvado a otros y no puede salvarse a sí mis-
mo. [32]¡El Mesías, el rey de Israel! Que baje ahora
de la cruz para que veamos y creamos.
Los que estaban crucificados con él también le insultaban.

Muerte de Jesús y confesión del Centurión
(Mt 27,45-56; Lc 23,44-49; Jn 19,28-30)

[33]Desde el mediodía se oscureció toda la tierra has-
ta las tres de la tarde. [34]Hacia las tres de la tarde
Jesús gritó con fuerte voz: *Eloí, Eloí, lemá sabaktani* (Sal 22,2), que quiere decir: «Dios mío, Dios mío, ¿por qué me has abandonado?».
[35]Algunos de los presentes, al oírlo, decían:
–Mirad, llama a Elías.
[36]Uno fue corriendo a buscar una esponja, la empapó en vinagre, la puso en una caña y le dio a beber, diciendo:
–Dejad, a ver si viene Elías a bajarlo.
[37]Pero Jesús, lanzando un gran grito, expiró.
[38]La cortina del templo se rasgó en dos de arriba
abajo. [39]El oficial, situado frente a él, al verlo expirar así, exclamó:

–Verdaderamente este hombre era Hijo de Dios.
40Había también unas mujeres mirando desde le-
jos, entre ellas María Magdalena, María la madre de
Santiago el Menor y de José, y Salomé, 41que cuan-
do estaba Jesús en Galilea, lo acompañaban y lo ser-
vían; y otras muchas que habían subido con él a Je-
rusalén.

Jesús es sepultado
(Mt 27,57-61; Lc 23,50-56; Jn 19,38-42)

42Al caer la tarde, como era la preparación de la
Pascua, es decir, la víspera del sábado, 43José de Ari-
matea, miembro distinguido del Sanedrín, que es-
peraba también el Reino de Dios, se atrevió a ir a
Pilato a pedirle el cuerpo de Jesús. 44Pilato se extra-
ñó de que ya hubiese muerto; llamó al oficial y le
preguntó si había muerto ya. 45Al saberlo por el ofi-
cial, concedió el cadáver a José. 46Este compró una
sábana, lo bajó de la cruz, lo envolvió en la sábana
y lo puso en un sepulcro excavado en la roca. Lue-
go hizo rodar una losa para cerrar la puerta del se-
pulcro. 47María Magdalena y María la madre de José
estuvieron mirando dónde lo ponían.

Resurrección de Jesús
(Mt 28,1-8; Lc 24,1-12; Jn 20,1-10)

16 [1]Pasado el sábado, María Magdalena, María
la madre de Santiago y Salomé compraron
perfumes para ir a embalsamarlo. [2]El primer día de
la semana, muy de madrugada, al salir el sol, fueron
al sepulcro. [3]Iban diciéndose:
–¿Quién nos rodará la losa de la puerta del sepulcro?
[4]Levantaron los ojos y vieron que la losa había sido
removida; era muy grande. [5]Entraron en el sepulcro
y, al ver a un joven sentado a la derecha, vestido
con una túnica blanca, se asustaron. [6]Pero él les dijo:
–No os asustéis. Buscáis a Jesús nazareno, el crucificado. Ha resucitado. No está aquí. Ved el sitio
donde lo pusieron. [7]Id, decid a sus discípulos y a Pedro que él irá delante de ellos a Galilea. Allí lo verán, como él os dijo.
[8]Salieron huyendo del sepulcro, porque se había apoderado de ellas el temor y el espanto, y no dijeron nada a nadie porque tenían miedo.

APÉNDICE CANÓNICO

Aparición a María Magdalena
(Mt 28,9-10; Lc 24,13-35; Jn 20,11-18)

9Jesús resucitó al amanecer del primer día de la se-
mana y se apareció primero a María Magdalena, de
la que había lanzado siete demonios. 10Ella fue a de-
círselo a los que habían andado con él, que estaban
llenos de tristeza y llorando, 11pero ellos, al oír que
vivía y que ella lo había visto, no lo creyeron.
12Después de esto se apareció con una figura dis-
tinta a dos de ellos en el camino, cuando iban al
campo. 13Estos volvieron a dar la noticia a los de-
más, pero tampoco les creyeron.

La misión apostólica
(Mt 28,16-20; Jn 20,19-23)

14Después se apareció a los once estando a la mesa,
y les reprendió su incredulidad y dureza de corazón
porque no habían creído a los que lo habían visto
resucitado de entre los muertos.
15Y les dijo:
–Id por todo el mundo y predicad el evangelio a
toda criatura. 16El que crea y sea bautizado se salva-
rá, pero el que no crea se condenará. 17A los que

crean les acompañarán estos prodigios: en mi nombre echarán demonios, hablarán lenguas nuevas,
18agarrarán las serpientes y, aunque beban veneno, no les hará daño; pondrán sus manos sobre los enfermos y los curarán.

Ascensión y misión
(He 1,9-11)

19Jesús, el Señor, después de haber hablado con
ellos, subió al cielo y se sentó a la diestra de Dios.
20Ellos se fueron a predicar por todas partes. El Señor cooperaba con ellos y confirmaba su doctrina con los prodigios que los acompañaban.

Evangelio según san Lucas

PRÓLOGO

1 [1]Ilustre Teófilo: Puesto que muchos han inten-
tado componer la narración de los acontecimien-
tos que han tenido lugar entre nosotros, [2]según nos
lo han enseñado los mismos que desde el principio
fueron testigos oculares y ministros de la palabra, [3]me
ha parecido también a mí, que he investigado cuida-
dosamente todo desde los orígenes, hacerte una na-
rración ordenada, [4]para que conozcas el fundamento
de las enseñanzas que has recibido de palabra.

I. PRESENTACIÓN DE JESÚS

ANUNCIO DEL NACIMIENTO DE JUAN Y DE JESÚS

Anuncio del nacimiento de Juan el Bautista

[5]En tiempos de Herodes, rey de Judea, había un
sacerdote de nombre Zacarías, del grupo de Abías,

cuya mujer era descendiente de Aarón y se llamaba
Isabel. 6Ambos eran justos ante Dios y guardaban
escrupulosamente todos los mandamientos y precep-
tos del Señor. 7No tenían hijos, porque Isabel era es-
téril, y los dos de avanzada edad.
8Estaba Zacarías un día ejerciendo el servicio ante
Dios en el turno de su grupo. 9Según el rito sacer-
dotal, le tocó en suerte entrar en el santuario del
Señor a ofrecer el incienso. 10Todo el pueblo estaba
fuera orando mientras se ofrecía el incienso. 11Y se
le apareció a Zacarías un ángel del Señor, en pie, a
la derecha del altar del incienso. 12Zacarías se asus-
tó al verlo, y se llenó de miedo. 13El ángel le dijo:
–No temas, Zacarías, pues tu petición ha sido es-
cuchada. Tu mujer Isabel te dará un hijo, al que pon-
drás por nombre Juan. 14Te llenarás de gozo y alegría,
y muchos se alegrarán de su nacimiento, 15porque será
grande ante el Señor y no beberá vino ni licores; es-
tará lleno de Espíritu Santo ya desde el seno de su
madre, 16convertirá a muchos israelitas al Señor, su
Dios. 17Irá delante del Señor con el espíritu y el po-
der de Elías, para reconciliar a los padres con los hi-
jos y enseñar a los rebeldes la sabiduría de los justos,
a fin de preparar al Señor un pueblo bien dispuesto.
18Zacarías dijo al ángel:
–¿Cómo sabré que va a suceder así? Pues yo soy
viejo, y mi mujer de avanzada edad.

[19]El ángel le contestó:
–Yo soy Gabriel, que estoy en la presencia de Dios,
y he sido enviado a hablarte y darte esta buena no-
ticia. [20]Te quedarás mudo y no podrás hablar hasta
que suceda todo esto por no haber creído en mis pa-
labras, que se cumplirán a su tiempo.
[21]La gente estaba esperando a Zacarías y se extra-
ñaba de que permaneciese tanto tiempo en el san-
tuario. [22]Cuando salió, no podía hablarles, por lo que
comprendieron que había tenido alguna visión en
el santuario. Él les hacía señas y permaneció mudo.
[23]Al cumplir el tiempo de su ministerio, se fue a su
casa. [24]Unos días después, Isabel, su mujer, quedó en-
cinta; estuvo cinco meses sin salir de casa, y se decía:
[25]–Al hacer esto conmigo el Señor me ha librado
de la vergüenza ante la gente.

Anuncio del nacimiento de Jesús

[26]A los seis meses envió Dios al ángel Gabriel a
una ciudad de Galilea, llamada Nazaret, [27]a una jo-
ven virgen, prometida de un hombre descendiente
de David, llamado José. La virgen se llamaba Ma-
ría. [28]El ángel entró donde ella estaba, y le dijo:
–Dios te salve, llena de gracia, el Señor está con-
tigo.
[29]Ante estas palabras, María se turbó y se pregun-

taba qué significaría tal saludo. [30]El ángel le dijo:
–No temas, María, porque has encontrado gracia
ante Dios. [31]Concebirás y darás a luz un hijo, al que
pondrás por nombre Jesús. [32]Será grande y se le lla-
mará Hijo del Altísimo; el Señor le dará el trono de
David, su padre; [33]reinará sobre la casa de Jacob para
siempre y su reino no tendrá fin.
[34]María dijo al ángel:
–¿Cómo será esto, pues no tengo relaciones con
ningún hombre?
[35]El ángel le contestó:
–El Espíritu Santo vendrá sobre ti y el poder del
Altísimo te cubrirá con su sombra; por eso el niño
que nazca será santo y se le llamará Hijo de Dios.
[36]Mira, tu pariente Isabel ha concebido también un
hijo en su ancianidad, y la que se llamaba estéril está
ya de seis meses, [37]porque *para Dios no hay nada im-*
posible (Gén 18,14).
[38]María dijo:
–Aquí está la esclava del Señor; hágase en mí se-
gún tu palabra.
Y el ángel la dejó.

Encuentro de María con Isabel

[39]Unos días después María se dirigió presurosa a
la montaña, a una ciudad de Judá; [40]entró en casa

de Zacarías y saludó a Isabel. 41Cuando Isabel oyó
el saludo de María, el niño saltó en su seno. Enton-
ces Isabel, llena de Espíritu Santo, 42exclamó a gran-
des voces:
–¡Bendita tú entre las mujeres y bendito el fruto
de tu vientre! 43¿Cómo es posible que la madre de
mi Señor venga a mí? 44Tan pronto como tu saludo
sonó en mis oídos, el niño saltó de alegría en mi
seno. 45¡Dichosa tú que has creído!, porque lo que
te ha dicho el Señor se cumplirá.
46Entonces María dijo:

Proclama mi alma la grandeza del Señor
(1Sam 2,1)
47se alegra mi espíritu en Dios,
mi Salvador (Hab 3,18),
48porque ha mirado la humillación
de su esclava (1Sam 1,11).
Desde ahora me felicitarán
todas las generaciones (Gén 30,13)
49porque el Poderoso ha hecho
obras grandes por mí:
su nombre es santo (Sal 111,9)
50y su misericordia llega a sus fieles
de generación en generación (Sal 103,13.17).
51Él hace proezas con su brazo (Sal 89,11),
dispersa a los soberbios de corazón (2Sam 22,28),

52derriba del trono a los poderosos
y enaltece a los humildes (Job 5,11; 12,19),
53a los hambrientos los colma de bienes
y a los ricos los despide vacíos
(1Sam 2,5; Sal 107,9).
54Auxilia a Israel, su siervo,
acordándose de la misericordia (Is 41,8; Sal 98,3),
55como lo había prometido a nuestros padres,
en favor de Abrahán
y su descendencia para siempre
(Gén 12,3; 13,15; 17,7; 22,17; Miq 7,20).

56María estuvo con ella unos tres meses y se volvió a su casa.

NACIMIENTO DE JUAN Y DE JESÚS

Nacimiento y circuncisión del Bautista

57A Isabel se le cumplió el tiempo de su parto y
dio a luz un hijo. 58Los vecinos y parientes, al ente-
rarse del gran favor que el Señor le había hecho, fue-
ron a felicitarla. 59A los ocho días llevaron a circun-
cidar al niño, querían que se llamara Zacarías, como
su padre. 60Pero su madre dijo:
–No. Se llamará Juan.
61Le advirtieron:

–No hay nadie en tu familia que se llame así.
62 Preguntaron por señas al padre cómo quería que
se llamase. 63 Él pidió una tablilla y escribió: «Juan
es su nombre». Todos se quedaron admirados. 64 In-
mediatamente se le soltó la lengua y empezó a ha-
blar bendiciendo a Dios. 65 Todos los vecinos se lle-
naron de temor. Estas cosas se comentaban en toda
la montaña de Judea. 66 Todos los que las oían de-
cían pensativos: «¿Qué llegará a ser este niño?». Por-
que la mano del Señor estaba con él. 67 Zacarías, su
padre, lleno del Espíritu Santo, profetizó así:

68 Bendito sea el Señor,
Dios de Israel (Sal 41,14; 72,18; 106,48),
porque ha visitado y redimido a su pueblo,
69 suscitándonos una fuerza de salvación
en la casa de David, su siervo,
70 según lo había predicho desde antiguo
por boca de sus santos profetas:
71 es la salvación que nos libra de nuestros
enemigos
y de la mano de todos los que nos odian
(Sal 106,19),
72 realizando la misericordia que tuvo
con nuestros padres,
recordando su santa alianza
(Lev 26,42; Sal 106,45)

73y el juramento que juró
a nuestro padre Abrahán
(Gén 22,16-18; Sal 105, 8-9),
para concedernos que, 74libres de temor,
arrancados de la mano de los enemigos,
75le sirvamos con santidad y justicia
en su presencia todos nuestros días.
76Y a ti, niño, te llamarán profeta del Altísimo,
porque irás delante del Señor
a preparar sus caminos (Mal 3,1; Is 40,3),
77anunciando a su pueblo la salvación,
el perdón de sus pecados.
78Por la entrañable misericordia de nuestro Dios
nos visitará el sol que nace de lo alto (cf Mal 3,20),
79para iluminar a los que viven
en tinieblas y en sombras de muerte
(Is 9,1; 42,7; 60,1-2),
para guiar nuestros pasos por el camino de la paz.

80El niño crecía y se fortalecía en el espíritu. Y vivió en el desierto hasta el día de su manifestación a Israel.

Nacimiento y circuncisión de Jesús

2 [1]Por aquellos días salió un decreto de César Au-
gusto para que se empadronara todo el mundo.
[2]Éste es el primer censo que se hizo siendo Cirino go-
bernador de Siria. [3]Todos iban a empadronarse, cada
uno a su ciudad. [4]También José, por ser descendiente
de David, fue desde la ciudad de Nazaret de Galilea
a Judea, a la ciudad de David, que se llama Belén,
[5]para empadronarse con María, su mujer, que estaba
encinta. [6]Mientras estaban allí se cumplió el tiempo
del parto [7]y dio a luz a su hijo primogénito; lo envol-
vió en pañales y lo reclinó en un pesebre, porque no
encontraron sitio en la posada.

[8]Había en la misma región unos pastores acampados
al raso, guardando por turno sus rebaños. [9]Se les pre-
sentó el ángel del Señor, y la gloria del Señor los en-
volvió con su luz. Ellos se asustaron. [10]El ángel les dijo:

–No temáis, pues os anuncio una gran alegría, que
lo será para todo el pueblo: [11]en la ciudad de David
hoy os ha nacido un salvador, el Mesías, el Señor.
[12]Esto os servirá de señal: Encontraréis un niño en-
vuelto en pañales acostado en un pesebre.

[13]En seguida se unió al ángel una multitud del ejér-
cito celestial, que alababa a Dios diciendo: [14]«Glo-
ria a Dios en el cielo y paz en la tierra a los hom-
bres que él ama».

15Cuando los ángeles los dejaron y se fueron al cie-
lo, los pastores se decían unos a otros: «Vamos a Be-
lén y veamos ese acontecimiento que el Señor nos
ha anunciado».
16Fueron de prisa y encontraron a María, a José y
al niño acostado en el pesebre. 17Al verlo, contaron
lo que los ángeles les habían dicho acerca del niño.
18Todos los que lo oían se admiraban de lo que de-
cían los pastores. 19María, por su parte, guardaba to-
das estas cosas, meditándolas en su corazón. 20Los
pastores volvieron glorificando y alabando a Dios por
todo lo que habían visto y oído; todo tal y como se
les había dicho.
21A los ocho días, cuando lo circuncidaron, le pu-
sieron el nombre de Jesús, como lo había llamado
el ángel antes de su concepción.

Presentación de Jesús en el templo

22Cuando se cumplieron los días de la purificación,
según la Ley de Moisés, lo llevaron a Jerusalén para
ofrecerlo al Señor, 23como está escrito en la Ley del
Señor: *Todo varón primogénito será consagrado al Se-*
ñor (Éx 13,2.11,) 24y para ofrecer el sacrificio según
lo ordenado en la Ley del Señor: un par de tórtolas
o dos pichones (Lev 5,7; 12,8).
25Había entonces en Jerusalén un hombre llama-

do Simeón, hombre justo y piadoso, que esperaba la
liberación de Israel; el Espíritu Santo estaba en él
26y le había anunciado que no moriría sin ver al Me-
sías del Señor. 27Movido por el Espíritu, fue al tem-
plo, y, al entrar los padres con el niño Jesús para
cumplir lo establecido por la Ley acerca de él, 28lo
recibió en sus brazos y bendijo a Dios diciendo:

29Ahora, Señor, según tu promesa,
puedes dejar a tu siervo irse en paz,
30porque mis ojos han visto a tu Salvador
(Is 52,10),
31a quien has presentado ante todos los pueblos:
32luz para alumbrar a las naciones (Is 42,6; 49,6)
y gloria de tu pueblo, Israel (Is 46,13).

33Su padre y su madre estaban admirados de las
cosas que decían de él. 34Simeón los bendijo, y dijo
a María, su madre:

–Este niño está destinado en Israel para que unos
caigan y otros se levanten; será signo de contradic-
ción 35para que sean descubiertos los pensamientos
de todos; y a ti una espada te atravesará el corazón.
36Estaba también la profetisa Ana, hija de Fanuel,
de la tribu de Aser, de edad muy avanzada. Se ha-
bía casado muy joven, y a los siete años de matri-
monio había enviudado. 37Tenía ochenta y cuatro

años. Estaba siempre en el templo, sirviendo a Dios
noche y día con ayunos y oraciones. 38Se presentó
en aquel mismo momento, y daba gloria a Dios ha-
blando del niño a todos los que esperaban la libera-
ción de Israel.

Infancia en Nazaret

39Cuando cumplieron todas las cosas que manda-
ba la Ley del Señor, regresaron a Galilea, a su ciu-
dad de Nazaret. 40El niño crecía y se fortalecía, lle-
no de sabiduría, y la gracia de Dios estaba con él.

Primera Pascua de Jesús

41Sus padres iban todos los años a Jerusalén por la
fiesta de la Pascua. 42Cuando tuvo doce años, fue-
ron a la fiesta, como era costumbre. 43Terminada la
fiesta, emprendieron el regreso; pero el niño Jesús
se quedó en Jerusalén sin que sus padres se dieran
cuenta. 44Creyendo que iba en la caravana, andu-
vieron una jornada, al cabo de la cual se pusieron a
buscarlo entre los parientes y conocidos; 45y, al no
encontrarlo, volvieron a Jerusalén en busca suya.
46A los tres días lo encontraron en el templo sen-
tado en medio de los doctores, oyéndolos y pregun-
tándoles. 47Todos los que le oían estaban admirados

de su inteligencia y de sus respuestas. 48Al verlo se
quedaron maravillados; y su madre le dijo:
–Hijo, ¿por qué has hecho esto? Tu padre y yo te
hemos estado buscando angustiados.
49Él les contestó:
–¿Por qué me buscabais? ¿No sabíais que yo debo
ocuparme en los asuntos de mi Padre? 50Ellos no
comprendieron lo que les decía.

Regreso a Nazaret

51Jesús fue con ellos a Nazaret, y vivió bajo su tu-
tela. Su madre guardaba todas estas cosas en su co-
razón. 52Jesús crecía en sabiduría, en estatura y en
gracia delante de Dios y de los hombres.

JUAN Y JESÚS INICIAN SU ACTIVIDAD

Predicación de Juan el Bautista
(Mt 3,1-12; Mc 1,1-8; Jn 1,19-28)

3 1El año quince del reinado de Tiberio César,
siendo Poncio Pilato gobernador de Judea; He-
rodes, tetrarca de Galilea; su hermano Filipo tetrar-
ca de Iturea y de la región de Traconítida, y Lisanias,
tetrarca de Abilene, 2en tiempo de los sumos sacer-
dotes Anás y Caifás, Dios habló a Juan, el hijo de

Zacarías, en el desierto. [3]Fue recorriendo toda la re-
gión del Jordán, predicando un bautismo de conver-
sión para recibir el perdón de los pecados, [4]como está
escrito en el libro del profeta Isaías:

Voz que grita en el desierto:
Preparad el camino del Señor, allanad sus sendas;
[5]*que los valles se eleven,*
que los montes y colinas se abajen;
que los caminos tortuosos se hagan rectos
y los escabrosos llanos,
[6]*para que todos vean*
la salvación de Dios (Is 40,3-5).

[7]Iban muchos a que los bautizara. Y Juan les de-
cía:
–Raza de víboras, ¿quién os ha enseñado a huir
del castigo inminente? [8]Demostrad con obras vues-
tro arrepentimiento, y no os pongáis a decir: «Te-
nemos por padre a Abrahán»; porque yo os digo que
Dios puede sacar de estas piedras hijos de Abrahán.
[9]Además, ya está el hacha puesta a la raíz de los ár-
boles: y todo árbol que no dé buen fruto será corta-
do y echado al fuego.
[10]La gente le preguntaba:
–¿Qué tenemos que hacer?
[11]Él contestaba:

–El que tenga dos túnicas reparta con el que no tiene ninguna, y el que tiene alimentos que haga igual.

12Acudieron también unos publicanos a bautizarse, y le preguntaron:

–Maestro, ¿qué tenemos que hacer nosotros?

13Él les respondió:

–No exijáis nada más de lo que manda la Ley.

14Le preguntaron también unos soldados:

Y nosotros, ¿qué debemos hacer?

Juan les contestó:

–No intimidéis a nadie, no denunciéis falsamente y contentaos con vuestra paga.

15Como la gente estaba expectante y se preguntaba si no sería Juan el Mesías, 16Juan declaró públicamente:

–Yo os bautizo con agua, pero viene el que es más fuerte que yo, y a quien no soy digno de desatar la correa de sus sandalias. Él os bautizará con Espíritu Santo y con fuego. 17Tiene en su mano el bieldo para aventar su parva, llevar el trigo a su granero y quemar la paja en fuego que no se apaga.

18Con estas y otras muchas exhortaciones anunciaba al pueblo la buena noticia.

Prendimiento de Juan

[19]El tetrarca Herodes, censurado por Juan a causa
de Herodías, la mujer de su hermano, y por todos
los crímenes que había cometido, [20]añadió a todos
ellos uno más y metió a Juan en la cárcel.

Bautismo de Jesús, ungido por el Espíritu
(Mt 3,13-17; Mc 1,9-11)

[21]Un día en que se bautizó mucha gente también
Jesús se bautizó; mientras Jesús estaba orando, se
abrió el cielo, [22]descendió el Espíritu Santo sobre él
en forma corporal, como una paloma, y se oyó una
voz del cielo:

–Tú eres mi hijo amado, mi predilecto.

Los ascendientes de Jesús
(Mt 1,1-17)

[23]Jesús, al comenzar, tenía unos treinta años, y se
le tenía por hijo de José, de Helí, [24]de Matat, de Leví,
de Melquí, de Jannaí, de José, [25]de Matatías, de
Amós, de Nahún, de Eslí, de Nagai, [26]de Maat, de
Matatías, de Semeín, de Josec, de Jodá, [27]de Joanán,
de Resá, de Zorobabel, de Salatiel, de Nerí, [28]de
Melquí, de Abdí, de Cosán, de Elmadán, de Er, [29]de

Jesús, de Eliezer, de Jorín, de Matat, de Leví, [30]de
Simeón, de Judá, de José, de Jonán, de Eliaquín, [31]de
Meleá, de Mená, de Matacá, de Natán, de David,
[32]de Jesé, de Obed, de Booz, de Salmá, de Naasón,
[33]de Aminadab, de Admín, de Arní, de Jesrón, de
Fares, de Judá, [34]de Jacob, de Isaac, de Abrahán, de
Tara, de Nacor, [35]de Seruc, de Ragau, de Fálec, de
Eber, de Salá, [36]de Cainán, de Arfaxad, de Sem, de
Noé, de Lamec, [37]de Matusalén, de Henoc, de Já-
ret, de Maleleel, de Cainán, [38]de Enós, de Set, de
Adán, de Dios.

Las tentaciones
(Mt 4,1-11; Mc 1,12-13)

4 [1]Jesús, lleno de Espíritu Santo, regresó del Jor-
dán. El Espíritu lo llevó al desierto, [2]donde du-
rante cuarenta días fue tentado por el diablo. En esos
días no comió nada, y al final tuvo hambre. [3]Enton-
ces el diablo le dijo:
–Si eres Hijo de Dios, di que estas piedras se con-
viertan en pan.
[4]Jesús le respondió:
–Está escrito: *No sólo de pan vive el hombre* (Dt 8,3).
[5]Luego el diablo lo llevó a un lugar alto, le mos-
tró todos los reinos del mundo en un instante [6]y le
dijo:

–Te daré todo este imperio y el esplendor de estos
reinos, porque son míos y se los doy a quien quiero.
7Si te pones de rodillas y me adoras, todo será tuyo.
8Jesús respondió:
–Está escrito: *Al Señor tu Dios adorarás y a él solo servirás* (Dt 6,13-14).
9Entonces lo llevó a Jerusalén, lo subió al alero del
templo y le dijo:
–Si eres Hijo de Dios, tírate de aquí abajo; 10por-
que está escrito: *Ordenará a sus ángeles que cuiden*
de ti 11*y te lleven en las manos para que no tropiece tu*
pie con ninguna piedra (Sal 91,11-12).
12Jesús le respondió:
–También está escrito: *No tentarás al Señor tu Dios* (Dt 6,16).
13Cuando acabó de poner a prueba a Jesús, el diablo se alejó de él hasta el tiempo oportuno.

II. ACTIVIDAD EN GALILEA

MANIFESTACIÓN Y RECHAZO DE JESÚS

Comienzo de su ministerio

(Mt 4,12-17; Mc 1,14-15)

14Jesús, lleno de la fuerza del Espíritu, regresó a
Galilea, y su fama se extendió por toda la comarca.
15Enseñaba en las sinagogas y todos lo alababan.

En la sinagoga de Nazaret
(Mt 13,53-58; Mc 6,1-6)

16Llegó a Nazaret, donde se había criado. El sába-
do entró, según su costumbre, en la sinagoga y se
levantó a leer. 17Le entregaron el libro del profeta
Isaías, desenrolló el volumen y encontró el pasaje en
el que está escrito:

18*El Espíritu del Señor está sobre mí,*
porque me ha ungido.
Me ha enviado a llevar la buena nueva a los pobres,
a anunciar la libertad a los presos,
a dar la vista a los ciegos,
a liberar a los oprimidos
19*y a proclamar un año de gracia del Señor*
(Is 61,1-2; 58,6).

20Enrolló el libro, se lo dio al ayudante de la sina-
goga y se sentó. Todos tenían sus ojos clavados en
él. 21Jesús comenzó a decirles:
–Hoy se cumple ante vosotros esta Escritura.
22Todos daban su aprobación y, extrañados por las
palabras de gracia que salían de su boca, decían:
–¿No es éste el hijo de José?
23Él les dijo:
–Seguramente me diréis aquel refrán: «Médico,

cúrate a ti mismo». Lo que hemos oído que has he-
cho en Cafarnaún, hazlo también aquí, en tu patria.
[24]Y continuó:
–Os aseguro que ningún profeta es bien recibido
en su tierra. [25]Os aseguro, además, que en tiempo
de Elías, cuando se cerró el cielo por tres años y seis
meses y hubo gran hambre en toda la tierra, había
muchas viudas en Israel, [26]y a ninguna de ellas fue
enviado Elías, sino a una mujer viuda de Sarepta,
en Sidón. [27]Y había muchos leprosos en Israel cuan-
do Eliseo profeta, pero ninguno de ellos fue limpia-
do de su lepra sino Naamán, el sirio.
[28]Al oír esto, todos los que estaban en la sinagoga
se llenaron de ira, [29]se levantaron, lo sacaron de la
ciudad y lo llevaron a la cima del monte sobre el que
estaba edificada la ciudad para despeñarlo. [30]Pero
Jesús pasó por en medio de todos y se fue.

Curación de un endemoniado
(Mc 1,21-28)

[31]Fue a Cafarnaún, ciudad de Galilea, y los sába-
dos enseñaba a la gente. [32]Ellos se asombraban de
su enseñanza porque hablaba con autoridad. [33]En la
sinagoga había un hombre poseído de un espíritu in-
mundo, que se puso a gritar:
[34]–¿Qué tenemos que ver contigo, Jesús nazareno?

¿Has venido a destruirnos? Sé quién eres: el Santo de Dios.
35 Jesús le increpó:
–Cállate, y sal de él.
El demonio lo tiró por tierra, pero salió de él sin hacerle daño.
36 Todos quedaron estupefactos y se preguntaban unos a otros:
–¿Qué es esto? ¡Manda con autoridad y poder a los espíritus inmundos y le obedecen!
37 Su fama se extendió por toda la comarca.

Curación de la suegra de Pedro y de otros muchos
(Mt 8,14-17; Mc 1,29-34)

38 Salió de la sinagoga y fue a casa de Simón. La suegra de éste se encontraba enferma con fiebre muy alta, y le pidieron que la curara.
39 Él se inclinó sobre ella, increpó a la fiebre y la fiebre la dejó. La mujer se levantó inmediatamente y se puso a atenderle.
40 A la puesta del sol, todos los que tenían enfermos de cualquier dolencia se los llevaron; y Jesús imponía las manos sobre cada uno de ellos y los curaba.
41 De muchos salían también los demonios, gritando:
–Tú eres el Hijo de Dios.

Pero Jesús los reprendía y no les dejaba hablar, por-
que sabían que él era el Mesías.

Jesús predica en Judea
(Mc 1,35-39)

42Al amanecer se fue a un lugar solitario. La gen-
te andaba buscándolo; lo encontraron y trataron de
que no se alejara de ellos. 43Pero él les dijo:
–Debo anunciar también el Reino de Dios a las
demás ciudades, porque para esto he sido enviado.
44E iba predicando por las sinagogas de Judea.

Los primeros discípulos
(Mt 4,18-22; Mc 1,16-20; Jn 21,1-6)

5 1Mientras la gente se agolpaba en torno a Jesús
para oír la palabra de Dios, él estaba junto al
lago de Genesaret, 2y vio dos barcas situadas al bor-
de del lago: los pescadores habían bajado a tierra y
estaban lavando las redes. 3Subió a una de las bar-
cas, que era de Simón, y le pidió que la separase un
poco de la tierra. Se sentó en ella, y enseñaba a la
gente desde la barca. 4Cuando terminó de hablar,
dijo a Simón:
–Rema mar adentro y echad las redes para pes-
car.

5 Simón le respondió:
–Maestro, hemos estado trabajando toda la noche
y no hemos pescado nada, pero por tu palabra echaré
las redes.
6 Así lo hicieron, y pescaron tan gran cantidad de
peces que casi se rompían las redes. 7 Hicieron señas
a sus compañeros de la otra barca para que fueran
a ayudarlos, ellos acudieron y llenaron tanto las dos
barcas que casi se hundían. 8 Al ver esto Simón Pe-
dro, cayó a los pies de Jesús, diciendo:
–Señor, apártate de mí, que soy un pecador.
9 Pues tanto él como sus compañeros habían que-
dado pasmados ante la pesca realizada; 10 e igualmen-
te Santiago y Juan, hijos de Zebedeo, que eran com-
pañeros de Simón. Jesús dijo a Simón:
–No temas: desde ahora serás pescador de hom-
bres.
11 Ellos llevaron las barcas a tierra, lo dejaron todo
y lo siguieron.

Jesús cura a un leproso
(Mt 8,1-4; Mc 1,40-45)

12 Estaba Jesús en una ciudad cuando un hombre
cubierto de lepra, al verlo, se puso de rodillas ante
él y le suplicaba:
–Señor, si quieres, puedes limpiarme.

13Jesús extendió la mano, lo tocó y dijo:
–Quiero, queda limpio.
Y al instante quedó limpio de su lepra. 14Jesús le
ordenó:
–No se lo digas a nadie; pero, anda, muéstrate al
sacerdote y presenta la ofrenda que ordenó Moisés
para que les conste tu curación.
15Su fama se extendía cada vez más, y mucha gente
acudía para oírlo y para que los curase de sus enfer-
medades. 16Pero él se retiraba a los lugares solitarios
para orar.

Cura a un paralítico
(Mt 9,2-8; Mc 2,1-12)

17Un día Jesús estaba enseñando. Estaban allí sen-
tados algunos fariseos y Maestros de la Ley que ha-
bían venido de todas las aldeas de Galilea, de Judea
y de Jerusalén. Jesús hacía curaciones con el poder
del Señor. 18En esto llegan unos hombres trayendo
en una camilla a un paralítico y querían entrar en
la casa y ponerlo delante de Jesús. 19No encontran-
do por dónde meterlo, porque había mucha gente,
subieron a la terraza, lo bajaron por el techo en la
camilla y lo pusieron en medio de todos, delante de
Jesús. 20Él, al ver su fe, dijo:
–Hombre, tus pecados te son perdonados.

21Los maestros de la Ley y los fariseos se dijeron:
–¿Quién es éste que dice blasfemias? ¿Quién puede
perdonar los pecados sino sólo Dios?
22Jesús, conociendo sus pensamientos, les dijo:
–¿Por qué pensáis así? 23¿Qué es más fácil: decir
«tus pecados te son perdonados» o decir «levántate
y anda»? 24Pues para que sepáis que el Hijo del Hom-
bre tiene poder en la tierra para perdonar los peca-
dos, dijo al paralítico:
–Levántate, toma tu camilla y vete a tu casa.
25Inmediatamente se levantó delante de todos, se
cargó la camilla en que había estado tendido y se
fue a su casa alabando a Dios. 26Todos quedaron so-
brecogidos y glorificaron a Dios llenos de temor di-
ciendo:
–Hoy hemos visto cosas maravillosas.

Llama a Leví y come con pecadores
(Mt 9,9-13; Mc 2,13-17)

27Después de esto, salió, vio a un publicano llama-
do Leví sentado en la oficina de los impuestos, y le
dijo:
–Sígueme.
28Él lo dejó todo, se levantó y lo siguió. 29Leví pre-
paró un gran banquete en su casa al que estaban in-
vitados muchos publicanos y otras personas. 30Los

fariseos y los maestros de la Ley murmuraban diciendo a sus discípulos:
–¿Por qué coméis y bebéis con publicanos y pecadores?
[31]Jesús les contestó:
–No necesitan médico los sanos sino los enfermos.
[32]No he venido a llamar a los justos, sino a los pecadores, para que se conviertan.

La cuestión del ayuno
(Mt 9,14-17; Mc 2,18-22)

[33]Ellos le dijeron:
–Los discípulos de Juan y los de los fariseos ayunan con frecuencia y hacen oraciones; en cambio tus discípulos comen y beben.
[34]Jesús les contestó:
–¿Es que pueden ayunar los invitados a la boda
mientras el esposo está con ellos? [35]Llegará un día
en que les quiten al esposo; entonces ayunarán.
[36]Les hizo además estas comparaciones:
–Nadie corta una pieza de un traje nuevo para remendar un vestido viejo, pues estropearía el nuevo
y la pieza nueva no caería bien en el viejo. [37]Nadie
echa vino nuevo en odres viejos, porque el vino nuevo reventaría los odres, el vino se derramaría y los
odres se perderían; [38]sino que el vino nuevo se echa

en odres nuevos. [39]Y nadie, después de haber bebi-
do vino añejo, quiere luego el nuevo, pues dice: «El
vino añejo es mejor».

La persona y el sábado
(Mt 12,1-14; Mc 2,23-3,1-6)

6 [1]Un sábado, Jesús atravesaba unos sembrados;
sus discípulos comenzaron a cortar espigas y a
comerlas, desgranándolas con las manos. [2]Unos fa-
riseos dijeron:
–¿Por qué hacéis lo que no está permitido hacer
en sábado?
[3]Jesús les respondió:
–¿No habéis leído lo que hizo David cuando tuvo
hambre él y los suyos? [4]Entró en la casa de Dios, co-
mió los panes de la proposición y dio a los que le
acompañaban, aunque a nadie le está permitido co-
mer de ellos, sino sólo a los sacerdotes.
[5]Y les decía:
–El Hijo del Hombre es señor también del sábado.
[6]Otro sábado entró en la sinagoga y se puso a en-
señar. Había allí un hombre que tenía seca su mano
derecha. [7]Los maestros de la Ley y los fariseos es-
piaban a Jesús a ver si curaba en sábado, para acu-
sarlo. [8]Pero él, que conocía sus pensamientos, dijo
al hombre de la mano atrofiada:

–Levántate y ponte en medio.
Él se levantó y se puso en pie. 9Jesús les dijo:
–¿Está permitido en sábado hacer el bien o el mal, salvar una vida o destruirla?
10Y echando una mirada a su alrededor, dijo:
–Extiende la mano.
La extendió, y quedó sana. 11Pero ellos, montando
en cólera, discutían qué podrían hacer contra Jesús.

ENSEÑANZAS Y MILAGROS DE JESÚS

Elección de los Doce
(Mt 10,1-4; Mc 3,13-19)

12Por aquellos días Jesús se retiró a la montaña para
orar, y pasó la noche orando a Dios. 13Cuando llegó
el día, llamó a sus discípulos, eligió doce de entre
ellos y los llamó apóstoles: 14Simón, a quien llamó
Pedro; su hermano Andrés, Santiago, Juan, Felipe,
Bartolomé, 15Mateo, Tomás, Santiago el hijo de Al-
feo, Simón llamado Zelota, 16Judas hijo de Santiago
y Judas Iscariote, el que le traicionó.

La gente busca a Jesús
(Mt 4,24-25; Mc 3,7-12)

17Bajó con ellos y se detuvo en una explanada en
la que había un gran número de discípulos y mucha

gente procedentes de toda Judea, de Jerusalén y del
litoral de Tiro y Sidón, [18]que habían llegado para es-
cucharlo y ser curados de sus enfermedades; los que
eran atormentados por espíritus inmundos también
eran curados y [19]toda la gente quería tocarlo, por-
que salía de él una fuerza que curaba a todos.

Bienaventuranzas
(Mt 5,1-12)

[20]Entonces Jesús, levantando los ojos hacia sus dis-
cípulos, comenzó a decir:

Dichosos los pobres,
porque vuestro es el Reino de Dios.
[21]Dichosos los que ahora tenéis hambre,
pues seréis saciados.
Dichosos los que ahora lloráis,
porque reiréis.
[22]Dichosos seréis si os odian los hombres,
si os expulsan, os insultan
y proscriben vuestro nombre como infame
por causa del Hijo del Hombre.
[23]Alegraos aquel día y saltad de gozo,
porque vuestra recompensa será grande en el cielo.
Así trataban también sus padres a los profetas.

Ayes de Jesús

[24]Pero ¡ay de vosotros, los ricos, porque ya habéis recibido vuestro consuelo!

[25]¡Ay de vosotros, los que ahora estáis hartos, porque tendréis hambre!

¡Ay de vosotros, los que ahora reís, porque gemiréis y lloraréis!

[26]¡Ay de vosotros cuando os alaben todos los hombres! Así alababan sus padres a los falsos profetas.

Amor a los enemigos
(Mt 5,38-48)

[27]Pero a vosotros que me escucháis yo os digo:
Amad a vuestros enemigos, haced el bien a los que
os odian, [28]bendecid a los que os maldicen, orad por
los que os calumnian. [29]Al que te abofetea en una
mejilla, ofrécele también la otra; a quien te quita el
manto, dale también la túnica. [30]Da a quien te pida,
y no reclames a quien te roba lo tuyo. [31]Tratad a los
hombres como queréis que ellos os traten a vosotros. [32]Si amáis a los que os aman, ¿qué mérito tendréis? También los pecadores aman a quienes los
aman. [33]Y si hacéis el bien a los que os lo hacen, ¿qué
mérito tendréis? Los pecadores también lo hacen. [34]Y
si prestáis a aquellos de quienes esperáis recibir, ¿qué

mérito tendréis? También los pecadores prestan a los
pecadores para recibir de ellos otro tanto. 35 Pero vo-
sotros amad a vuestros enemigos, haced el bien y
prestad sin esperar remuneración: así será grande
vuestra recompensa y seréis hijos del Altísimo, por-
que él es bueno con los desagradecidos y con los
malvados. 36 Sed misericordiosos, como vuestro Pa-
dre es misericordioso.

El enjuiciamiento del prójimo
(Mt 15,14)

37 No juzguéis y no seréis juzgados; no condenéis y
no seréis condenados; perdonad y seréis perdonados
38 dad y se os dará: se os dará una buena medida,
apretada, rellena, rebosante; porque con la medida
con que midáis seréis medidos.
39 Y les propuso estas comparaciones:
–¿Puede un ciego guiar a otro ciego? ¿No caerán los
dos en el hoyo? 40 El discípulo no es superior a su maes-
tro, aunque el discípulo bien formado será como su
maestro. 41 ¿Cómo es que ves la paja en el ojo de tu
hermano, si no adviertes la viga en el tuyo? 42 ¿Cómo
puedes decir a tu hermano: «Deja que saque la paja
de tu ojo», tú que no ves la viga en el tuyo? ¡Hipócri-
ta! Quita primero la viga de tu ojo, y entonces verás
para quitar la paja del ojo de tu hermano.

Saber discernir el bien del mal
(Mt 7,16-18; 12,33-35)

43 No hay árbol bueno que dé fruto malo, ni árbol
malo que dé fruto bueno. 44 Cada árbol se conoce por
sus frutos. Porque no se cosechan higos de los espi-
nos, ni se vendimian uvas de los zarzales. 45 El hom-
bre bueno saca el bien de la bondad que atesora en
su corazón, y el malo saca el mal de la maldad que
tiene; porque de la abundancia del corazón habla la
boca.

Parábola de los dos cimientos
(Mt 7,24-27)

46 ¿Por qué me llamáis «¡Señor!, ¡Señor!», y no ha-
céis lo que os digo? 47 Os diré a quién se parece todo
el que viene a mí, escucha mi palabra y la pone en
práctica: 48 se parece a un hombre que al construir
su casa cavó, profundizó y puso el cimiento sobre la
roca; cuando luego vino la crecida y el río se preci-
pitó contra la casa, no pudo derruirla porque estaba
bien cimentada. 49 Pero el que escucha mis palabras
y no las pone en práctica se parece al que constru-
yó una casa sobre la arena, sin cimiento; chocó el
río contra ella, y rápidamente se cayó y se arruinó
totalmente.

Curación del criado del centurión
(Mt 8,5-13; Jn 4,43-54)

7 1Cuando terminó de hablar a la gente, entró en
Cafarnaún. 2Un centurión, que tenía un criado
que estaba muriéndose, 3oyó hablar de Jesús, y man-
dó unos ancianos de los judíos a rogarle que fuese a
curar a su criado. 4Ellos se acercaron a Jesús y le su-
plicaron con insistencia, diciendo:
–Merece que se lo concedas, 5porque ama a nues-
tro pueblo y nos ha edificado una sinagoga.
6Jesús se puso en camino con ellos. No estaban le-
jos de la casa, cuando el centurión mandó unos ami-
gos a decirle:
–Señor, no te molestes, pues no soy digno de que
entres en mi casa. 7Por eso ni me he atrevido a ir yo
personalmente; pero di una palabra, y mi criado se
curará. 8Porque yo, que soy hombre sujeto al man-
do, tengo a mis órdenes soldados, y digo a éste:
«Vete», y va; y a otro: «Ven», y viene; y a mi criado:
«Haz esto», y lo hace.
9Al oírlo, quedó admirado y dijo a los que lo se-
guían:
–Os aseguro que ni en Israel he encontrado una
fe como esta.
10Cuando los enviados regresaron a casa, encon-
traron curado al criado.

Resucita al hijo de una viuda en Naín

11Después fue a una ciudad llamada Naín, acom-
pañado de sus discípulos y de mucha gente. 12Al lle-
gar a la puerta de la ciudad se encontró con que lle-
vaban a enterrar un muerto, hijo único de una
madre viuda; la acompañaba todo el pueblo. 13El
Señor, al verla, se compadeció de ella y le dijo:
–No llores.
14Luego se acercó, tocó el féretro (los que lo lle-
vaban se detuvieron) y dijo:
–Joven, yo te lo mando: ¡Levántate!
15El muerto se sentó y comenzó a hablar; y él se
lo entregó a su madre. 16Todos quedaron sobrecogi-
dos y alababan a Dios, diciendo:
–Un gran profeta ha surgido entre nosotros. Dios
ha visitado a su pueblo.
17La noticia se propagó por toda Judea y por toda
aquella comarca.

Los emisarios de Juan el Bautista (Mt 11,2-6)

18Los discípulos de Juan le contaron todo esto. Juan
llamó a dos de ellos y 19los mandó al Señor a pregun-
tarle:
–¿Eres tú el que ha de venir o tenemos que espe-
rar a otro?

[20]Ellos se presentaron a Jesús y le dijeron:
–Juan el Bautista nos envía a preguntarte si eres
tú el que ha de venir o tenemos que esperar a otro.
[21]En aquel momento Jesús curó a muchos de sus
enfermedades, dolencias y espíritus malignos, y dio
la vista a muchos ciegos. [22]Después les respondió:
–Id y contad a Juan lo que habéis visto y oído: los
ciegos ven, los cojos andan, los leprosos quedan lim-
pios, los sordos oyen, los muertos resucitan, a los po-
bres se anuncia la buena noticia [23]y ¡dichoso el que
no se escandalice de mí!

Jesús elogia al Bautista (Mt 11,7-15)

[24]Cuando los mensajeros de Juan se fueron, co-
menzó a hablar de él a las gentes:
–¿Qué salisteis a ver en el desierto? ¿Una caña mo-
vida por el viento? [25]¿Qué salisteis a ver? ¿Un hom-
bre vestido lujosamente? Los que visten lujosamente
y se dan buena vida están en los palacios de los re-
yes. [26]Entonces, ¿qué salisteis a ver? ¿Un profeta? Sí,
yo os lo aseguro, y más que un profeta. [27]Él es de quien
está escrito: *Yo envío delante de ti a mi mensajero para
que te prepare el camino* (Mal 3,1; Éx 23,20).
[28]Os aseguro que entre los nacidos de mujer no
hay nadie mayor que Juan; pero el más pequeño en
el Reino de Dios es mayor que él.

Jesús lamenta la terquedad de su pueblo
(Mt 11,16-19)

29Todo el pueblo que lo escuchó, incluso los pu-
blicanos, acogieron la oferta de Dios recibiendo el
bautismo de Juan; 30pero los fariseos y los doctores
de la Ley frustraron el plan de Dios para con ellos,
no haciéndose bautizar por él.
31Y añadió:
–¿A qué compararé esta generación? ¿A quién se
parece? 32Se parece a esos chiquillos sentados en la
plaza que se gritan unos a otros: «Os hemos tocado
la flauta y no habéis bailado, hemos cantado lamen-
taciones y no habéis llorado». 33Porque vino Juan el
Bautista, que ni comía ni bebía, y dijisteis: «Tiene
un demonio»; 34ha venido el Hijo del Hombre, que
come y bebe, y decís: «Es un comilón y un borra-
cho». 35Pero la sabiduría ha sido acreditada por to-
dos los que son sabios.

El fariseo y la pecadora
(Mt 7,36-50)

36Un fariseo invitó a Jesús a comer con él. Jesús
fue a su casa y se puso a la mesa. 37Había en la ciu-
dad una mujer pecadora, la cual, al enterarse de que
Jesús estaba a la mesa en casa del fariseo, se presentó

allí con un vaso de alabastro lleno de perfume; [38]se
puso detrás de él a sus pies, y, llorando, comenzó a
regarlos con sus lágrimas y a enjugarlos con los cabellos de su cabeza, los besaba y ungía con el perfume. [39]El fariseo que le había invitado, al verlo, se
decía: «Si éste fuera profeta, conocería quién y qué
clase de mujer es la que lo toca: ¡una pecadora!».

[40]Jesús tomó la palabra y le dijo:

–Simón, tengo algo que decirte.

Él contestó:

–Di, maestro.

[41]Un prestamista tenía dos deudores: uno le debía quinientos denarios y el otro cincuenta. [42]Como
no podían pagarle, se lo perdonó a los dos. ¿Quién
de ellos le amará más?

[43]Simón respondió:

–Supongo que aquel a quien perdonó más.

Jesús le dijo:

–Has juzgado bien.

[44]Y, volviéndose hacia la mujer, dijo a Simón:

–¿Ves a esta mujer? Yo entré en tu casa y no me
diste agua para los pies; ella, en cambio, ha bañado
mis pies con sus lágrimas y los ha enjugado con sus
cabellos. [45]Tú no me diste el beso; pero ella, desde
que entró, no ha cesado de besar mis pies. [46]Tú no
me pusiste ungüento en la cabeza, y ésta ha ungido
mis pies con perfume. [47]Te aseguro que si da mues-

tras de mucho amor es porque se le han perdonado sus muchos pecados; en cambio, al que se le perdona poco, mostrará poco amor.
48Entonces dijo a la mujer:
–Tus pecados quedan perdonados.
49Los invitados comenzaron a decirse:
¿Quién es éste que hasta perdona los pecados?
50Jesús dijo a la mujer:
–Tu fe te ha salvado, vete en paz.

Los acompañantes de Jesús

8 1Después de esto, Jesús iba por los pueblos y las
aldeas predicando el Reino de Dios. Le acompa-
ñaban los Doce 2y algunas mujeres que había curado
de espíritus malignos y enfermedades: María Magda-
lena, de la que había echado siete demonios; 3Juana,
mujer de Cusa, administrador de Herodes; Susana y
algunas otras que le asistían con sus bienes.

Parábola del sembrador
(Mt 13,1-9.18-23; Mc 4,1-9.13-20)

4Un día se reunió en torno a Jesús mucha gente que había venido de los pueblos. Él les dijo esta parábola:
5–Salió el sembrador a sembrar su semilla. Al sem-

brar, una parte cayó junto al camino, fue pisoteada
y las aves se la comieron. [6]Otra parte cayó en un pe-
dregal y, nada más nacer, se secó por falta de hu-
medad. [7]Otra cayó entre zarzas, y las zarzas crecie-
ron y la ahogaron. [8]Otra cayó en tierra buena, nació
y dio fruto: el ciento por uno.
Dicho esto, exclamó:
–¡El que tenga oídos, que oiga!

Motivo de las parábolas
(Mt 13,10-17; Mc 4,10-12)

[9]Sus discípulos le preguntaron qué significaba esa
parábola. [10]Él les respondió:
–A vosotros se os ha concedido comprender los secretos del Reino de Dios; pero a los demás sólo en parábolas, de forma que *aunque miran no ven y aunque oyen no entiendan* (Is 6,9).

Explicación de la parábola del sembrador
(Mt 13,18-23; Mc 4,13-20)

[11]La parábola quiere decir esto: La semilla es la
palabra de Dios. [12]Los de junto al camino son los que
la oyen, pero luego viene el diablo y se lleva la pa-
labra de Dios de sus corazones para que no crean y
se salven. [13]Los que están sobre el pedregal son los

que oyen la palabra y la aceptan con alegría; pero no tienen raíz, creen por algún tiempo y en el momento de la prueba se vuelven atrás. [14]La semilla que cayó entre zarzas son los que la escuchan, pero luego se ahogan en las preocupaciones, riquezas y placeres de la vida, y no llegan a la madurez. [15]Y la que cayó en tierra buena son los que escuchan la palabra con corazón bueno y generoso, la conservan y por su constancia dan fruto.

La lámpara escondida
(Mc 4,21-25; Mt 5,15)

[16]Nadie enciende una lámpara y la oculta en una vasija o la pone debajo de la cama; la coloca en un candelero para que los que entren vean la luz. [17]Porque nada hay oculto que no sea descubierto, ni secreto que no sea conocido y puesto en claro. [18]Mirad bien cómo escucháis: porque al que tiene se le dará más, pero al que no tiene se le quitará aun lo que cree que tiene.

La verdadera familia de Jesús
(Mt 12,46-50; Mc 3,31-35)

[19]Llegaron la madre y los hermanos de Jesús, pero como no podían acercarse a él porque había mucha gente, [20]le avisaron:

–Tu madre y tus hermanos están ahí fuera y quieren verte.

[21]Él respondió:

–Mi madre y mis hermanos son los que oyen la palabra de Dios y la ponen en práctica.

Apacigua el temporal
(Mt 8,23-27; Mc 4,35-41)

[22]Un día subió Jesús con sus discípulos a una barca y les dijo:

–Pasemos a la otra orilla.

Y se adentraron en el lago. [23]Mientras navegaban, Jesús se durmió. Una borrasca cayó sobre el lago, de tal forma que la barca se inundaba y corrían peligro. [24]Los discípulos se acercaron y lo despertaron:

–¡Maestro, maestro, que perecemos!

Él se levantó e increpó al viento y a las olas; éstas cesaron y se hizo la calma. [25]Entonces dijo a sus discípulos:

–¿Dónde está vuestra fe?

Llenos de miedo y de estupor se decían:

–¿Quién es éste, que manda incluso a los vientos y al agua y le obedecen?

Jesús cura a un geraseno
(Mt 8,28-34; Mc 5,1-20)

26Tomaron tierra en la región de los gerasenos,
frente a Galilea. 27Al desembarcar, les salió al en-
cuentro un hombre de la ciudad, poseído por demo-
nios; desde hacía mucho tiempo andaba desnudo y
no vivía en ninguna casa, sino en el cementerio. 28Al
ver a Jesús, se puso a gritar y se postró ante él di-
ciendo a voces:

–¡Déjame en paz, Jesús, hijo del Dios altísimo! Te ruego que no me atormentes.

29Es que Jesús estaba mandando al espíritu impu-
ro que saliera de aquel hombre. Muchas veces se
había apoderado de él, y entonces lo ataban con ca-
denas y con grillos; pero rompía las ataduras y el de-
monio lo arrastraba a los despoblados. 30Jesús le pre-
guntó:

–¿Cómo te llamas?

Él contestó:

–Me llamo legión.

Porque habían entrado en él muchos demonios.
31Y le rogaban que no les mandara volver al abis-
mo. 32Había allí una gran piara de cerdos paciendo
en el monte, y le suplicaron que les permitiera en-
trar en ellos. Él se lo permitió. 33Los demonios sa-
lieron del hombre y entraron en los cerdos, y la pia-

ra se lanzó al lago por un precipicio y se ahogó.
34Viendo los pastores lo ocurrido, huyeron y lo con-
taron en el pueblo y en los caseríos. 35La gente fue
a ver qué había sucedido y, al llegar, encontraron al
hombre del que habían salido los demonios sentado
a los pies de Jesús, vestido y en su sano juicio, y se
llenaron de miedo. 36Los que habían visto cómo ha-
bía sido librado el endemoniado lo contaban. 37Y
toda la gente de la comarca de los gerasenos rogó a
Jesús que se fuera de allí porque estaban llenos de
miedo. Él subió a la barca y regresó. 38Por su parte,
el hombre de quien habían salido los demonios le
pidió que le dejara ir con él; pero Jesús lo despidió
diciéndole:
39–Vuelve a tu casa y cuenta lo que Dios ha he-
cho contigo.
El hombre se marchó publicando por todo el pue-
blo lo que Jesús había hecho con él.

La hija de Jairo y la mujer con flujos
(Mt 9,18-26; Mc 5,21-43)

40Al volver Jesús, la gente lo recibió con alegría,
pues todos estaban esperándolo. 41Llegó uno de los
jefes de la sinagoga, llamado Jairo, se echó a sus pies
y le rogó que fuera a su casa, 42porque su hija única,

de unos doce años, se estaba muriendo. Mientras
Jesús iba, la gente lo apretujaba.
43Una mujer que padecía hemorragias desde ha-
cía doce años y que había gastado en médicos toda
su fortuna sin que ninguno pudiera curarla, 44se acer-
có por detrás, tocó la orla de su manto e inmedia-
tamente cesó la hemorragia. 45Jesús dijo:
–¿Quién me ha tocado?
Como todos lo negaban, Pedro dijo:
–Maestro, es la gente que te rodea y te apretuja.
46Jesús dijo:
–Alguien me ha tocado, porque yo he sentido que
de mí ha salido una fuerza.
47La mujer, al verse descubierta, se acercó temblo-
rosa, se postró a sus pies y contó ante todo el pue-
blo por qué lo había tocado y cómo se había curado
instantáneamente. 48Él le dijo:
–Hija, tu fe te ha curado; vete en paz.
49Todavía estaba hablando, cuando llegó uno de
casa del jefe de la sinagoga diciendo:
–Tu hija ha muerto; no molestes más al Maestro.
50Pero Jesús, al oírlo, le dijo:
–No temas; basta que tengas fe, y se curará.
51Al llegar a la casa, sólo dejó entrar con él a Pe-
dro, a Juan, a Santiago y a los padres de la niña. 52To-
dos lloraban y se lamentaban por ella; pero él dijo:
–No lloréis, porque no está muerta; está dormida.

53 Y se reían de él, porque sabían que estaba muer-
ta. 54 Él la tomó de la mano y dijo:
–Niña, despierta.
55 La niña recobró la vida, y al instante se levantó.
Jesús mandó que le dieran de comer. 56 Y los padres
se quedaron asombrados, pero él les ordenó que no
dijeran a nadie lo sucedido.

REVELACIÓN A LOS DISCÍPULOS

Misión de los Doce
(Mt 10,5-15; Mc 6,7-13)

9 1 Reunió a los Doce, les dio poder y autoridad
sobre todos los demonios y de curar enferme-
dades, 2 y los envió a predicar el Reino de Dios y a
curar a los enfermos. 3 Les dijo:
–No llevéis nada para el camino: ni bastón, ni al-
forja, ni pan, ni dinero, ni dos túnicas. 4 Quedaos en
la casa donde entréis hasta que dejéis aquel lugar.
5 Y si no os reciben, al salir de aquel pueblo sacudid
el polvo de vuestros pies en testimonio contra ellos.
6 Fueron y recorrieron las aldeas, anunciando la bue-
na noticia y haciendo curaciones por todas partes.

Opinión de Herodes sobre Jesús
(Mt 14,1-12; Mc 6,14-29)

7El tetrarca Herodes se enteró de lo que estaba su-
cediendo y estaba desconcertado, porque unos de-
cían que Juan había resucitado de entre los muer-
tos, 8otros que había aparecido Elías y otros que uno
de los antiguos profetas había vuelto a la vida. 9He-
rodes decía:
–A Juan yo le corté la cabeza. ¿Quién es éste de
quien oigo tales cosas?
Y buscaba una ocasión para conocerlo.

Primera multiplicación de los panes
(Mt 14,13-21; Mc 6,30-44; Jn 6,1-14)

A su regreso, los discípulos le contaron todo lo que
habían hecho. 10Jesús se fue con ellos a un lugar re-
tirado en dirección a un pueblo llamado Betsaida.
11La gente, al saberlo, lo siguió. Jesús los acogió, les
habló sobre el Reino de Dios y curó a los que lo ne-
cesitaban. 12Al caer el día se le acercaron los Doce
y le dijeron:
–Despídelos para que vayan a las aldeas y case-
ríos del contorno a buscar alojamiento y comida,
pues aquí estamos en descampado.
13Pero Jesús les dijo:

–Dadles vosotros de comer.
Ellos le replicaron:
–No tenemos más que cinco panes y dos peces.
¡A no ser que vayamos a comprar alimentos para
toda esta gente!
14Pues eran unos cinco mil hombres. Jesús dijo a
sus discípulos:
–Decidles que se sienten en grupos de cincuenta.
15Así lo hicieron, y dijeron que se sentaran todos.
16Jesús tomó los cinco panes y los dos peces, alzó los
ojos al cielo, los bendijo, los partió y se los dio a los
discípulos para que se los distribuyeran a la gente.
17Todos comieron hasta hartarse y se recogieron doce
canastos llenos de las sobras.

Confesión de Pedro
(Mt 16,13-20; Mc 8,27-31)

18Un día que Jesús estaba orando en un lugar retirado y sus discípulos se encontraban con él, les preguntó:
–¿Quién dice la gente que soy yo?
19Ellos le dijeron:
–Unos que Juan el Bautista, otros que Elías y otros que uno de los antiguos profetas que ha resucitado.
20Él les dijo:
–Y vosotros, ¿quién decís que soy yo?

Pedro tomó la palabra y dijo:
–El Mesías de Dios.
21 Pero Jesús les prohibió terminantemente que se
lo dijeran a nadie.

Primer anuncio de su muerte y resurrección
(Mt 16,21-28; Mc 8,31-9,1)

22 Jesús añadió:
–El Hijo del Hombre tiene que padecer mucho, ser rechazado por los ancianos, los sumos sacerdotes y los maestros de la Ley, ser matado y resucitar al tercer día.

Condiciones para seguir a Jesús
(Mt 16,24-28; Mc 8,34-9,1)

23 Jesús siguió diciendo a todos:
–El que quiera ser mi discípulo, que se niegue a sí
mismo, que cargue con su cruz de cada día y me siga;
24 porque el que quiera salvar su vida la perderá, pero
quien pierda la vida por mí, la salvará. 25 ¿Qué le vale
al hombre ganar el mundo entero si se pierde o se
destruye a sí mismo? 26 Porque si alguien se avergüen-
za de mí y de mi doctrina, el Hijo del Hombre se
avergonzará de él cuando venga con su gloria y con
la del Padre y los santos ángeles. 27 Os aseguro que

hay algunos entre los aquí presentes que no mori-
rán antes que venga el Reino de Dios.

Transfiguración de Jesús
(Mt 17,1-8; Mc 9,2-8)

[28]Unos ocho días después Jesús tomó consigo a Pe-
dro, a Juan y Santiago y los llevó al monte a orar.
[29]Mientras él oraba, cambió el aspecto de su rostro
y sus vestidos se volvieron de una blancura resplan-
deciente. [30]Dos hombres, de improviso, se pusieron
a hablar con él: eran Moisés y Elías, [31]que aparecie-
ron con un resplandor glorioso y hablaban con él de
su muerte, que iba a tener lugar en Jerusalén. [32]Pe-
dro y sus compañeros estaban cargados de sueño,
pero lograron mantenerse despiertos y vieron la glo-
ria de Jesús y a los dos hombres que estaban con él.
[33]Cuando estos se alejaban de Jesús, Pedro dijo:
–Maestro, ¡qué bien se está aquí! Hagamos tres
tiendas: una para ti, otra para Moisés y otra para Elías.
No sabía lo que decía. [34]Mientras él estaba dicien-
do esto, vino una nube y los cubrió. Al entrar en la
nube, los discípulos se asustaron. [35]Una voz desde
la nube dijo:
–Éste es mi Hijo, el elegido; escuchadlo.
[36]Tan pronto como cesó la voz, Jesús se quedó solo.
Los discípulos guardaron silencio, y a nadie conta-
ron por entonces lo que habían visto.

Curación del muchacho epiléptico
(Mt 17,14-18; Mc 9,14-27)

37Al día siguiente, al bajar del monte, la gente vino
a su encuentro. 38De pronto, un hombre de entre la
gente gritó:
–Maestro, por favor, mira a mi hijo, el único que
tengo. 39Un espíritu maligno se apodera de él y de
repente se pone a gritar, lo retuerce entre espumarajos y a duras penas se aleja de él, dejándolo extenuado. 40He pedido a tus discípulos que lo echasen,
y no han podido.
41Jesús respondió:
–¡Gente incrédula y perversa! ¿Hasta cuándo tendré que estar con vosotros? ¿Hasta cuándo tendré que soportaros? Tráeme aquí a tu hijo.
42Y mientras el muchacho se acercaba, el demonio lo tiró por tierra y lo retorció violentamente. Jesús increpó al espíritu impuro, curó al muchacho y
lo devolvió a su padre. 43Y todos se quedaron atónitos ante la grandeza de Dios.

Segundo anuncio de su muerte y resurrección
(Mt 17,22-23; Mc 9,30-32)

Mientras todos estaban admirados por las cosas que hacía, Jesús dijo a sus discípulos:

44–Grabaos bien estas palabras: el Hijo del Hombre va a ser entregado en manos de los hombres.
45Pero ellos no entendían esta expresión; era para ellos tan oscura, que no podían entenderla; pero no se atrevían a decirle que se la aclarara.

Quién es el más importante
(Mt 18,1-5; Mc 9,33-37)

46Los discípulos se pusieron a discutir sobre quién de ellos sería el más importante. 47Pero Jesús, conociendo sus pensamientos, tomó un niño, lo puso a su lado 48y les dijo:

–El que acoge a este niño en mi nombre me acoge a mí, y el que me acoge a mí acoge al que me ha enviado; porque el más pequeño entre todos vosotros, ése es el más importante.

El discípulo anónimo
(Mc 9,38-40)

49Juan tomó la palabra y dijo a Jesús:

–Maestro, hemos visto a uno que echaba demonios en tu nombre y se lo hemos prohibido, porque no anda con nosotros.

50Jesús le respondió:

–No se lo impidáis, porque el que no está contra vosotros está a vuestro favor.

III. SUBIDA A JERUSALÉN

SEGUIMIENTO Y CONFIANZA EN EL PADRE

Una aldea de Samaría rechaza a Jesús

51Al llegar el tiempo de su partida de este mundo,
tomó la decisión de ir a Jerusalén. 52Envió mensajeros
por delante; estos entraron en una aldea de samarita-
nos para prepararle alojamiento, 53pero los samaritanos
no lo recibieron porque iba camino de Jerusalén. 54Al
ver esto, los discípulos Santiago y Juan dijeron:
–Señor, ¿quieres que digamos que baje fuego del
cielo y los consuma?
55Pero Jesús se volvió hacia ellos y los reprendió.
56Y se fueron a otra aldea.

Condiciones del seguimiento
(Mt 8,19-22)

57Mientras iban de camino, uno le dijo:
–Te seguiré adondequiera que vayas.
58Jesús le dijo:
–Las raposas tienen madrigueras y las aves del cie-
lo nidos, pero el Hijo del Hombre no tiene donde
reclinar la cabeza.

[59]Dijo a otro:
–Sígueme.
Y él respondió:
–Señor, déjame antes ir a enterrar a mi padre.
[60]Jesús le contestó:
–Deja que los muertos entierren a sus muertos; tú ven a anunciar el Reino de Dios.
[61]Otro le dijo:
–Yo te seguiré, Señor, pero permíteme que me despida antes de mi familia.
[62]Y Jesús le dijo:
–El que pone la mano en el arado y sigue mirando hacia atrás no es apto para el Reino de Dios.

Misión de los setenta y dos discípulos

10 [1]Después de esto, el Señor designó otros setenta y dos y los envió delante de él, de dos en dos, a todos los pueblos y lugares adonde él pensaba ir. [2]Y les dijo:
–La mies es mucha, pero los obreros son pocos; rogad al dueño de la mies que envíe obreros a su mies. [3]¡Andad!; mirad que yo os envío como corderos en medio de lobos. [4]No llevéis bolsa, ni alforja, ni sandalias; no saludéis a nadie por el camino. [5]Cuando entréis en una casa, decid primero: «Paz a esta casa»; [6]si allí vive gente de paz, vuestra paz re-

posará sobre ellos; si no, se volverá a vosotros. 7 Que-
daos en esa casa, comiendo y bebiendo lo que ten-
gan, porque el obrero tiene derecho a su salario. No
andéis de casa en casa. 8 Si llegáis a un pueblo y os
reciben bien, comed lo que os sirvan; 9 curad a los
enfermos que haya y decidles: «El Reino de Dios está
cerca de vosotros». 10 Pero si llegáis a un pueblo y no
os reciben, id por las calles diciendo: 11 «Hasta el pol-
vo de vuestro pueblo que se nos pegó a los pies nos
lo sacudimos. No obstante, sabed que ya llega el Rei-
no de Dios». 12 Yo os digo que el día del juicio será
más tolerable para Sodoma que para ese pueblo.

Lamento por las ciudades de Galilea
(Mt 11,20-24)

13 ¡Ay de ti, Corozaín! ¡Ay de ti, Betsaida! Porque
si en Tiro y en Sidón se hubieran hecho los mila-
gros que en vosotras, hace ya tiempo que se hubie-
ran arrepentido cubiertas de saco y de ceniza. 14 Por
eso será más tolerable el día del juicio para Tiro y
Sidón que para vosotras. 15 Y tú, Cafarnaún, ¿crees
que te vas a elevar hasta el cielo? ¡Hasta el abismo
te hundirás! (Is 14,13-15).

16 El que os escucha a vosotros, me escucha a mí; y
el que os rechaza a vosotros, me rechaza a mí; y el
que me rechaza a mí, rechaza al que me ha enviado.

Regreso de los setenta y dos

[17]Los setenta y dos volvieron llenos de alegría, di-
ciendo:
–Señor, hasta los demonios se nos someten en tu
nombre.
[18]Jesús les contestó:
–He visto a Satanás cayendo del cielo como un
rayo. [19]Os he dado poder para pisar serpientes y es-
corpiones y para dominar todas las fuerzas del ene-
migo, sin que nada os dañe. [20]No os alegréis de que
los espíritus os estén sometidos; alegraos más bien
de que vuestros nombres están escritos en el cielo.

Gozo de Jesús
(Mt 11,25-27; 13,16-17)

[21]En aquel momento, lleno de gozo bajo la acción
del Espíritu Santo, dijo:
–Yo te alabo, Padre, Señor del cielo y de la tierra,
porque has ocultado estas cosas a los hombres sa-
bios y a los entendidos, y se las has manifestado a
los sencillos. Sí, Padre, porque así has querido. [22]Mi
Padre me ha confiado todas las cosas; nadie conoce
al Hijo sino el Padre; y nadie conoce al Padre sino
el Hijo y aquel a quien el Hijo se lo quiera revelar.
[23]Se volvió a los discípulos y les dijo aparte:

–¡Dichosos los ojos que ven lo que vosotros veis!
24Os digo que muchos profetas y reyes quisieron ver
lo que vosotros veis y no lo vieron, y oír lo que vo-
sotros oís y no lo oyeron.

El mandamiento más importante

25Se levantó entonces un doctor de la Ley y le dijo
para tentarlo:

–Maestro, ¿qué debo hacer para heredar la vida eterna?

26Jesús le respondió:

–¿Qué está escrito en la Ley? ¿Qué lees en ella?

27Él le contestó:

Amarás al Señor, tu Dios, con todo tu corazón, con toda tu alma, con todas tus fuerzas y con toda tu mente, y a tu prójimo como a ti mismo (Dt 6,5; Lev 19,18).

28Jesús le dijo:

–Has respondido muy bien; haz eso y vivirás.

29Pero él, queriendo justificarse, dijo a Jesús:

–Y ¿quién es mi prójimo?

Parábola del buen samaritano

30Jesús respondió:

–Un hombre bajaba de Jerusalén a Jericó y cayó entre ladrones, que le robaron todo lo que llevaba,

le hirieron gravemente y se fueron dejándolo me-
dio muerto. 31 Un sacerdote bajaba por aquel cami-
no; al verlo, dio un rodeo y pasó de largo. 32 Igual-
mente un levita, que pasaba por allí; al verlo, dio
un rodeo y pasó de largo. 33 Pero llegó un samarita-
no, que iba de viaje, y, al verlo, se compadeció de
él; 34 se acercó, le vendó las heridas, echando en ellas
aceite y vino; lo montó en su cabalgadura, lo llevó
a una posada y cuidó de él. 35 Al día siguiente sacó
unos dineros y se los dio al posadero, diciendo: «Cui-
da de él, y lo que gastes de más yo te lo pagaré a la
vuelta». 36 ¿Quién de los tres te parece que fue el pró-
jimo del que cayó en manos de los ladrones?

37 Él contestó:

–El que se compadeció de él.

Jesús le dijo:

–Anda y haz tú lo mismo.

Visita a Marta y María

38 Camino adelante, llegó Jesús a una aldea, y una
mujer, de nombre Marta, lo recibió en su casa. 39 Mar-
ta tenía una hermana llamada María, la cual, sen-
tada a los pies del Señor, escuchaba sus palabras.
40 Marta, que andaba atareada en los muchos que-
haceres, se paró y dijo:

–Señor, ¿te parece bien que mi hermana me deje sola con las faenas? Dile que me ayude.

41El Señor le contestó:
–Marta, Marta, tú te preocupas y te apuras por
muchas cosas, 42y sólo es necesaria una. María ha
escogido la parte mejor, y nadie se la quitará.

Jesús enseña a orar
(Mt 6,9-15; 7,7-11)

11 1Jesús estaba orando en cierto lugar. Cuando acabó, uno de sus discípulos le dijo:
–Señor, enséñanos a orar, como Juan enseñó a sus discípulos.
2Él les dijo:
–Cuando oréis decid:
Padre,
santificado sea tu nombre,
venga tu Reino;
3danos cada día nuestro pan cotidiano;
4perdónanos nuestros pecados,
porque también nosotros perdonamos
a todo el que nos debe,
y no nos dejes caer en la tentación.

El amigo inoportuno

5Y añadió:
–Suponed que uno de vosotros tiene un amigo que
acude a él a medianoche y le dice: «Amigo, présta-

me tres panes, 6pues un amigo mío ha venido de via-
je a mi casa y no tengo qué darle»; 7y que él le res-
ponde desde dentro: «No me molestes; la puerta está
cerrada, y yo y mis hijos acostados; no puedo levan-
tarme a dártelos». 8Yo os aseguro que si no se levanta
a dárselos por ser su amigo, al menos para que deje
de molestarle se levantará y le dará todo lo que ne-
cesite. 9Pues yo os digo: Pedid y se os dará, buscad y
encontraréis, llamad y se os abrirá; 10porque el que
pide recibe; el que busca encuentra, y al que llama
se le abre. 11¿Qué padre de entre vosotros, si su hijo
le pide un pan, le dará una piedra? Y si le pide un
pez, ¿le dará en lugar de un pez una serpiente? 12O si
le pide un huevo, ¿le dará un escorpión? 13Pues si vo-
sotros, que sois malos, sabéis dar a vuestros hijos co-
sas buenas, ¿cuánto más el Padre del cielo dará el Es-
píritu Santo a quienes se lo piden?

Jesús y Belcebú
(Mt 12,22-30; Mc 3,22-27)

14Acababa de expulsar a un demonio que había
dejado mudo a un hombre; cuando el demonio se
fue, el mudo habló. La gente se quedó asombrada,
15pero algunos dijeron:
–Este echa a los demonios con el poder de Belce-
bú, príncipe de los demonios.

16Otros, para probarlo, le pedían un milagro del
cielo. 17Pero él, conociendo sus pensamientos, les
dijo:
–Todo reino dividido contra sí mismo será desola-
do y cae casa sobre casa. 18Si Satanás se divide con-
tra sí mismo, ¿cómo podrá subsistir su reino? ¿Por
qué decís que yo echo los demonios con el poder de
Belcebú? 19Si yo echo los demonios con el poder de
Belcebú, ¿con qué poder los echan vuestros hijos?
Por eso, ellos mismos serán vuestros jueces. 20Pero
si yo echo los demonios con el poder de Dios, es se-
ñal de que el Reino de Dios ha llegado a vosotros.
21Cuando un hombre fuerte y armado guarda su pa-
lacio, está segura su hacienda. 22Pero si sobreviene
otro más fuerte que él y lo vence, le quita las armas
en que confiaba y reparte todos sus bienes. 23El que
no está conmigo está contra mí; y el que no recoge
conmigo, desparrama.

24Cuando el espíritu inmundo sale de un hombre,
anda por lugares áridos buscando descanso y, al no
encontrarlo, se dice: «Volveré a mi casa, de donde
salí». 25Al volver, la encuentra barrida y arreglada.
26Entonces va y trae consigo otros siete espíritus peo-
res que él, entran todos y se instalan allí. Así el es-
tado final de aquel hombre resulta peor que el pri-
mero.

La verdadera dicha

27Mientras decía esto, una mujer de entre la gente gritó:
–Dichoso el vientre que te llevó y los pechos que te amamantaron.
28Pero él le dijo:
–Dichosos más bien los que escuchan la palabra de Dios y la ponen en práctica.

Exigen una señal milagrosa a Jesús
(Mt 12,38-42; Mc 8,12)

29Como la gente se apelotonaba a su alrededor, se puso a decir:
–Esta generación es malvada. Pide una señal milagrosa, y no se le dará otra que la señal de Jonás.
30Como Jonás fue una señal para los ninivitas, así el
Hijo del Hombre lo será para esta generación. 31La
reina del Sur se levantará en el día del juicio con los hombres de esta generación y los condenará, porque ella vino desde los confines de la tierra a escuchar la sabiduría de Salomón, ¡y aquí hay algo que es más que
Salomón! 32Los hombres de Nínive se levantarán en
el día del juicio con esta generación y la condenarán, porque se arrepintieron por la predicación de Jonás, ¡y aquí hay algo que es más que Jonás!

La lámpara y la luz
(Mt 5,15; 6,22-23; Mc 4,21)

33Nadie enciende una lámpara y la pone en un lu-
gar escondido ni la oculta en una vasija, sino que la
pone en el candelero para que alumbre a los que en-
tren. 34La lámpara de tu cuerpo son los ojos; si tus
ojos están sanos, todo tu cuerpo estará iluminado;
pero si están enfermos, tu cuerpo estará oscuro.
35Cuida, por tanto, de que la luz que hay en ti no
esté apagada. 36Pues si todo tu cuerpo está ilumina-
do, al no haber en él parte alguna oscura, todo él
resplandecerá como cuando la lámpara te ilumina
con su resplandor.

Denuncia a fariseos y doctores de la Ley
(Mt 23,1-36; Mc 12,38-40)

37Cuando terminó de hablar, un fariseo lo invitó a
comer con él. Jesús entró y se puso a la mesa. 38El
fariseo se extrañó al ver que no se había lavado an-
tes de comer. 39Pero el Señor le dijo:
–Vosotros los fariseos limpiáis por fuera la copa y
el plato, pero vuestro interior está lleno de rapiña y
de maldad. 40¡Insensatos! ¿No hizo también lo inte-
rior el que hizo lo exterior? 41Dad limosna de lo de
dentro, y lo tendréis todo limpio.

42¡Ay de vosotros, fariseos, que pagáis el diezmo
de la menta y de la ruda y de todas las legumbres, y
olvidáis la justicia y el amor de Dios! ¡Hay que ha-
cer una cosa sin descuidar la otra!
43¡Ay de vosotros, fariseos, que os gusta ocupar los
primeros asientos en las sinagogas y ser saludados en
las plazas!
44¡Ay de vosotros, que sois como sepulcros que na-
die ve y sobre los que caminan los hombres sin sa-
berlo!
45Entonces uno de los doctores de la Ley le dijo:
–Maestro, hablando así nos ofendes también a no-
sotros. 46Y él replicó:
–¡Ay de vosotros también, doctores de la Ley, que
echáis sobre los demás cargas insoportables, y voso-
tros no las tocáis ni con un dedo! 47¡Ay de vosotros,
que construís los sepulcros de los profetas, y fueron
vuestros padres quienes los asesinaron! 48Así mani-
festáis que estáis de acuerdo con lo que hicieron
vuestros padres, pues ellos los mataron y vosotros
construís los sepulcros.
49Por eso dijo también la sabiduría de Dios: «Les
enviaré profetas y apóstoles; a unos los matarán y a
otros los perseguirán». 50Pero Dios pedirá cuentas a
esta generación de la sangre de todos los profetas
asesinados desde la creación del mundo, 51desde la
sangre de Abel hasta la sangre de Zacarías, asesina-

do entre el altar y el santuario. Sí, yo os digo que
Dios pedirá cuentas a esta generación.
52¡Ay de vosotros, doctores de la Ley, que os ha-
béis apoderado de la llave de la ciencia, y ni entráis
vosotros ni dejáis entrar a los demás!
53Cuando salió de allí, los fariseos y los maestros
de la Ley comenzaron a acosarlo y a proponerle mu-
chas cuestiones, 54tendiéndole trampas para sorpren-
derlo en alguna de sus palabras.

Jesús instruye a sus discípulos
(Mt 16,5-6; 10,26-27; Mc 8,14-15)

12 1Entre tanto se agolparon miles y miles de
personas, hasta pisarse unos a otros. Y co-
menzó a decir primeramente a sus discípulos:
–Guardaos del fermento de los fariseos, que es la
hipocresía. 2Pues nada hay tan oculto que no se lle-
gue a descubrir, y nada tan secreto que no se llegue
a saber. 3Por eso, todo lo que hayáis dicho en las ti-
nieblas será escuchado a la luz del día, y lo que ha-
yáis hablado al oído en los aposentos será proclama-
do desde las terrazas.
4Yo os digo, amigos míos, que no tengáis miedo de
los que matan el cuerpo y no pueden hacer más. 5Os
diré a quién debéis temer: Temed al que después de
haberos matado puede echaros en el fuego. Sí, te-

med a éste. [6]¿No se venden cinco pájaros por unos cuartos? Y, sin embargo, Dios no se olvida de ninguno de ellos. [7]¡Hasta los cabellos de vuestra cabeza están todos contados! ¡No tengáis miedo! Vosotros valéis más que una bandada de pájaros.

Tomar partido por Jesús
(Mt 10,17-20.32-33; 12,32)

[8]Os digo además: Al que me confiese delante de los hombres, el Hijo del Hombre lo confesará delante de los ángeles de Dios; [9]pero al que me niegue delante de los hombres, él lo negará delante de los ángeles de Dios. [10]Al que hable mal del Hijo se le perdonará, pero a quien blasfeme contra el Espíritu Santo no se le perdonará. [11]Cuando os lleven a las sinagogas o ante los magistrados y autoridades, no os preocupéis sobre cómo habéis de hablar o qué habéis de decir. [12]El Espíritu Santo os enseñará en aquel momento lo que debéis decir.

Parábola del rico insensato

[13]Uno de la gente le dijo:
–Maestro, di a mi hermano que reparta la herencia conmigo.
[14]Él le respondió:

–¿Quién me ha hecho juez o árbitro entre vosotros?

15 Y prosiguió:

–Guardaos bien de toda avaricia; que, aunque uno esté en la abundancia, no tiene asegurada la vida con sus riquezas.

16 Y les dijo una parábola:

–Las fincas de un hombre rico dieron una gran
cosecha. 17 Y él pensó: «¿Qué haré, pues no tengo
donde almacenar mis cosechas?». 18 Y se dijo: «Des-
truiré mis graneros, los ampliaré y meteré en ellos
todas mis cosechas y mis bienes». 19 Luego me diré:
«Tienes muchos bienes almacenados para largos
años; descansa, come, bebe y pásalo bien». 20 Pero
Dios le dijo: «¡Insensato! Esta misma noche mori-
rás. ¿Para quién será lo que has acaparado?». 21 Así
sucederá al que amontona riquezas para sí y no es
rico a los ojos de Dios.

Dios cuida de nosotros
(Mt 6,25-33)

22 Después dijo a sus discípulos:

–Por eso os digo: No os angustiéis por vuestra vida
pensando qué vais a comer, ni por vuestro cuerpo,
pensando qué vais a poneros; 23 porque la vida es más
que el alimento, y el cuerpo más que el vestido. 24 Mi-

rad los cuervos: No siembran ni siegan, no tienen
despensas ni graneros, y Dios los alimenta. ¡Cuánto
más valéis vosotros que los pájaros! 25¿Quién de vo-
sotros, por mucho que cavile, puede añadir una sola
hora al tiempo de su vida? 26Si no podéis ni con las
cosas más pequeñas, ¿a qué preocuparse de las de-
más? 27Mirad cómo crecen los lirios del campo: no
se fatigan ni hilan, pero yo os digo que ni Salomón
en todo su esplendor se vistió como uno de ellos.
28Pues si Dios viste así a la hierba del campo, que
hoy brota y mañana se la echa al fuego, ¿no hará
más por vosotros, hombres de poca fe?

29No os angustiéis buscando qué comer o qué be-
ber. 30Por todas esas cosas se afanan los paganos.
Vuestro Padre ya sabe que las necesitáis. 31Buscad su
Reino, y todo eso se os dará por añadidura.

32No tengáis miedo, pequeño rebaño, porque vues-
tro Padre ha decidido daros el Reino. 33Vended lo
que tengáis y dad limosna con ello; haceos bolsas
que no se gasten y riquezas inagotables en el cielo,
donde no entra ningún ladrón, ni roe la polilla. 34Por-
que donde esté vuestra riqueza, allí estará vuestro
corazón.

Exhortación a la vigilancia
(Mt 24,45-51)

35Estad preparados y tened encendidas vuestras
lámparas: 36sed como los criados que esperan a su
amo de retorno de las bodas para abrirle tan pronto
como llegue y llame. 37¡Dichosos los criados a quie-
nes el amo encuentra en vela a su llegada! Os ase-
guro que los hará sentar a la mesa y se pondrá a ser-
virlos él mismo. 38Si llega a medianoche o de
madrugada y los encuentra así, ¡dichosos ellos! 39Te-
ned en cuenta que si el amo de casa supiera a qué
hora iba a venir el ladrón, estaría en guardia y no
dejaría que asaltaran su casa. 40Estad preparados
también vosotros, porque a la hora que menos pen-
séis vendrá el Hijo del Hombre.

Fidelidad en el servicio

41Entonces Pedro le dijo:
–Señor, esta parábola, ¿la dices por nosotros o por todos?
42El Señor contestó:
–¿Quién es, entonces, el administrador fiel y pru-
dente para que dé a la servidumbre la comida a su
hora? 43¡Dichoso ese criado si, al llegar su amo, lo
encuentra cumpliendo con su deber! 44Os aseguro

que le pondrá al frente de todos sus bienes. 45Pero
si ese criado, pensando que su amo va a tardar en
venir, se pone a maltratar a los demás criados y cria-
das y a comer y a beber hasta emborracharse, 46su
amo vendrá el día y la hora que él menos lo espere,
lo castigará severamente y lo pondrá en la calle, don-
de se pone a los que no son fieles. 47El criado que
sabe lo que su amo quiere y no lo hace será severa-
mente castigado; 48pero el que no lo sabe, si hace
algo que merece castigo, será castigado con menos
severidad. Al que mucho se le da, mucho se le re-
clamará; y al que mucho se le confía, más se le pe-
dirá.

Jesús, causa de división
(Mt 10,34-36)

49He venido a traer fuego a la tierra, y ¡cuánto de-
seo ya que arda! 50Tengo que recibir un bautismo de
dolores, y estoy angustiado hasta que se realice.
51¿Creéis que he venido a traer la paz al mundo? Os
digo que no, sino división; 52pues en adelante esta-
rán divididos cinco en una casa, tres contra dos y
dos contra tres; 53estará dividido el padre contra el
hijo y el hijo contra el padre, la madre contra la hija
y la hija contra la madre, la suegra contra la nuera
y la nuera contra la suegra.

Saber interpretar los acontecimientos

54 Decía también a la gente:
–Cuando veis levantarse una nube por poniente,
decís: «Va a llover», y así es. 55 Y cuando sentís so-
plar el viento del sur, decís: «Va a hacer calor», y
así sucede. 56 ¡Hipócritas! si sabéis interpretar el as-
pecto de la tierra y del cielo, ¿cómo no sabéis inter-
pretar el tiempo presente?

Reconciliación
(Mt 5,25-26)

57 ¿Por qué no juzgáis vosotros mismos lo que es jus-
to? 58 Cuando vayas con tu adversario al juez, pro-
cura ponerte de acuerdo con él en el camino, no sea
que te entregue al juez, el juez te ponga en manos
del alguacil y el alguacil te meta en la cárcel. 59 Te
aseguro que no saldrás de allí hasta que hayas pa-
gado el último céntimo.

La urgencia de la conversión

13 1 En aquel momento llegaron algunos anun-
ciándole que Pilato había matado a unos ga-
lileos, mezclando su sangre con la de las víctimas que
ofrecían en sacrificio. 2 Jesús les dijo:

–¿Pensáis que esos galileos eran los más pecadores de todos los galileos porque sufrieron eso? [3]Os digo que no; y, si no os arrepentís, todos pereceréis igualmente. [4]¿Creéis que aquellos dieciocho sobre los que cayó la torre de Siloé y los mató eran los únicos culpables entre todos los vecinos de Jerusalén? [5]Os digo que no; y, si no os arrepentís, todos pereceréis igualmente.

Parábola de la higuera estéril

[6]Les contó esta parábola:

–Un hombre tenía una higuera plantada en su viña; fue a buscar higos en ella, y no los encontró. [7]Dijo al viñador: «Hace ya tres años que vengo a buscar higos en ella y no los encuentro. Córtala. ¿Por qué va a ocupar terreno inútilmente?». [8]El viñador dijo: «Señor, déjala también este año; yo cavaré alrededor y le echaré estiércol, [9]a ver si da higos; si no los da, la cortas».

Curación de la mujer encorvada

[10]Un sábado estaba enseñando en una sinagoga. [11]Había allí una mujer poseída de un espíritu inmundo, que la tenía enferma hacía dieciocho años; estaba encorvada y no podía de ninguna manera enderezarse. [12]Jesús, al verla, la llamó y le dijo:

–Mujer, quedas libre de tu enfermedad.
13Le impuso las manos y, al instante, se enderezó
y empezó a alabar a Dios. 14El jefe de la sinagoga,
indignado porque Jesús había curado en sábado, de-
cía al pueblo:
–Hay seis días para trabajar; venid en ésos y cu-
raos; no vengáis en sábado.
15Jesús le respondió:
–¡Hipócritas! ¿No suelta cada uno de vosotros su
buey o su asno del pesebre en sábado y lo lleva a be-
ber? 16Y a esta mujer, que es una hija de Abrahán, a
la que Satanás tenía atada desde hace dieciocho años,
¿no se la puede soltar de su atadura en sábado?
17Y al decir esto todos sus adversarios quedaron
avergonzados, mientras que la gente se regocijaba
por los milagros que él hacía.

Parábolas de la mostaza y la levadura
(Mt 13,31-33; Mc 4,30-32)

18Jesús les dijo:
–¿A qué se parece el Reino de Dios y a qué lo
compararé? 19Es como un grano de mostaza, que
toma un hombre, lo echa en su huerto y crece has-
ta llegar a ser como un árbol, en cuyas ramas ani-
dan las aves.
20¿A qué compararé el Reino de Dios? 21Es como

la levadura que una mujer toma y la mete en tres medidas de harina hasta que fermenta toda la masa.

LA INVITACIÓN AL BANQUETE

La puerta estrecha
(Mt 7,13-14.21-23; 25,10-12)

22Camino de Jerusalén, Jesús enseñaba en los pue-
blos y aldeas que iba recorriendo. 23Uno le pregun-
tó:
–Señor, ¿son pocos los que se salvan?
Le respondió:
24–Esforzaos por entrar por la puerta estrecha, por-
que os digo que muchos intentarán entrar y no po-
drán. 25Una vez que el amo de la casa se haya le-
vantado y cerrado la puerta, os quedaréis fuera y
comenzaréis a llamar a la puerta: «¡Señor, ábrenos!».
26Y os pondréis a decir: «Hemos comido y bebido
contigo, tú has enseñado en nuestras plazas». 27Pero
él os dirá: «No sé de dónde sois; apartaos de mí,
agentes de injusticias».
28Allí será el llanto y el rechinar de dientes. Cuan-
do veáis a Abrahán, a Isaac y a Jacob y a todos los
profetas en el Reino de Dios, mientras que vosotros
sois echados fuera. 29De oriente y de occidente, del
norte y del sur vendrán a sentarse a la mesa en el

Reino de Dios. [30]Pues hay últimos que serán primeros y hay primeros que serán últimos.

Respuesta de Jesús a Herodes

[31]En aquel momento se acercaron unos fariseos, y le dijeron:

–Anda, vete de aquí, porque Herodes quiere matarte.

[32]Él les dijo:

–Id y decid a ese zorro: Hoy y mañana seguiré echando demonios y haciendo curaciones, y pasado mañana terminaré. [33]Por lo demás, seguiré mi camino hoy, mañana y pasado mañana, porque no puede ser que un profeta muera fuera de Jerusalén.

Lamento sobre Jerusalén
(Mt 23,37-39)

[34]¡Jerusalén, Jerusalén, que matas a los profetas y apedreas a los que te son enviados! ¡Cuántas veces he querido reunir a tus hijos como una gallina a sus polluelos bajo las alas, y no has querido! [35]Sabed que vuestra casa se queda abandonada. Y os digo que ya no me veréis hasta que llegue el momento en que digáis: *Bendito el que viene en nombre del Señor* (Sal 118,26).

Jesús cura en sábado

14 [1]Un sábado fue a comer en casa de uno de
los jefes de los fariseos, y éstos lo estaban
acechando. [2]Delante de él había un hombre hidró-
pico. [3]Jesús preguntó a los doctores de la Ley y a los
fariseos:
–¿Está permitido curar en sábado o no?
[4]Y ellos se quedaron callados. Jesús le agarró de
la mano, lo curó y lo despidió. [5]Luego les dijo:
–¿Quién de vosotros, si su hijo o un buey cae a
un pozo, no lo saca inmediatamente, aunque sea sá-
bado?
[6]Y no pudieron responderle.

Escoger el último lugar

[7]Jesús, al observar que los invitados escogían los
primeros puestos, les dijo esta parábola:
–Cuando alguien te invite a una boda, [8]no te pon-
gas en el primer asiento, no sea que haya otro invi-
tado más importante que tú, [9]venga el que te invitó
y te diga: «Cede el sitio a éste», y entonces tengas
que ir avergonzado a ocupar el último puesto. [10]Por
el contrario, cuando seas invitado, ponte en el últi-
mo puesto, y así, cuando venga el que te invitó, te
dirá: «Amigo, sube más arriba». Entonces te verás

honrado ante todos los comensales. [11]Porque el que
se ensalza será humillado y el que se humilla será
ensalzado.

[12]Dijo también al que le había invitado:

–Cuando des una comida o una cena, no invites
a tus amigos, ni a tus hermanos, ni a tus parientes,
ni a tus vecinos ricos; no sea que ellos te inviten a
su vez y ya quedes pagado. [13]Cuando des un ban-
quete invita a los pobres, a los inválidos, a los cojos
y a los ciegos; [14]entonces serás dichoso porque ellos
no pueden pagarte; recibirás tu recompensa en la
resurrección de los justos.

Parábola del banquete
(Mt 22,2-10)

[15]Uno de los convidados, al oír esto, le dijo:

–Dichoso el que participe en el convite del Reino
de Dios.

[16]Él le contestó:

–Un hombre daba un gran banquete e invitó a
muchos. [17]A la hora del banquete mandó a sus cria-
dos a decir a los invitados: «Venid, que ya está pre-
parado el banquete». [18]Y todos a una comenzaron a
excusarse. El primero dijo: «He comprado un cam-
po y necesito ir a verlo; te ruego que me excuses».
[19]Otro dijo: «He comprado cinco pares de bueyes y

voy a probarlos; te ruego que me excuses». [20]Un ter-
cero dijo: «Me he casado, y no puedo ir». [21]El cria-
do regresó y se lo contó a su amo. El amo, irritado,
dijo a su criado: «Sal de prisa a las plazas y a las ca-
lles de la ciudad y trae a los pobres y a los inválidos,
a los ciegos y a los cojos. [22]El criado dijo: «Señor, he
hecho lo que me mandaste y todavía hay sitio». [23]El
amo le dijo: «Sal por los caminos y las veredas, y
obliga a la gente a entrar para que se llene la casa.
[24]Pues os digo que ninguno de los invitados probará
mi banquete».

Seguir a Jesús
(Mt 10,37-38)

[25]Como le seguía mucha gente, Jesús se volvió y
les dijo:
[26]–Si uno quiere seguirme y no deja a su padre y
a su madre, a su mujer y a sus hijos, hermanos y her-
manas, y aun su propia vida, no puede ser discípulo
mío. [27]El que no carga con su cruz y me sigue, no
puede ser discípulo mío. [28]Porque, ¿quién de voso-
tros, si quiere construir una torre, no se sienta pri-
mero para calcular los gastos y ver si tendrá para ter-
minarla? [29]No sea que, si pone los cimientos y no
puede acabar la obra, todos los que se enteren co-
miencen a burlarse de él, [30]diciendo: «Éste comen-

zó a construir y no ha podido terminar». [31]O ¿qué
rey, si va a ir a la guerra contra otro, no se sienta
antes a considerar si puede enfrentarse con diez mil
al que viene contra él con veinte mil? [32]Y si ve que
no, cuando todavía está lejos, envía una embajada
pidiendo la paz.

[33]Así pues, el que de vosotros no renuncie a todos sus bienes, no puede ser discípulo mío.

[34]Buena es la sal; pero si hasta la sal se vuelve sosa,
¿con qué se sazonará? [35]No sirve ni para la tierra ni
para el estercolero; se la tira. ¡El que tenga oídos
para oír, que oiga!

Parábola de la oveja perdida
(Mt 18,12-14)

15 [1]Los publicanos y los pecadores se acercaban
para oírlo. [2]Y los fariseos y los maestros de
la Ley lo criticaban:

–Este acoge a los pecadores y come con ellos.

[3]Entonces les propuso esta parábola:

[4]–¿Quién de vosotros, si tiene cien ovejas y se le
pierde una, no deja las noventa y nueve en el campo y va en busca de la perdida hasta que la encuentra? [5]Cuando la encuentra, se la echa sobre sus hombros lleno de alegría, [6]y, al llegar a casa, llama a los
amigos y vecinos y les dice: «¡Alegraos conmigo, por-

que he encontrado mi oveja perdida!». [7]Pues bien,
os digo que habrá más alegría en el cielo por un pe-
cador que se arrepiente que por noventa y nueve jus-
tos que no necesitan arrepentirse.

Parábola de la moneda perdida

[8]O ¿qué mujer que tenga diez monedas, si pierde
una, no enciende una luz y barre la casa y la busca
cuidadosamente hasta encontrarla? [9]Y cuando la
encuentra, llama a sus amigas y vecinas y les dice:
«¡Alegraos conmigo, porque he encontrado la mo-
neda que había perdido!». [10]Os digo que así se ale-
grarán los ángeles de Dios por un pecador que se
arrepiente.

Parábola del padre misericordioso

[11]Y continuó:
–Un hombre tenía dos hijos. [12]Y el menor dijo a
su padre: «Padre, dame la parte de la herencia que
me corresponde». El padre les repartió la herencia.
[13]A los pocos días el hijo menor reunió todo lo suyo,
se fue a un país lejano y allí gastó toda su fortuna
llevando una mala vida. [14]Cuando se lo había gas-
tado todo, sobrevino una gran hambre en aquella
comarca y comenzó a padecer necesidad. [15]Se fue a

servir a casa de un hombre del país, que le mandó a
sus tierras a guardar cerdos. 16Tenía ganas de llenar
su estómago con las algarrobas que comían los cer-
dos, y nadie se las daba. 17Entonces, reflexionando,
pensó: «¡Cuántos jornaleros de mi padre tienen pan
de sobra, y yo aquí me muero de hambre! 18Volveré
a mi padre y le diré: Padre, he pecado contra el cie-
lo y contra ti; 19y no soy digno de llamarme hijo tuyo:
tenme como a uno de tus jornaleros». 20Se puso en
camino y fue a casa de su padre. Cuando aún esta-
ba lejos, su padre lo vio y, conmovido, fue corrien-
do, se echó al cuello de su hijo y lo cubrió de besos.
21El hijo comenzó a decir: «Padre, he pecado contra
el cielo y contra ti; ya no soy digno de llamarme hijo
tuyo». 22Pero el padre dijo a sus criados: «Sacad in-
mediatamente el traje mejor y vestidlo; poned un
anillo en su mano y sandalias en sus pies; 23traed el
ternero cebado, matadlo y celebremos un banque-
te, 24porque este hijo mío había muerto y ha vuelto
a la vida, se había perdido y ha sido encontrado». Y
se pusieron todos a festejarlo.

25El hijo mayor estaba en el campo y, al volver y
acercarse a la casa, oyó la música y los bailes. 26Lla-
mó a uno de los criados y le preguntó qué significa-
ba aquello. 27Y este le contestó: «Que ha vuelto tu
hermano, y tu padre ha matado el ternero cebado
porque lo ha recobrado sano». 28Él se enfadó y no

quiso entrar. Su padre salió y se puso a convencer-
lo. [29]Él contestó a su padre: «Hace ya tantos años
que te sirvo sin desobedecer jamás tus órdenes, y
nunca me has dado ni un cabrito para celebrar una
fiesta con mis amigos. [30]Ahora llega ese hijo tuyo,
que se ha gastado toda su fortuna con malas muje-
res, y tú le matas el ternero cebado». [31]El padre le
respondió: «Hijo mío, ¡tú estás siempre conmigo, y
todo lo mío es tuyo! [32]Pero tenemos que alegrarnos
y hacer fiestas porque tu hermano, que estaba muer-
to, ha vuelto a la vida; estaba perdido y lo hemos
encontrado».

Parábola del administrador astuto

16 [1]Dijo también a sus discípulos:
–Un hombre rico tenía un administrador
que fue denunciado como malversador de bienes.
[2]Entonces lo llamó y le dijo: «¿Qué es lo que oigo
de ti? Dame cuenta de tu administración, porque
quedas despedido». [3]El administrador se puso a pen-
sar: «¿Qué voy a hacer, pues mi amo me quita la ad-
ministración? Cavar, ya no puedo; mendigar, me da
vergüenza. [4]Ya sé lo que voy a hacer para que haya
quien me reciba en su casa cuando no tenga la ad-
ministración». [5]Llamó a todos los deudores de su
amo, y preguntó al primero: «¿Cuánto debes a mi

amo?». 6Él contestó: «Cien barriles de aceite». Él le dijo: «Toma tu recibo, siéntate y escribe cincuenta». 7Luego dijo a otro: «Y tú, ¿cuánto debes?». Él respondió: «Cien fanegas de trigo». Le dijo: «Toma tu recibo y escribe ochenta». 8El amo alabó al administrador infiel porque había actuado con sagacidad, pues los hijos del mundo son más sagaces en sus relaciones que los hijos de la luz.

9Así que os digo: Haceos amigos con los bienes de este mundo, para que, cuando os falte, os reciban en las moradas eternas. 10El que es fiel en lo poco lo es también en lo mucho, y el que es injusto en lo poco lo es también en lo mucho. 11Si no habéis sido fieles administrando bienes ajenos, ¿quién os confiará los bienes verdaderos? 12Y si no habéis sido fieles en lo ajeno, ¿quién os dará lo que es vuestro?

13Nadie puede servir a dos amos; porque odiará a uno y amará al otro o se apegará a uno y despreciará al otro. No podéis servir a Dios y al dinero.

La Ley y el Reino
(Mt 11,12-13)

14Los fariseos, que eran amigos del dinero, oyeron esto y se burlaban de él. 15Y les dijo:

–Vosotros presumís de justos delante de los hombres, pero Dios conoce vuestros corazones; porque

lo que se estima tanto entre los hombres, no tiene
valor alguno ante Dios. 16La Ley y los Profetas lle-
gan hasta Juan; desde entonces se anuncia el Reino
de Dios y todos se esfuerzan para entrar en él. 17Es
más fácil que pasen el cielo y la tierra que caiga una
sola letra de la Ley.

18Todo el que se divorcia de su esposa y se casa con
otra comete adulterio, y el que se casa con una mu-
jer divorciada comete adulterio.

Parábola del rico y de Lázaro, el pobre

19Había un hombre rico que se vestía de púrpura
y de lino y banqueteaba a diario espléndidamente.
20Un pobre, llamado Lázaro, cubierto de úlceras, es-
taba sentado a la puerta del rico; 21quería quitarse
el hambre con lo que caía de la mesa del rico; hasta
los perros se acercaban y le lamían sus úlceras. 22Mu-
rió el pobre, y los ángeles le llevaron al seno de
Abrahán. Murió también el rico, y lo enterraron. 23Y
estando en el infierno, entre torturas, levantó los
ojos y vio a lo lejos a Abrahán y a Lázaro a su lado.
24Y gritó: «Padre Abrahán, ten compasión de mí y
envía a Lázaro para que moje en agua la yema de
su dedo y refresque mi lengua, porque me atormen-
tan estas llamas». 25Abrahán repuso: «Hijo, acuér-
date que ya recibiste tus bienes durante la vida, y

Lázaro, por el contrario, males; ahora él está aquí
consolado y tú eres atormentado. 26Y no es esto todo.
Entre vosotros y nosotros hay un gran abismo, de tal
manera que los que quieran ir de acá para allá no
puedan, ni los de allí venir para acá». 27El rico dijo:
«Entonces, padre, te ruego que le envíes a mi casa
paterna, 28pues tengo cinco hermanos, para que les
diga la verdad y no vengan también ellos a este lu-
gar de tormentos». 29Abrahán respondió: «Ya tienen
a Moisés y a los profetas: ¡que los escuchen!». 30Pero
él dijo: «No, padre Abrahán; que si alguno de entre
los muertos va a verlos, se arrepentirán». 31Abrahán
contestó: «Si no escuchan a Moisés y a los profetas,
no harán caso ni aunque resucite un muerto».

¡Ay del que provoca escándalo!
(Mt 18,6-7.21-22; Mc 9,42)

17 1Después dijo Jesús a sus discípulos:
–Es inevitable que haya escándalos; pero ¡ay
de aquel que los provoca! 2Más le valdría que le ata-
ran al cuello una piedra de molino y lo tiraran al mar
antes que escandalizar a uno de estos pequeñuelos.
3¡Estad atentos!

El perdón de las injurias

Si tu hermano peca, repréndelo; y si se arrepiente, perdónalo.
4Si peca contra ti siete veces al día y
otras tantas se acerca a ti diciendo: «Me arrepiento», perdónalo.

El poder de la fe

5Los apóstoles le dijeron:
–Auméntanos la fe.
6El Señor dijo:
–Si tuvierais fe, aunque sólo fuera como un grano de mostaza, diríais a este sicómoro: «Arráncate y trasplántate al mar», y él os obedecería.

Humildad en el servicio

7¿Quién de vosotros, que tenga un criado arando o pastoreando, le dice cuando llega del campo: «Pronto,
ven y siéntate a la mesa»? 8Más bien le dirá: «Prepárame de cenar, y ponte a servirme hasta que yo coma y
beba; después comerás y beberás tú». 9¿Tendría que estar agradecido al criado porque hizo lo que se le había
ordenado? 10Así también vosotros, cuando hayáis hecho lo que se os haya ordenado, decid: «Somos siervos inútiles; hemos hecho lo que debíamos hacer».

LA LLEGADA DEL REINO

Curación de diez leprosos

11De camino a Jerusalén, Jesús pasó entre Sama-
ría y Galilea. 12Al entrar en una aldea, salieron diez
leprosos a su encuentro, que se detuvieron a distan-
cia 13y se pusieron a gritar:
–Jesús, Maestro, ten compasión de nosotros.
14Al verlos, les dijo:
–Id a presentaros a los sacerdotes.
Mientras iban, quedaron limpios. 15Uno de ellos,
al verse curado, volvió alabando a Dios en voz alta,
16y se echó a los pies de Jesús, dándole gracias. Era
samaritano. 17Jesús preguntó:
–¿No han quedado limpios los diez? ¿Dónde es-
tán los otros nueve? 18¿Tan sólo ha vuelto a dar gra-
cias a Dios este extranjero?
19Y le dijo:
–Levántate, anda; tu fe te ha salvado.

¿Cuándo llegará el Reino?
(Mt 24,23-28.37-41)

20Los fariseos le preguntaron cuándo iba a llegar
el Reino de Dios. Él respondió:
–La llegada del Reino de Dios no será espectacu-

lar. [21]No se dirá: Está aquí o allí, porque el Reino de
Dios está dentro de vosotros.

[22]Después dijo a sus discípulos:

–Llegará un tiempo en que desearéis ver uno de
los días del Hijo del Hombre y no lo veréis. [23]Os di-
rán: Miradlo allí o miradlo aquí. No vayáis, ni co-
rráis. [24]Porque de la misma manera que el relámpa-
go brilla desde un punto a otro del cielo, así será
cuando venga el Hijo del Hombre en su día. [25]Pero
antes es preciso que sufra mucho y que sea recha-
zado por esta generación.

[26]Como sucedió en los días de Noé, así será en los
días del Hijo del Hombre: [27]comían, bebían y se ca-
saban ellos y ellas, hasta que Noé entró en el arca,
vino el diluvio y acabó con todos. [28]Lo mismo que
sucedió en los días de Lot: comían, bebían, compra-
ban, vendían, plantaban y edificaban; [29]pero el día
en que Lot salió de Sodoma llovió fuego y azufre del
cielo y acabó con todos. [30]Así sucederá el día en que
el Hijo del Hombre se manifieste. [31]Aquel día, el que
esté en la terraza y tenga en casa sus enseres, que
no baje a recogerlos; el que esté en el campo, que
no vuelva atrás a buscar nada. [32]Acordaos de la mu-
jer de Lot.

[33]El que intente salvar su vida la perderá, y el que
la pierda la encontrará. [34]Os digo que en aquella no-
che dos estarán juntos en una mesa; a uno se lo lle-

varán y a otro lo dejarán; [35]estarán dos mujeres mo-
liendo juntas, a una se la llevarán y a otra la deja-
rán.
[36]Ellos le preguntaron:
–¿Dónde será, Señor?
[37]Él contestó:
–Donde esté el cuerpo, allí se reunirán los buitres.

Parábola del juez injusto

18 [1]Para mostrarles la necesidad de orar siem-
pre sin desfallecer jamás, les contó esta pa-
rábola:
[2]–Había en una ciudad un juez que no temía a
Dios ni respetaba a los hombres. [3]En la misma ciu-
dad había una viuda que no cesaba de suplicarle:
«Hazme justicia contra mi enemigo». [4]Durante al-
gún tiempo no quiso, pero luego pensó: «Aunque
no temo a Dios ni respeto a los hombres, [5]le voy a
hacer justicia para que esta viuda me deje en paz y
no me moleste más».
[6]Y el Señor dijo:
–Fijaos en lo que dice el juez injusto, [7]¿pues no
hará Dios justicia a sus elegidos, que claman a él día
y noche?, ¿les va a hacer esperar? [8]Yo os digo que
les hará justicia inmediatamente. Pero cuando ven-
ga el Hijo del Hombre, ¿encontrará fe en la tierra?

Parábola del fariseo y el publicano

9A unos que se tenían por justos y despreciaban a
los demás les dijo esta parábola:
10–Dos hombres fueron al templo a orar. Uno era
fariseo y el otro publicano. 11El fariseo, de pie, hacía
en su interior esta oración: «Dios mío, te doy gracias
porque no soy como el resto de los hombres: ladro-
nes, injustos, adúlteros; ni como ese publicano. 12Ayu-
no dos veces por semana y pago los diezmos de todo
lo que poseo». 13El publicano, por el contrario, se que-
dó a distancia y no se atrevía ni a levantar sus ojos al
cielo, sino que se golpeaba el pecho y decía: «Dios
mío, ten compasión de mí, que soy un pecador». 14Os
digo que éste volvió a su casa justificado y el otro no.
Porque el que se ensalza será humillado y el que se
humilla será ensalzado.

Jesús y los niños
(Mt 19,13-15; Mc 10,13-16)

15Le presentaron unos niños para que les impusiera
las manos. Los discípulos, al verlo, los regañaban.
16Pero Jesús los llamó y dijo:
–Dejad que los niños se acerquen a mí y no se lo
impidáis, porque de los que son como ellos es el Rei-
no de Dios. 17Os aseguro que el que no reciba el Rei-
no de Dios como un niño no entrará en él.

El peso de las riquezas
(Mt 19,16-29; Mc 10,17-31)

[18]Un hombre distinguido le preguntó:
–Maestro bueno, ¿qué tengo que hacer para heredar la vida eterna?
[19]Jesús le contestó:
–¿Por qué me llamas bueno? El único bueno es
Dios. [20]Sabes los mandamientos: *No cometerás adulterio, no matarás, no robarás, no levantarás falso testimonio, honra a tu padre y a tu madre* (Éx 20,12-16; Dt 5,16-20).
[21]Él dijo:
–Todo eso lo he guardado desde mi juventud.
[22]Al oírlo Jesús, le dijo:
–Aún te queda una cosa por hacer: vende todo lo que tienes, dáselo a los pobres y tendrás un tesoro en el cielo; después, ven y sígueme.
[23]El joven, al oír esto, se quedó muy triste, porque era muy rico.
[24]Jesús dijo al verlo tan triste:
–¡Qué difícilmente entrarán en el Reino de Dios
los que tienen riquezas! [25]Es más fácil que un camello pase por el ojo de una aguja que un rico entre en el Reino de Dios.
[26]Los presentes dijeron:
–Entonces, ¿quién podrá salvarse?

[27]Jesús les contestó:
–Lo que es imposible a los hombres es posible para Dios.

Lo hemos dejado todo...

[28]Entonces Pedro replicó:
–Nosotros lo hemos dejado todo y te hemos seguido.
[29]Jesús le dijo:
–Os aseguro que todo aquel que haya dejado casa, mujer, hermanos, parientes e hijos por el Reino de
Dios, [30]recibirá mucho más en este mundo y después la vida eterna.

Tercer anuncio de su muerte y resurrección
(Mt 20,17-19; Mc 10,32-34)

[31]Llevó aparte a los Doce y les dijo:
–Mirad, estamos subiendo a Jerusalén y se va a cumplir todo lo que escribieron los profetas sobre el
Hijo del Hombre: [32]lo entregarán a los paganos, se
burlarán de él, lo insultarán, lo escupirán [33]y, después
de azotarlo, lo matarán; pero al tercer día resucitará.
[34]Ellos no entendieron nada de todo esto, pues eran palabras oscuras para ellos y no entendían su significado.

El ciego de Jericó
(Mt 20,29-34; Mc 10,46-52)

[35]Cuando se acercaba a Jericó, había un ciego sen-
tado al lado del camino pidiendo limosna. [36]Al oír
pasar a la gente, preguntó qué era aquello, y [37]le di-
jeron que pasaba Jesús de Nazaret.
[38]Entonces se puso a gritar:
–¡Jesús, Hijo de David, ten compasión de mí!
[39]Los que iban delante lo reprendieron para que
callase, pero él gritaba con más fuerza:
–¡Hijo de David, ten compasión de mí!
[40]Jesús se detuvo y mandó que se lo trajeran.
Cuando se acercó, le preguntó:
[41]–¿Qué quieres que haga por ti?
Él contestó:
–Señor, que vea.
[42]Jesús le dijo:
–¡Ve! Tu fe te ha salvado.
[43]Y al instante recobró la vista y lo siguió dando
gracias a Dios. Todo el pueblo, al ver esto, alababa
a Dios.

Zaqueo

19 [1]Entró en Jericó y andaba por la ciudad. [2]Ha-
bía allí un hombre, llamado Zaqueo, jefe de

publicanos y rico. 3Intentaba ver a Jesús, pero no
podía por la gente, porque era bajo de estatura. 4Se
adelantó y se subió a un sicómoro para poder verlo,
porque iba a pasar por allí. 5Cuando Jesús llegó al
lugar, levantó los ojos y le dijo:
–Zaqueo, baja en seguida, porque hoy tengo que
hospedarme en tu casa.
6Bajó en seguida y lo recibió muy contento. 7Al
ver esto, todos murmuraban y decían:
–Se ha hospedado en casa de un pecador.
8Zaqueo, puesto en pie, dijo al Señor:
–Señor, voy a dar la mitad de mis bienes a los pobres; y si he estafado a alguien, le devolveré cuatro veces más.
9Jesús le dijo:
–Hoy ha entrado la salvación en esta casa, porque también éste es hijo de Abrahán. 10El Hijo del
Hombre ha venido a buscar y a salvar lo que estaba perdido.

Parábola del capital y los intereses
(Mt 25,14-30)

11Como la gente lo escuchaba, les propuso una parábola, ya que estaban cerca de Jerusalén y creían que la manifestación del Reino de Dios era inminente:
12–Un hombre de la nobleza marchó a un país le-

jano para recibir la dignidad real y volver. 13 Llamó a
diez criados, les dio diez monedas de gran valor y
les dijo: «Negociad mientras vuelvo». 14 Pero sus con-
ciudadanos lo odiaban y enviaron tras él una emba-
jada diciendo: «No lo queremos por rey». 15 Él regresó
investido de la realeza, y mandó llamar a los cria-
dos a los que había dado el dinero para saber cuán-
to había ganado cada uno. 16 El primero se presentó
y dijo: «Señor, tu dinero ha producido diez veces
más». 17 Él le contestó: «Muy bien, criado bueno;
puesto que has sido fiel en lo poco, recibe el gobier-
no de diez ciudades». 18 El segundo llegó y dijo: «Se-
ñor, tu dinero ha producido cinco veces más». 19 Y
dijo igualmente a éste: «Manda tú también en cin-
co ciudades». 20 Llegó otro, y dijo: «Señor, aquí tie-
nes tu dinero, que he tenido guardado en un pañue-
lo; 21 tuve miedo de ti, porque eres un hombre duro,
que recoges lo que no pusiste y cosechas lo que no
sembraste». 22 Él le dijo: «Por tus mismas palabras te
juzgo, mal criado. ¿Sabías que soy muy duro, que re-
cojo lo que no he puesto y cosecho lo que no he
sembrado? 23 Y ¿por qué no pusiste mi dinero en la
banca, y yo, al volver, lo hubiera retirado con los in-
tereses?». 24 Y dijo a los que estaban presentes: «Qui-
tadle la moneda y dádsela al que tiene diez mone-
das». 25 Ellos le replicaron: «Señor, ya tiene diez
monedas». 26 Yo os digo que al que tiene se le dará,

y al que no tiene aun lo que tiene se le quitará. 27En
cuanto a mis enemigos, esos que no me quisieron
por rey, traedlos aquí y degolladlos en mi presencia.
28Y dicho esto, continuó adelante camino de Je-
rusalén.

IV. JESÚS EN JERUSALÉN

ENTRADA EN EL TEMPLO

Entrada mesiánica en Jerusalén
(Mt 21,1-11; Mc 11,1-11; Jn 12,12-19)

29Al llegar cerca de Betfagé y de Betania, junto al
monte de los Olivos, envió a dos discípulos dicién-
doles:
30–Id a la aldea de enfrente y, a la entrada, encon-
traréis un pollino atado sobre el que nadie ha mon-
tado aún. Desatadlo y traedlo. 31Y si alguien os pre-
gunta por qué lo desatáis, contestadle que el Señor
lo necesita. 32Los enviados fueron y lo encontraron
como les había dicho. 33Mientras ellos desataban el
pollino, sus dueños les preguntaron:
–¿Por qué desatáis el pollino?
34Ellos respondieron:
–El Señor lo necesita.

35Ellos se lo llevaron a Jesús, echaron sus mantos
sobre el pollino e hicieron que Jesús montara en él.
36A medida que avanzaba, ellos extendían sus man-
tos en el camino a modo de alfombra. 37Al acercar-
se a la bajada del monte de los Olivos, todos los que
iban con él, llenos de alegría, comenzaron a alabar
a Dios a grandes voces por todos los milagros que
habían visto, 38diciendo:
–¡*Bendito en el nombre del Señor el que viene* como
rey! (Sal 118,26). ¡Paz en el cielo y gloria en las al-
turas!
39Algunos fariseos de entre la gente le dijeron:
–Maestro, reprende a tus discípulos.
40Él les replicó:
–Os digo que si estos se callaran gritarían las pie-
dras.

Jesús llora al ver Jerusalén

41Al acercarse y ver la ciudad, lloró por ella, 42y
dijo:
–¡Ojalá en este día conocieras también tú el men-
saje de paz! Pero está oculto y no puedes verlo. 43Por-
que llegará un día en que tus enemigos te rodearán
con trincheras, te cercarán, te estrecharán por to-
das partes, 44te echarán al suelo, matarán a todos tus
habitantes y no dejarán de ti piedra sobre piedra,

porque no has conocido el tiempo en el que Dios te ha visitado.

Purificación del templo
(Mt 21,12-13; Mc 11,15-19; Jn 2,13-16)

45Entró en el templo y se puso a echar a los vendedores, 46diciéndoles:

–Está escrito: *Mi casa es casa de oración* (Is 56,7; Jer 7,11), pero vosotros la habéis convertido en una cueva de ladrones.

CONTROVERSIA CON LAS AUTORIDADES DE ISRAEL

Jesús enseña en el templo

47Todos los días enseñaba en el templo. Los sumos
sacerdotes, los maestros de la Ley y los principales
del pueblo trataban de prenderlo; 48pero no sabían
cómo hacerlo, porque todo el pueblo estaba pendiente de él escuchándole.

La autoridad de Jesús cuestionada
(Mt 21,23-27; Mc 11,27-33)

20 1Un día, mientras enseñaba al pueblo en el templo y anunciaba la buena noticia, los su-

mos sacerdotes, los maestros de la Ley y los ancia-
nos 2se le acercaron y le preguntaron:
–¿Con qué autoridad haces todo esto? ¿Quién te ha dado esa autoridad?
3Él les respondió:
–Yo también os haré una pregunta. Decidme: 4el
bautismo de Juan, ¿era del cielo o de los hombres?
5Ellos se hicieron este razonamiento:
–Si decimos que del cielo, nos dirá: Entonces, ¿por
qué no creísteis en él? 6Y si decimos que de los hom-
bres, todo el pueblo nos apedreará, porque están convencidos de que Juan era profeta.
7Y respondieron:
–No lo sabemos.
8Jesús entonces les dijo:
–Pues tampoco yo os digo con qué autoridad hago todo esto.

Parábola de los viñadores perversos
(Mt 21,33-46; Mc 12,1-12)

9A continuación expuso al pueblo esta parábola:
–Un hombre plantó una viña, la arrendó a unos viñadores y se fue de viaje por una larga tempora-
da. 10A su debido tiempo mandó un criado a los vi-
ñadores para que le dieran su parte de la vendimia, pero los viñadores lo golpearon y lo despidieron con

las manos vacías. 11De nuevo les mandó otro cria-
do, pero también a éste lo golpearon, lo maltrata-
ron y lo despidieron con las manos vacías. 12Les en-
vió un tercero, y también lo hirieron y lo echaron.
13El dueño de la viña se dijo entonces: «¿Qué hago?
Enviaré a mi hijo querido; a él lo respetarán». 14Pero
los viñadores, al verlo, se dijeron: «Éste es el here-
dero; matémoslo, y nos quedaremos con su heren-
cia». 15Lo echaron fuera de la viña y lo mataron.
¿Qué hará con ellos el dueño de la viña? 16Irá, aca-
bará con los viñadores y dará la viña a otros.

Al oír esto dijeron:

–¡No lo quiera Dios!

17Jesús los miró y les dijo:

–Pues ¿qué significa aquello que está escrito: *La
piedra que desecharon los constructores se ha converti-
do en piedra angular?* (Sal 118,22). 18El que caiga so-
bre esa piedra se estrellará, y si ella cae sobre algu-
no, lo aplastará.

19Los maestros de la Ley y los sumos sacerdotes
quisieron entonces mismo echarle mano, pues com-
prendieron que la parábola iba por ellos, pero temie-
ron al pueblo.

El impuesto al César
(Mt 22,15-22; Mc 12,13-17)

[20]Se quedaron en acecho y enviaron espías que aparentaban ser justos, para cazarlo en alguna palabra y así entregarlo al poder y a la autoridad del gobernador. [21]Le preguntaron:

–Maestro, sabemos que hablas y enseñas con rectitud, que no te importa nada el qué dirán y que enseñas de verdad el camino del Señor. [22]¿Nos es lícito pagar el impuesto al César o no?

[23]Jesús, conociendo su malicia, les dijo:

–Mostradme una moneda. [24]¿De quién es la efigie y la inscripción?

Respondieron:

–Del César.

[25]Él les dijo:

–Pues dad al César lo que es del César, y a Dios lo que es de Dios.

[26]No pudieron cazarlo en ninguna de sus palabras en presencia del pueblo y, maravillados de su respuesta, se callaron.

Los saduceos y la resurrección de los muertos
(Mt 22,23-33; Mc 12,18-27)

[27]Se le acercaron unos saduceos, que niegan la resurrección, y le preguntaron:

[28]–Maestro, Moisés nos prescribió: «Si el herma-
no de uno muere, dejando mujer, sin hijos, su her-
mano debe casarse con la viuda y dar descendencia
al hermano». [29]Pues bien, eran siete hermanos: el
primero se casó, y murió sin dejar hijos. [30]El segun-
do, [31]el tercero y así hasta el séptimo se casaron con
la viuda, y murieron sin dejar hijos. [32]Finalmente
murió también la mujer. [33]En la resurrección, ¿de
quién de ellos será mujer? Porque los siete la tuvie-
ron por mujer.

[34]Jesús les dijo:

–Los hijos de este mundo se casan unos con otros;
[35]pero los que han sido dignos de tener parte en el
otro mundo y en la resurrección de los muertos,
hombres y mujeres, no se casarán; [36]ya no pueden
morir, pues son como los ángeles, hijos de Dios, al
ser hijos de la resurrección. [37]Y que los muertos re-
sucitan, el mismo Moisés lo da a entender en lo de
la zarza, cuando llama al Señor: *Dios de Abrahán,
Dios de Isaac* y *Dios de Jacob* (Éx 3,6). [38]No es un
Dios de muertos, sino de vivos, porque para él to-
dos viven.

[39]Entonces unos maestros de la Ley dijeron:

–¡Bien dicho, Maestro!

[40]Y no se atrevieron a preguntarle más.

Hijo de David
(Mt 22,41-46; Mc 12,35-37)

41Jesús, por su parte, les preguntó:
–¿Cómo puede decirse que el Mesías es Hijo de
David, 42si David mismo dice en el libro de los Sal-
mos:

El Señor dijo a mi Señor: Siéntate a mi derecha,
43*hasta que ponga a tus enemigos,*
debajo de tus pies? (Sal 110,1).

44Pues si el mismo David lo llama Señor, ¿cómo
puede ser hijo suyo?

Denuncia a los maestros de la Ley
(Mt 23,1-36; Mc 12,38-40; Lc 11,37-54)

45Y dijo a sus discípulos ante todo el pueblo:
46Guardaos de los maestros de la Ley, a los que les
gusta llevar vestidos ostentosos, ser saludados en las
plazas y ocupar los primeros puestos en las sinago-
gas; 47que devoran los bienes de las viudas mientras
aparentan hacer largas oraciones. Ellos serán juzga-
dos muy severamente.

El donativo de la viuda
(Mc 12,41-44)

21 1Levantando la vista, vio a unos ricos que
echaban sus ofrendas en las arcas del tesoro;
2vio también que una viuda echaba unos céntimos,
3y dijo:
–Os aseguro que esta pobre viuda ha echado más
que todos los demás, 4porque esos otros han echa-
do de lo que les sobra, pero ella ha echado de su po-
breza todo lo que tenía para vivir.

DISCURSO ESCATOLÓGICO

Jesús predice la destrucción del templo
(Mt 24,1-2; Mc 13,1-2)

5Como algunos decían que el templo era muy bello
por sus piedras tan hermosas y por los exvotos, dijo:
6–Llegará un día en que de eso que veis no que-
dará piedra sobre piedra. Todo será destruido.

Señales y persecuciones
(Mt 24,3-14; Mc 13,3-13)

7Entonces le preguntaron:
–Maestro, ¿cuándo sucederá eso?, y ¿cuál será la

señal de que estas cosas van a cumplirse?
8Él contestó:
–Estad atentos para que no os engañen; porque vendrán muchos en mi nombre diciendo: «Yo soy el Mesías» y «el tiempo ha llegado». No los sigáis.
9Cuando oigáis hablar de guerras y de revoluciones, no os alarméis, porque es necesario que eso suceda; pero todavía no será el fin.
10Y continuó diciendo:
–Se levantarán pueblos contra pueblos y reinos
contra reinos, 11habrá grandes terremotos, hambre y peste en diversos lugares, sucesos espantosos y grandes señales en el cielo.
12Pero antes de todo esto os echarán mano, os perseguirán, os llevarán a las sinagogas y a las cárceles y os harán comparecer ante los reyes y los goberna-
dores por causa mía. 13Esto os servirá para dar testi-
monio. 14No os preocupéis de vuestra defensa, 15pues yo os daré un lenguaje y una sabiduría que no podrán resistir ni contradecir todos vuestros adversa-
rios. 16Hasta vuestros padres, hermanos, parientes y amigos os entregarán e incluso harán que maten a
algunos de vosotros. 17Todos os odiarán por causa
mía, 18pero ni un cabello de vuestra cabeza perece-
rá. 19Con vuestra perseverancia salvaréis vuestras vidas.

Señales de la destrucción de Jerusalén
(Mt 24,15-28; Mc 13,14-23)

[20]Cuando veáis a Jerusalén cercada por ejércitos,
sabed que se aproxima su destrucción. [21]Entonces los
que estén en Judea, que huyan a los montes; los que
estén dentro de la ciudad, que se alejen y los que
estén en el campo que no entren en la ciudad. [22]Se-
rán días de castigo en los que se cumplirá todo lo
que está escrito. [23]¡Ay de las que estén encinta y
criando en aquellos días! Porque habrá una grande
angustia sobre la tierra y un gran castigo contra este
pueblo. [24]Caerán al filo de la espada, los llevarán pri-
sioneros a todas las naciones y Jerusalén será piso-
teada por los paganos hasta que llegue a su fin el
tiempo de los paganos.

La venida del Hijo del Hombre
(Mt 24,29-31; Mc 13,24-27)

[25]Habrá señales en el sol, en la luna y en los as-
tros; las naciones estarán angustiadas en la tierra y
enloquecidas por el estruendo del mar y de las olas;
[26]y los hombres, muertos de terror y de ansiedad por
lo que se le echa encima al mundo, pues las colum-
nas de los cielos se tambalearán. [27]Entonces verán
al Hijo del Hombre venir en una nube con gran po-

der y majestad. [28]Cuando comiencen a suceder estas cosas, tened ánimo y levantad la cabeza, porque se acerca vuestra liberación.

El ejemplo de la higuera
(Mt 24,32-35; Mc 13,28-31)

[29]Les puso un ejemplo:
–Mirad la higuera y todos los árboles: [30]cuando
echan hojas, conocéis que el verano se acerca. [31]Así
también vosotros, cuando veáis todo esto, sabed que
el Reino de Dios está cerca. [32]Os aseguro que no pa-
sará esta generación antes de que suceda todo esto.
[33]El cielo y la tierra pasarán, pero mis palabras no
pasarán.

Exhortación a la vigilancia

[34]Cuidad de que vuestros corazones no se embo-
ten por el vicio, la borrachera y las preocupaciones
de la vida, y caiga de improviso sobre vosotros este
día [35]como un lazo, porque así vendrá ese día sobre
todos los habitantes de la tierra. [36]Estad alerta y orad
en todo momento para que podáis libraros de todo
lo que ha de venir y presentaros ante el Hijo del
Hombre.
[37]Por el día enseñaba en el templo, y salía a pasar

las noches en el monte de los Olivos. 38Todo el pue-
blo madrugaba para acudir al templo a oírlo.

V. PASIÓN Y RESURRECCIÓN

PASIÓN Y MUERTE DE JESÚS

Conspiración contra Jesús
(Mt 26,1-5; Mc 14,1-2; Jn 11,45-53)

22 1Se acercaba la fiesta de los Ázimos, llama-
da Pascua. 2Los sumos sacerdotes y los
maestros de la Ley buscaban la manera de quitarlo
de en medio, pues temían al pueblo. 3Satanás entró
en Judas, el llamado Iscariote, que era uno de los
Doce, 4y fue a hablar con los sumos sacerdotes y con
los jefes militares sobre la manera de entregárselo.
5Ellos se alegraron y se comprometieron a darle di-
nero. 6Judas aceptó la propuesta, y buscaba la oca-
sión de entregarlo sin que la gente se enterara.

Preparación de la Pascua
(Mt 26,17-25; Mc 14,12-21; Jn 13,21-30)

7Llegó el día de los Ázimos, cuando había que sa-
crificar el cordero pascual, 8y Jesús envió a Pedro y
a Juan diciéndoles:

–Id y preparad la cena de la Pascua.
[9]Ellos le dijeron:
–¿Dónde quieres que la preparemos?
[10]Él les contestó:
–Al entrar en la ciudad, encontraréis un hombre
que lleva un cántaro de agua; seguidlo hasta la casa
donde entre, [11]y decidle al dueño de la casa: «El
maestro te pregunta que dónde está la sala en la que
va a comer con sus discípulos la cena de la Pascua».
[12]Él os mostrará en el piso de arriba una habitación
grande y alfombrada; preparadla allí.
[13]Fueron y encontraron todo como les había dicho,
y prepararon la cena de la Pascua.

La cena pascual
(Mt 26,26-30; Mc 14,22-26; 1Cor 11,23-25)

[14]A la hora determinada se puso a la mesa con sus
discípulos. [15]Y les dijo:
–¡Cuánto he deseado celebrar esta Pascua con vo-
sotros antes de morir! [16]Os digo que ya no la come-
ré hasta que se cumpla en el Reino de Dios.
[17]Tomó una copa, dio gracias y dijo:
–Tomad y repartidla entre vosotros, [18]pues os digo
que ya no beberé del fruto de la vid hasta que lle-
gue el Reino de Dios.
[19]Luego tomó pan, dio gracias, lo partió y se lo dio,
diciendo:

–Esto es mi cuerpo, que se entrega por vosotros; haced esto en memoria mía.
[20]Después de la cena hizo lo mismo con el cáliz, diciendo:
–Este cáliz es la nueva alianza sellada con mi san-
gre, que es derramada por vosotros. [21]Pero ved que
la mano del que me entrega está conmigo en la
mesa. [22]Porque el Hijo del Hombre se va, según lo
decretado; pero ¡ay del que lo entrega!
[23]Ellos comenzaron a preguntarse unos a otros quién sería el que iba a hacer aquello.

El servicio a los humildes
(Mt 20,25-27; Mc 10,42-44)

[24]Surgió también una discusión entre ellos sobre quién debía ser considerado como el más importante.
[25]Jesús les dijo:
–Los reyes de las naciones las tiranizan y sus prín-
cipes reciben el nombre de bienhechores. [26]Entre
vosotros no ha de ser así; sino que el mayor entre vosotros será como el más joven, y el que mande
como el que sirve. [27]¿Quién es más importante: el
que se sienta a la mesa o el que sirve? ¿No es el que se sienta a la mesa? Pues bien, yo estoy en medio
de vosotros como el que sirve. [28]Vosotros habéis per-

severado conmigo en mis pruebas, 29y yo os voy a
dar el Reino como mi Padre me lo dio a mí. 30Cuan-
do llegue a rey comeréis y beberéis a mi mesa en mi
Reino, y os sentaréis en tronos para juzgar a las doce
tribus de Israel.

Predice la negación de Pedro
(Mt 26,31-35; Mc 14,27-31; Jn 13,36-38)

31Simón, Simón, mira que Satanás ha pedido po-
der cribaros como el trigo, 32pero yo he rogado por
ti para que no desfallezca tu fe. Y tú, cuando te arre-
pientas, confirma a tus hermanos.

33Pedro le dijo:

–Señor, estoy dispuesto a ir contigo a la cárcel y hasta a la muerte.

34Jesús le contestó:

–Te digo, Pedro, que no cantará hoy el gallo antes que hayas negado tres veces que me conoces.

Bolsa, alforja, espada

35Después les dijo:

–Cuando os envié sin bolsa, sin alforjas y sin sandalias, ¿os faltó algo?

Ellos contestaron:

–Nada.

[36]Jesús añadió:
–Ahora, el que tenga bolsa que la tome, y lo mismo la alforja; y el que no tenga, venda su manto y
compre una espada. [37]Pues os digo que debe cumplirse en mí lo que está escrito: *Fue contado entre los delincuentes* (Is 53,12). Porque se acerca el cumplimiento de todo lo que se refiere a mí.
[38]Ellos le dijeron:
–Señor, aquí hay dos espadas.
Les respondió:
–¡Basta ya!

Agonía en Getsemaní
(Mt 26,36-46; Mc 14,32-42)

[39]Salió y fue, según su costumbre, al monte de los
Olivos. Sus discípulos lo acompañaban. [40]Cuando
llegó al lugar, les dijo:
–Orad para no caer en la tentación.
[41]Él se apartó de ellos como un tiro de piedra, se
arrodilló y se puso a orar, [42]diciendo:
–Padre, si quieres, aleja de mí este cáliz; pero no se haga mi voluntad, sino la tuya.
[43]Y se le apareció un ángel del cielo reconfortándolo. [44]Entró en agonía, y oraba más intensamente.
Sudaba como gotas de sangre, que corrían por el
suelo. [45]Se levantó de la oración, fue a sus discípulos, los encontró dormidos por la tristeza y [46]les dijo:

–¿Por qué dormís? Levantaos y orad para que no caigáis en la tentación.

Traición y arresto
(Mt 26,47-56; Mc 14,43-50; Jn 18,3-11)

47 Aún estaba hablando cuando apareció un gran
tropel de gente encabezado por el llamado Judas,
uno de los Doce, el cual se acercó a Jesús para be-
sarlo. 48 Jesús le dijo:
–Judas, ¿con un beso entregas al Hijo del Hombre?

49 Los que estaban con él, viendo lo que iba a ocurrir, le dijeron:
–Señor, ¿sacamos la espada?

50 Uno de ellos dio un golpe al criado del sumo sa-
cerdote y le cortó la oreja derecha. 51 Pero Jesús dijo:
–¡Dejadlos!
Y tocando la oreja, lo curó. 52 Entonces dijo a los
sumos sacerdotes, a los oficiales del templo y a los ancianos que habían venido a prenderlo:
–Habéis venido a prenderme, como a un ladrón,
con espadas y palos. 53 Todos los días estaba con vo-
sotros en el templo y no me echasteis mano, pero ésta es vuestra hora y el poder de las tinieblas.

Pedro niega a Jesús
(Mt 26,57-58.69-75; Mc 14,53-54.66-72;
Jn 18,12-18.25-27)

54Lo apresaron y lo condujeron a la casa del sumo
sacerdote. Pedro lo seguía de lejos. 55Encendieron
fuego en medio del patio, se sentaron alrededor, y
Pedro se sentó entre ellos. 56Una criada lo vio sen-
tado junto al fuego, lo miró fijamente y dijo:
–También este andaba con él.
57Pedro lo negó, diciendo:
–No lo conozco, mujer.
58Poco después otro, al verlo, dijo:
–Tú también eres de ellos.
Pedro dijo:
–Hombre, no lo soy.
59Transcurrió como una hora, y otro afirmó rotun-
damente:
–Seguro que también este andaba con él, porque
es galileo.
60Pedro dijo:
–Hombre, no sé lo que dices.
Inmediatamente, mientras aún estaba hablando,
cantó un gallo. 61El Señor se volvió, miró a Pedro, y
Pedro se acordó de la palabra del Señor cuando le ha-
bía dicho: «Antes que cante el gallo hoy me negarás
tres veces». 62Y, saliendo fuera, lloró amargamente.

[63]Los que custodiaban a Jesús se burlaban de él y lo golpeaban; [64]lo cubrieron con un velo y le preguntaban:

–Adivina quién te ha pegado.

[65]Y le decían muchas otras injurias.

Jesús ante el Sanedrín: proceso religioso
(Mt 26,59-66; Mc 14,55-64; Jn 18,19-24)

[66]Al amanecer celebraron consejo los ancianos del pueblo, los sumos sacerdotes y los maestros de la Ley; lo llevaron al Sanedrín [67]y le dijeron:

–Si tú eres el Mesías, dínoslo.

Jesús les contestó:

–Si os lo digo, no me vais a creer; [68]y si yo os pregunto, no me vais a responder. [69]Pero desde ahora el Hijo del Hombre estará sentado a la derecha de Dios todopoderoso.

[70]Todos dijeron:

–Luego, ¿eres tú el Hijo de Dios?

Él les respondió:

–Vosotros lo decís: yo lo soy.

[71]Ellos replicaron:

–¿Qué necesidad tenemos ya de testigos, si nosotros mismos lo hemos oído de su boca?

Jesús ante Pilato: proceso político
(Mt 27,1-2.11-14, Mc 15,1-5; Jn 18,28-38)

23 [1]Entonces se levantaron todos, lo conduje-
ron a Pilato [2]y comenzaron a acusarle, di-
ciendo:

–Nosotros lo hemos encontrado alborotando a nuestra nación, prohibiendo pagar tributo al César y diciendo que él es Mesías y rey.

[3]Pilato le preguntó:

–¿Eres tú el rey de los judíos?

Él respondió:

–Tú lo dices.

[4]Pilato dijo a los sumos sacerdotes y a la gente:

–No encuentro ninguna culpa en este hombre.

[5]Pero ellos insistían con más energía:

–Alborota al pueblo enseñando por toda Judea, desde Galilea, donde empezó, hasta aquí.

[6]Pilato al oír esto, preguntó si era galileo; [7]al ase-
gurarse de que era de la jurisdicción de Herodes, se
lo envió, porque Herodes estaba también en Jeru-
salén por aquellos días.

Jesús ante Herodes

[8]Herodes se alegró mucho de ver a Jesús, porque hacía bastante tiempo que quería verlo, pues ha-

bía oído hablar de él y esperaba verle hacer algún
milagro. 9Le hizo muchas preguntas, pero él no res-
pondía nada. 10Por su parte, los sumos sacerdotes
y los maestros de la Ley estaban allí y lo acusaban
duramente. 11Herodes, con sus soldados, trató con
desprecio a Jesús, se burló de él, le puso un vesti-
do blanco y lo envió a Pilato. 12Aquel día Herodes
y Pilato se hicieron amigos, pues antes estaban ene-
mistados.

Jesús es condenado a muerte
(Mt 27,15-26; Mc 15,6-15; Jn 18,39-19,6)

13Pilato convocó a los sumos sacerdotes, a las au-
toridades y al pueblo y les dijo:
14–Me habéis traído a este hombre como alboro-
tador del pueblo; yo lo he interrogado delante de vo-
sotros y no lo he encontrado culpable de las cosas
de que lo acusáis. 15Herodes tampoco, puesto que
nos lo ha devuelto. Es evidente que no ha hecho
nada que merezca la muerte. 16Por tanto, lo pondré
en libertad después de haberlo castigado.
17Por la fiesta tenía por costumbre soltarles a un
preso. 18Ellos gritaban todos a una:
–Mata a este y deja en libertad a Barrabás.
19Este había sido encarcelado por una revuelta
ocurrida en la ciudad y por un homicidio. 20De nue-

vo Pilato les habló, pues quería dejar en libertad a
Jesús. 21Pero ellos gritaron:
–¡Crucifícalo! ¡Crucifícalo!
22Pilato, por tercera vez, les dijo:
–Pero ¿qué mal ha hecho? No he encontrado en él causa alguna de muerte; por tanto, lo dejaré en libertad después de haberlo castigado.
23Pero ellos insistían a grandes voces pidiendo que lo crucificara, y sus gritos cada vez eran más fuertes.
24Pilato decidió que se hiciera como pedían. 25Dejó
en libertad al que pedían (el que había sido encarcelado por una revuelta y un homicidio) y les entregó a Jesús para que hicieran con él lo que quisieran.

Jesús es crucificado
(Mt 27,32-44; Mc 15,21-32; Jn 19,17-27)

26Cuando lo conducían, echaron mano de un tal
Simón de Cirene, que venía del campo, y le cargaron la cruz para que la llevara detrás de Jesús. 27Lo
seguía mucha gente del pueblo y mujeres que se daban golpes de pecho y se lamentaban por él. 28Jesús
se volvió a ellas y les dijo:
–Hijas de Jerusalén, no lloréis por mí; llorad por
vosotras y por vuestros hijos, 29porque vienen días
en los que se dirá: «Dichosas las estériles, los vientres que no han dado a luz y los pechos que no han

amamantado». 30Entonces comenzarán a decir a las
montañas: *«Caed sobre nosotros», y a los collados: «Se-
pultadnos»* (Os 10,8); 31porque si esto hacen al leño
verde, ¿qué no harán al seco?

32Llevaban también a dos criminales para ejecu-
tarlos con él. 33Cuando llegaron al lugar llamado
Calavera, crucificaron allí a Jesús y a los criminales,
uno a la derecha y otro a la izquierda. 34Jesús decía:

–Padre, perdónalos, porque no saben lo que ha-
cen.

Después *se repartieron sus vestidos echando suertes*
(Sal 22,19).

35El pueblo estaba mirando. Las mismas autorida-
des se burlaban, diciendo:

–Ha salvado a otros; que se salve a sí mismo si es
el Mesías de Dios, el elegido.

36También los soldados se burlaban de él, se acer-
caban para darle vinagre, 37y decían:

–Si tú eres el rey de los judíos, sálvate a ti mismo.

38Habían puesto sobre su cabeza una inscripción
que decía: «Éste es el rey de los judíos».

Muerte de Jesús
(Mt 27,45-56; Mc 15,33-41; Jn 19,28-30)

39Uno de los criminales crucificados le insultaba
diciendo:

–¿No eres tú el Mesías? Sálvate a ti mismo y a no-
sotros.
[40]Pero el otro le reprendió diciendo:
–¿Ni siquiera temes a Dios tú que estás en el mis-
mo suplicio? [41]Nosotros estamos aquí en justicia, por-
que recibimos lo que merecen nuestras fechorías;
pero éste no ha hecho nada malo. [42]Y decía:
–Jesús, acuérdate de mí cuando vengas como rey.
[43]Jesús le contestó:
–Te aseguro que hoy estarás conmigo en el paraíso.
[44]Hacia el mediodía las tinieblas cubrieron toda la
tierra hasta las tres de la tarde. [45]El sol se eclipsó y
la cortina del templo se rasgó por medio. [46]Jesús, con
fuerte voz, dijo:
–Padre, *en tus manos encomiendo mi espíritu* (Sal
31,6). Dicho esto, expiró.
[47]El centurión, al ver lo que había ocurrido, daba
gloria a Dios, diciendo:
–Verdaderamente este hombre era justo.
[48]Toda la gente que había asistido al espectáculo,
al ver lo sucedido, regresaba dándose golpes de pe-
cho. [49]Todos los conocidos de Jesús estaban a dis-
tancia, igual que las mujeres que lo habían seguido
desde Galilea, presenciando todo esto.

Jesús es sepultado
(Mt 27,57-61; Mc 15,42-47; Jn 19,38-42)

[50]Había un hombre llamado José, que era bueno
y justo. Era miembro del Sanedrín, [51]pero no estaba
de acuerdo con las actuaciones del tribunal y espe-
raba el Reino de Dios. Era natural de Arimatea, ciu-
dad de Judea. [52]Se presentó a Pilato y le pidió el cuer-
po de Jesús. [53]Lo bajó de la cruz, lo envolvió en una
sábana y lo puso en un sepulcro excavado en la roca,
en el que todavía no había sido puesto nadie.
[54]Era el día de la preparación de la Pascua y raya-
ba ya el sábado. [55]Las mujeres que habían acompa-
ñado a Jesús desde Galilea lo siguieron de cerca y
vieron el sepulcro y cómo fue colocado su cuerpo.
[56]Regresaron y prepararon aromas y ungüentos. El
sábado descansaron, como estaba prescrito.

Resurrección de Jesús
(Mt 28,1-10; Mc 16,1-8; Jn 20,1-10)

24 [1]El primer día de la semana, al rayar el alba,
volvieron al sepulcro llevando los aromas
preparados [2]y se encontraron con que la piedra ha-
bía sido rodada del sepulcro. [3]Entraron y no encon-
traron el cuerpo del Señor Jesús. [4]Mientras estaban
desconcertadas por esto, se presentaron dos varones

con vestidos deslumbrantes. 5Ellas se asustaron y ba-
jaron los ojos; ellos les dijeron:
–¿Por qué buscáis entre los muertos al que vive?
6No está aquí, ha resucitado. Recordad lo que os dijo
estando aún en Galilea: 7que el Hijo del Hombre
debía ser entregado en manos de pecadores, ser cru-
cificado y resucitar al tercer día.
8Ellas se acordaron de estas palabras, 9regresaron
del sepulcro y contaron todo a los Once y a todos
los demás. 10Eran María Magdalena, Juana y María
la de Santiago y las demás que estaban con ellas las
que decían estas cosas a los apóstoles. 11Aquellas pa-
labras les parecieron un delirio, y no las creían.
12Pedro, sin embargo, se levantó y se fue corriendo
al sepulcro; se asomó, y sólo vio los lienzos, y regre-
só a casa maravillado de lo ocurrido.

Camino de Emaús
(Mc 16,12-13)

13Aquel mismo día, dos de los discípulos se diri-
gían a una aldea llamada Emaús, distante de Jeru-
salén unos trece kilómetros. 14Iban hablando de to-
dos estos sucesos. 15Mientras ellos hablaban y
discutían, Jesús en persona se les acercó y se puso a
caminar con ellos. 16Pero estaban tan ciegos que no
lo reconocían. 17Él les dijo:

–¿De qué veníais hablando en el camino?
Se detuvieron entristecidos. [18]Uno de ellos, llama-
do Cleofás, respondió:
–¿Eres tú el único forastero en Jerusalén que no
sabes lo que ha sucedido allí estos días?
[19]Él les preguntó:
–¿El qué?
Ellos le contestaron:
–Lo de Jesús de Nazaret, que fue un profeta pode-
roso en obras y palabras ante Dios y ante todo el pue-
blo; [20]cómo nuestros sumos sacerdotes y nuestras au-
toridades lo entregaron para ser condenado a muerte
y lo crucificaron. [21]Nosotros esperábamos que él sería
el libertador de Israel, pero a todo esto ya es el tercer
día desde que sucedieron estas cosas. [22]Por cierto que
algunas mujeres de nuestro grupo nos han dejado
asombrados: fueron muy temprano al sepulcro, [23]no
encontraron su cuerpo y volvieron hablando de una
aparición de ángeles que dicen que vive. [24]Algunos de
los nuestros fueron al sepulcro y encontraron todo
como las mujeres han dicho, pero a él no lo vieron.
[25]Entonces les dijo:
–¡Qué torpes sois y qué tardos para creer lo que
dijeron los profetas! [26]¿No era necesario que Cristo
sufriera todo eso para entrar en su gloria?
[27]Y empezando por Moisés y todos los profetas, les
interpretó lo que sobre él hay en las Escrituras.

28Llegaron a la aldea donde iban, y él fingió ir más
lejos; 29pero ellos le insistieron, diciendo:
–Quédate con nosotros, porque es tarde y ya ha
declinado el día.
Y entró para quedarse. 30Se puso a la mesa con
ellos, tomó el pan, lo bendijo, lo partió y se lo dio.
31Entonces sus ojos se abrieron y lo reconocieron,
pero él desapareció de su lado.
32Y se dijeron uno a otro:
–¿No ardía nuestro corazón mientras nos hablaba
en el camino y nos explicaba las Escrituras?
33Se levantaron inmediatamente, volvieron a Je-
rusalén y encontraron reunidos a los Once y a sus
compañeros, 34que decían:
–Verdaderamente el Señor ha resucitado y se ha
aparecido a Simón.
35Ellos contaron lo del camino y cómo lo recono-
cieron al partir el pan.

Aparición a los apóstoles
(Mt 28,16-20; Mc 16,14-18; Jn 20,19-23)

36Estaban hablando de todo esto, cuando Jesús
mismo se presentó en medio de ellos y les dijo:
–La paz esté con vosotros.
37Aterrados y llenos de miedo, creían ver un espí-
ritu. 38Él les dijo:

–¿Por qué os asustáis y dudáis en vuestro interior?
39Ved mis manos y mis pies: soy yo en persona. Tocadme, y convenceos de que un espíritu no tiene carne ni huesos, como veis que yo tengo.
40Dicho esto, les mostró las manos y los pies. 41Y
como ellos no creían aún de pura alegría y asombro, les dijo:

–¿Tenéis algo de comer?

42Le dieron un trozo de pez asado. 43Lo tomó y comió delante de ellos.
44Luego les dijo:

–De esto os hablaba cuando estaba todavía con vosotros: es necesario que se cumpla todo lo que está escrito acerca de mí en la Ley de Moisés, en los Profetas y en los Salmos.
45Entonces les abrió la inteligencia para que entendieran las Escrituras. Y les dijo:
46–Estaba escrito que el Mesías tenía que sufrir y
resucitar de entre los muertos al tercer día, 47y que
en su nombre se anunciará la conversión y el perdón de los pecados a todas las naciones, comenzando por Jerusalén. 48Vosotros sois testigos de estas co-
sas. 49Sabed que os voy a enviar el don prometido
por mi Padre. Vosotros quedaos en la ciudad hasta que seáis revestidos de la fuerza que viene de lo alto.

Ascensión de Jesús
(Mc 16,19-21; He 1,9-11)

[50]Después los llevó hasta cerca de Betania. [51]Le-
vantó las manos y los bendijo. Mientras los bende-
cía, se separó de ellos y subió al cielo. [52]Ellos lo ado-
raron y se volvieron a Jerusalén llenos de alegría. [53]Y
estaban continuamente en el templo bendiciendo a
Dios.

Evangelio según san Juan

PRÓLOGO

1 1 En el principio ya existía la Palabra,
y la Palabra estaba junto a Dios
y la Palabra era Dios.
2 La palabra en el principio estaba junto a Dios.
3 Por medio de la Palabra se hizo todo
y sin ella no se hizo nada de lo que se ha hecho.
4 En la Palabra había vida,
y la vida era la luz de los hombres.
5 La luz brilla en la tiniebla,
y la tiniebla no la recibió.

6 Surgió un hombre enviado por Dios, de nombre
Juan. 7 Éste vino como testigo, para dar testimonio
de la luz, a fin de que todos creyeran por él. 8 No era
él la luz, sino testigo de la luz.

9 La Palabra era la luz verdadera,
que alumbra a todo hombre.

[10]Al mundo vino y en el mundo estaba;
el mundo se hizo por medio de ella,
y el mundo no la conoció.
[11]Vino a su casa,
y los suyos no lo recibieron.
[12]Pero a cuantos la recibieron
les hizo capaces de ser hijos de Dios
si creen en su nombre.
[13]Éstos no han nacido de sangre,
ni de amor carnal,
ni de amor humano, sino de Dios.
[14]Y la Palabra se hizo carne,
y acampó entre nosotros,
y hemos contemplado su gloria:
gloria propia del Hijo único de Padre,
lleno de gracia y de verdad.

[15]Juan daba testimonio de él y proclamaba: «Éste
es del que yo dije: El que viene detrás de mí pasa
delante de mí porque existía antes que yo». [16]Pues
de su plenitud todos hemos recibido, gracia tras gra-
cia. [17]Porque la Ley fue dada por Moisés, pero la gra-
cia y la fidelidad vinieron por Jesucristo.
[18]A Dios nadie lo ha visto jamás; el Hijo único,
que está en el Padre, es quien nos lo ha dado a co-
nocer.

El testimonio de Juan el Bautista
(Mt 3,1-12; Mc 1,7-8; Lc 3,15-17)

19Los judíos de Jerusalén enviaron sacerdotes y levitas a preguntar a Juan:
20–Tú, ¿quién eres?
Su testimonio fue claro y rotundo:
–Yo no soy el Mesías.
Ellos preguntaron:
21–Entonces, ¿qué? ¿Eres Elías?
Juan respondió:
–No lo soy.
Volvieron a preguntarle:
–¿Eres el profeta que esperamos?
Respondió:
–No.
22Ellos insistieron:
–Pues ¿quién eres? Tenemos que llevar una respuesta a los que nos han enviado. ¿Qué dices de ti mismo?
23Dijo:
–*Yo soy una voz que grita en el desierto: «Allanad el camino del Señor»* (como dijo el profeta Isaías) (Is 40,3).
24Entre los enviados había fariseos. 25Éstos le preguntaron:
–Entonces, ¿por qué bautizas, si tú no eres ni el Mesías, ni Elías, ni el profeta?

[26]Juan respondió:
–Yo bautizo con agua, pero en medio de vosotros
está uno que no conocéis; [27]él viene detrás de mí,
pero yo no soy digno de desatar la correa de sus san-
dalias.
[28]Estas cosas pasaron en Betania, al otro lado del
Jordán, donde Juan bautizaba.

Jesús, el cordero de Dios

[29]Al día siguiente, Juan vio a Jesús que venía ha-
cia él, y dijo:
–Éste es el cordero de Dios, que quita el pecado
del mundo. [30]Éste es de quien yo dije: «Detrás de
mí viene uno que es superior a mí, porque existía
antes que yo». [31]Yo no lo conocía; pero si yo he ve-
nido a bautizar con agua, es para que él se dé a co-
nocer a Israel.
[32]Juan prosiguió:
–He visto al Espíritu descender del cielo en forma
de paloma y posarse sobre él. [33]Yo no lo conocía, pero
el que me envió a bautizar con agua me dijo: «Sobre
el que veas descender y posarse el Espíritu, ése es el
que bautiza en el Espíritu Santo». [34]Yo lo he visto, y
doy testimonio de que este es el Hijo del Dios.

Los primeros discípulos

35Al día siguiente, Juan estaba todavía allí con dos
de sus discípulos; 36vio a Jesús, que pasaba, y dijo:
–Este es el cordero de Dios.
37Los dos discípulos lo oyeron y se fueron con Je-
sús. 38Jesús se volvió y, al verlos, les dijo:
–¿Qué buscáis?
Ellos le dijeron:
–Rabí (que significa Maestro), ¿dónde vives?
39Él les dijo:
–Venid y lo veréis.
Fueron, vieron dónde vivía y permanecieron con
él aquel día. Eran como las cuatro de la tarde. 40An-
drés, el hermano de Simón Pedro, era uno de los dos
que había oído a Juan y se había ido con Jesús.
41Andrés encontró a su hermano Simón y le dijo:
–Hemos encontrado al Mesías (que quiere decir el Cristo).
42Y se lo presentó a Jesús. Jesús le miró y dijo:
–Tú eres Simón, el hijo de Juan; en adelante te llamarás Cefas (que significa «piedra»).

Felipe y Natanael

43Al día siguiente, Jesús decidió salir para Galilea;
encontró a Felipe, y le dijo:

–Sígueme.
44 Felipe era de Betsaida, patria de Andrés y de Pe-
dro. 45 Felipe encontró a Natanael y le dijo:
–Hemos encontrado a aquel de quien Moisés escribió en la Ley y los Profetas: es Jesús de Nazaret, el hijo de José.
46 Natanael respondió:
–¿De Nazaret puede salir algo bueno?
Felipe contestó:
–Ven y verás.
47 Jesús vio a Natanael, que se le acercaba, y dijo de él:
–Éste es un israelita auténtico, en el que no hay engaño.
48 Natanael le dijo:
–¿De qué me conoces?
Jesús le contestó:
–Antes que Felipe te llamase te vi yo, cuando estabas debajo de la higuera.
49 Natanael le respondió:
–Rabí, tú eres el Hijo de Dios, tú eres el rey de Israel.
Jesús le contestó:
50 –¿Porque te he dicho que te vi debajo de la higuera crees? Cosas mayores que éstas verás.
51 Y añadió:
–Os aseguro que veréis el cielo abierto y a los

ángeles de Dios subir y bajar sobre el Hijo del
Hombre.

I. LIBRO DE LOS SIGNOS

JESÚS INAUGURA EL TIEMPO NUEVO

Primer signo: la boda de Caná

2 [1]Tres días después hubo una boda en Caná de
Galilea y la madre de Jesús estaba invitada.
[2]Convidaron también a la boda a Jesús y a sus discí-
pulos. [3]Se terminó el vino, y la madre de Jesús le
dijo:
–No tienen vino.
[4]Jesús le contestó:
–¿A ti y a mí qué, mujer? Mi hora todavía no ha
llegado.
[5]Su madre dijo a los sirvientes:
–Haced lo que él os diga.
[6]Había allí seis tinajas de piedra de unos cien li-
tros cada una para los ritos de purificación de los ju-
díos. [7]Jesús les dijo:
–Llenad de agua las tinajas.
Y las llenaron hasta arriba. [8]Añadió:
–Sacad ahora y llevádselo al maestresala.
Y se lo llevaron. [9]Tan pronto como el maestresala

probó el agua convertida en vino (sin saber de dón-
de era, aunque sí lo sabían los sirvientes que habían
sacado el agua), llamó al novio y le dijo:
10–Todos sirven primero el vino mejor, y cuando
se ha bebido en abundancia, el peor; tú, en cambio,
has guardado el vino mejor hasta ahora.
11Así, en Caná de Galilea, Jesús comenzó sus mi-
lagros, manifestó su gloria y sus discípulos creyeron
en él.
12Después fue a Cafarnaún con su madre, sus her-
manos y sus discípulos; pero estuvieron allí sólo unos
días.

Purificación del templo
(Mt 21,12-13; Mc 11,15-17; Lc 19,45-46)

13Se acercaba la Pascua de los judíos y Jesús subió
a Jerusalén. 14Halló en el templo vendedores de bue-
yes, ovejas y palomas, y cambistas en sus puestos;
15hizo un látigo de cuerdas y los echó a todos del
templo con las ovejas y los bueyes; esparció por el
suelo las monedas de los cambistas y volcó las me-
sas. 16Y dijo a los vendedores de palomas:
–Quitad esto de aquí; no hagáis de la casa de mi
Padre un mercado.
17Sus discípulos se acordaron que está escrito: *El
celo de tu casa me devora* (Sal 69,10).

[18]Entonces los judíos dijeron:
–¿Qué señal nos das para obrar así?
[19]Jesús les respondió:
–Destruid este templo y en tres días lo levantaré.
[20]Los judíos replicaron:
–Cuarenta y seis años se tardó en construir este
templo, y ¿tú lo vas a levantar en tres días?
[21]Pero él hablaba del templo de su cuerpo. [22]Por
eso, cuando resucitó de entre los muertos, se acordaron sus discípulos de que ya lo había dicho y creyeron en la Escritura y en la palabra de Jesús.

Conoce lo íntimo del hombre

[23]Mientras estaba Jesús en Jerusalén en la fiesta de
la Pascua, muchos creyeron en él al ver los milagros
que hacía; [24]pero Jesús no se fiaba de ellos, pues los
conocía a todos. [25]No necesitaba que le informasen
de nadie, pues él conocía muy bien el interior del hombre.

Encuentro con Nicodemo

3 [1]Había entre los fariseos un hombre importante, llamado Nicodemo. [2]Una noche fue a ver a
Jesús y le dijo:
–Maestro, sabemos que Dios te ha enviado para

enseñarnos, porque nadie puede hacer los milagros
que tú haces si no está Dios con él.
[3]Jesús le respondió:
–Te aseguro que el que no nace de nuevo no puede ver el Reino de Dios.
[4]Nicodemo le preguntó:
–¿Cómo puede uno nacer siendo viejo? ¿Acaso puede volver al seno de su madre y nacer de nuevo?
[5]Jesús respondió:
–Te aseguro que el que no nace del agua y del Es-
píritu no puede entrar en el Reino de Dios. [6]Lo que
nace de la carne es carne, y lo que nace del Espíritu
es espíritu. [7]No te extrañes de que te diga: «Es nece-
sario nacer de nuevo». [8]El viento sopla donde quie-
re; oyes su voz, pero no sabes de dónde viene ni adónde va. Así es todo el que nace del Espíritu.
[9]Nicodemo preguntó:
–¿Cómo puede ser eso?
[10]Jesús respondió:
–¿Tú eres maestro de Israel y no lo sabes? [11]Te ase-
guro que hablamos de lo que sabemos y atestiguamos lo que hemos visto, y, a pesar de todo, no aceptáis nuestro testimonio. [12]Si os hablo de cosas
terrenas y no me creéis, ¿cómo me creeríais si os ha-
blara de cosas celestiales? [13]Nadie ha subido al cielo
sino el que bajó del cielo, el Hijo del Hombre.

[14]Como levantó Moisés la serpiente en el desierto,
así será levantado el Hijo del Hombre [15]para que
todo el que crea en él tenga vida eterna.
[16]Tanto amó Dios al mundo que dio a su hijo úni-
co para que quien crea en él no perezca, sino que
tenga vida eterna. [17]Dios no envió a su Hijo al mun-
do para condenar al mundo, sino para que el mun-
do se salve por él. [18]El que cree en él no será con-
denado; pero el que no cree ya está condenado,
porque no ha creído en el Hijo único de Dios. [19]La
causa de la condenación consiste en que la luz vino
al mundo, y los hombres prefirieron las tinieblas a
la luz porque sus obras eran malas. [20]Todo el que obra
el mal odia la luz y no va a la luz para que no se
descubran sus obras. [21]Pero el que practica la ver-
dad va a la luz para que se vean sus obras, que es-
tán hechas como Dios quiere.

Jesús y Juan el Bautista

[22]Después de esto Jesús fue con sus discípulos a la
comarca de Judea. Allí vivía con ellos y bautizaba.
[23]Juan también bautizaba en Ainón, próximo a Sa-
lín, pues allí abundaba el agua, y acudían muchos a
bautizarse. [24]Esto era antes de que metieran a Juan
en la cárcel.
[25]Surgió una discusión entre los discípulos de Juan

y un judío acerca de los ritos de la purificación.
26 Fueron a Juan y le dijeron:
–Maestro, el que estaba contigo al otro lado del
Jordán, del que tú diste testimonio, está bautizando
y todos acuden a él.
27 Juan respondió:
–El hombre no puede apropiarse nada si Dios no
se lo da. 28 Vosotros mismos sois testigos de que dije:
«Yo no soy el Mesías, sino que he sido enviado de-
lante de él». 29 La esposa pertenece al esposo; pero
el amigo del esposo, el que está a su lado y lo oye,
se alegra mucho al oír la voz del esposo. Así que mi
gozo es completo. 30 Él debe crecer y yo menguar.

El que viene del cielo

El que viene de lo alto está sobre todos; 31 el que
tiene su origen en la tierra es terreno y habla de co-
sas de la tierra. El que viene del cielo está sobre to-
dos. 32 Da testimonio de lo que ha visto y oído, pero
nadie acepta su testimonio. 33 El que lo acepta certifi-
ca que Dios dice la verdad, 34 porque el que Dios ha
enviado dice las palabras de Dios, pues Dios le ha
dado su Espíritu sin medida. 35 El Padre ama al Hijo y
le ha confiado todo; 36 el que cree en el Hijo tiene vida
eterna; el que no quiere creer en el Hijo no tendrá la
vida, sino que la ira de Dios pesa sobre él.

Encuentro con la samaritana

4 [1]Cuando supo Jesús que los fariseos conocían
que él hacía y bautizaba más discípulos que Juan
[2](aunque él mismo no bautizaba, sino sus discípu-
los), [3]dejó Judea y salió otra vez para Galilea.
[4]Tenía que pasar por Samaría y [5]llegó a un pueblo
llamado Sicar, junto a la heredad que Jacob dio a
su hijo José. [6]Allí estaba el pozo de Jacob. Jesús, can-
sado del camino, se sentó junto al pozo. Era cerca
del mediodía.
[7]Llegó una mujer de Samaría a sacar agua, y Jesús
le dijo:
–Dame de beber.
[8]Sus discípulos habían ido a la ciudad a comprar
de comer. [9]La samaritana le dijo:
–¿Cómo tú, siendo judío, me pides de beber a mí,
que soy samaritana? (Es que los judíos no se tratan
con los samaritanos).
[10]Jesús contestó:
–Si conocieras el don de Dios y quién es el que te
pide de beber, tú le habrías pedido a él, y él te ha-
bría dado agua viva.
[11]La mujer le dijo:
–Señor, no tienes con qué sacarla y el pozo es
profundo; ¿de dónde vas a sacar esa agua viva?
[12]¿Eres acaso tú más que nuestro padre Jacob, que

nos dio este pozo, del cual bebió él, sus hijos y sus ganados?
[13]Jesús le respondió:
–El que bebe esta agua tendrá otra vez sed, [14]pero
el que beba del agua que yo le dé no tendrá sed jamás; más aún, el agua que yo le daré será en él manantial que salta hasta la vida eterna.
[15]La mujer le dijo:
–Señor, dame esa agua para no tener sed ni venir aquí a sacarla.
[16]Jesús contestó:
–Anda, llama a tu marido y vuelve aquí.
[17]La mujer contestó:
–No tengo marido.
Jesús le dijo:
–Muy bien has dicho que no tienes marido, [18]por-
que has tenido cinco maridos, y el que ahora tienes no es marido tuyo. En esto has dicho la verdad.
[19]La mujer dijo:
–Señor, veo que tú eres profeta. [20]Nuestros padres
adoraron a Dios en este monte, y vosotros decís que el sitio donde se ha de adorar es Jerusalén.
[21]Jesús le dijo:
–Créeme, mujer: se acerca la hora en que ni en
este monte ni en Jerusalén adoraréis al Padre. [22]Vo-
sotros adoráis lo que no conocéis; nosotros adoramos lo que conocemos, porque la salvación viene de

los judíos. [23]Pero llega la hora, y en ella estamos, en
que los verdaderos adoradores adorarán al Padre en
espíritu y en verdad, porque así son los adoradores
que el Padre quiere. [24]Dios es espíritu, y sus adora-
dores han de adorarlo en espíritu y en verdad.
[25]La mujer le dijo:
–Sé que vendrá el Mesías (es decir, el Cristo).
Cuando él venga, nos lo aclarará todo.
[26]Jesús le contestó:
–Soy yo, el que habla contigo.
[27]En esto llegaron sus discípulos y se admiraron de
que estuviera hablando con una mujer, pero ningu-
no se atrevió a decirle qué le estaba preguntando o
por qué estaba hablando con ella.
[28]La mujer dejó su cántaro y fue a la ciudad a de-
cir a la gente:
[29]–Venid a ver un hombre que me ha adivinado
todo lo que he hecho. ¿Será acaso éste el Mesías?
[30]Salieron de la ciudad y fueron adonde estaba Jesús.
[31]Entretanto sus discípulos le insistían:
–Maestro, come.
[32]Pero él les dijo:
–Yo tengo una comida que vosotros no conocéis.
[33]Los discípulos se decían unos a otros:
–¿Le habrá traído alguien de comer?
[34]Jesús les dijo:
–Mi alimento es hacer la voluntad del que me en-

vió y completar su obra. 35¿No decís vosotros que fal-
tan todavía cuatro meses para la siega? Pues yo os
digo: Alzad los ojos y ved los campos ya dorados para
la siega. 36El segador cobra el salario y recoge el fru-
to para la vida eterna; así se alegra tanto el que sie-
ga como el que siembra, 37porque en esto se cumple
aquel proverbio: Uno es el que siembra y otro el que
siega. 38Yo os he enviado a segar lo que no habéis
trabajado; otros han trabajado, y vosotros os habéis
beneficiado de su trabajo.

39Muchos samaritanos de aquella ciudad creyeron
en él por el testimonio de la mujer, que decía:

–Me ha adivinado todo lo que he hecho.

40Cuando llegaron los samaritanos, le rogaron que
se quedara con ellos y él se quedó allí dos días. 41Cre-
yeron muchos más al oírlo, 42y decían a la mujer:

–Ya no creemos por lo que tú nos has dicho; noso-
tros mismos lo hemos oído y estamos convencidos de
que éste es de verdad el salvador del mundo.

JESÚS, PALABRA QUE DA VIDA

Segundo signo: curación del hijo de un funcionario del rey

(Mt 8,5-13; Lc 7,1-10)

43Después de estos dos días salió de allí para Gali-
lea. 44El mismo Jesús había afirmado que ningún pro-

feta es bien considerado en su propio país. [45]Cuando llegó a Galilea, los galileos, testigos oculares de todo lo que había hecho en Jerusalén durante la fiesta, lo recibieron muy bien.

[46]Jesús regresó a Caná de Galilea, donde había convertido el agua en vino. Un funcionario del rey tenía un hijo enfermo en Cafarnaún. [47]Al oír que Jesús venía de Judea a Galilea, salió a su encuentro y le suplicó que fuera a curar a su hijo, que estaba moribundo. [48]Jesús le dijo:

–Si no veis milagros y portentos, no creéis.

[49]Pero el funcionario insistía:

–Señor, ven antes que muera mi hijito.

[50]Jesús respondió:

–Vete, tu hijo vive.

El hombre creyó en la palabra de Jesús y se fue. [51]Cuando iba de regreso, sus criados salieron a su encuentro y le dijeron:

–Tu hijo vive.

[52]Les preguntó a qué hora había empezado a mejorar, y le dijeron:

–Ayer, a la una de la tarde le dejó la fiebre.

[53]El padre reconoció que aquella era la hora en que Jesús le había dicho que su hijo vivía. Y creyó en él con toda su casa. [54]Éste fue el segundo milagro que hizo Jesús al ir de Judea a Galilea.

Tercer signo: curación de un paralítico

5 [1]Después de esto los judíos celebraban una fies-
ta, y Jesús fue a Jerusalén. [2]Hay en Jerusalén, jun-
to a la Puerta de las Ovejas, una piscina llamada en
hebreo Betesda, con cinco soportales. [3]Allí se reunían
muchos enfermos, ciegos, cojos y paralíticos. [4]Perió-
dicamente bajaba un ángel a la piscina y agitaba el
agua; y el primero que se mentía apenas agitada el
agua quedaba curado. [5]Había allí un hombre enfer-
mo desde hacía treinta y ocho años. [6]Jesús lo vio
echado y, sabiendo que llevaba mucho tiempo, le dijo:
–¿Quieres curarte?
[7]El enfermo le respondió:
–Señor, no tengo a nadie que, al agitarse el agua,
me meta en la piscina; y en lo que yo voy, otro baja
antes que yo.
[8]Jesús le dijo:
–Levántate, toma tu camilla y anda.
[9]En aquel mismo instante el hombre quedó cura-
do, tomó la camilla y comenzó a andar. Aquel día
era sábado.
[10]Los judíos dijeron al que había sido curado:
–Es sábado y no puedes llevar la camilla.
[11]Él les dijo:
–El mismo que me curó me dijo: «Toma tu cami-
lla y anda».

12Le preguntaron:
–¿Quién es el hombre que te dijo que tomases la
camilla y echases a andar?
13Pero él no sabía quién era, porque Jesús había
desaparecido entre la mucha gente que allí había.
14Más tarde Jesús lo encontró en el templo y le dijo:
–Mira, has sido curado; no peques más, para que
no te suceda algo peor.
15Él fue y dijo a los judíos que le había curado Je-
sús. 16Y los judíos perseguían a Jesús porque hacía
tales cosas en sábado.
17Jesús les dijo:
–Mi Padre no deja de trabajar, y yo también tra-
bajo.
18Por eso principalmente los judíos querían matar-
lo; porque no sólo violaba el sábado, sino que tam-
bién llamaba a Dios su propio Padre, haciéndose
igual a Dios.

La autoridad del Hijo de Dios

19Jesús prosiguió:
–Os aseguro que el Hijo no puede hacer nada de
por sí que no vea hacerlo al Padre. Lo que éste hace
lo hace igualmente el Hijo, 20porque el Padre ama
al Hijo y le muestra todo cuanto hace; y le mostra-
rá obras mayores que éstas, de tal manera que os
quedaréis asombrados.

21Pues como el Padre resucita a los muertos y los
hace revivir, así también el Hijo da la vida a los que
quiere. 22El Padre no juzga a nadie, sino que ha en-
tregado al Hijo toda potestad de juzgar, 23para que
todos honren al Hijo como honran al Padre. El que
no honra al Hijo no honra al Padre que lo envió.
24Os aseguro que el que escucha mis palabras y
cree en el que me ha enviado tiene vida eterna y
no será condenado, sino que ha pasado de la muer-
te a la vida.
25Os aseguro que llega la hora, mejor aún, ha lle-
gado ya, en que los muertos escucharán la voz del
Hijo de Dios, y los que la escuchen vivirán. 26Por-
que como el Padre tiene vida en sí mismo, así ha
dado al Hijo que tenga vida en sí mismo; 27y le ha
dado potestad de juzgar, ya que es el Hijo del Hom-
bre. 28No os maravilléis de esto, pues llegará la hora
en que todos los que están en los sepulcros oirán su
voz 29y saldrán: los que hicieron el bien resucitarán
para la vida, y los que hicieron el mal resucitarán
para la condenación.

El testimonio en favor de Jesús

30Yo no puedo hacer nada por mí mismo; yo juzgo
como me ordena el Padre, y mi juicio es justo por-
que no busco mi voluntad, sino la voluntad del que

me envió. [31]Si yo testificara de mí mismo, mi testi-
monio no sería verdadero; [32]otro es el que testifica
de mí, y sé que es verdadero el testimonio que da
de mí. [33]Vosotros enviasteis una embajada a Juan, y
él dio testimonio de la verdad; [34]yo no necesito tes-
timonio de ningún hombre, digo estas cosas para que
vosotros os salvéis. [35]Juan era la antorcha que arde
y luce, y vosotros quisisteis recrearos con su luz por
un momento. [36]Pero yo tengo un testimonio mayor
que el de Juan, pues las obras que el Padre me en-
cargó realizar, las mismas que yo hago, testifican de
mí que el Padre me ha enviado. [37]El Padre que me
envió ha dado también testimonio de mí. No habéis
oído jamás su voz, ni habéis visto su rostro, [38]ni guar-
dáis su palabra, pues no creéis en el que él ha en-
viado. [39]Estudiáis cuidadosamente las Escrituras pen-
sando encontrar en ellas la vida eterna; ellas
testifican de mí, [40]¡y no queréis venir a mí para te-
ner vida!

[41]No acepto honores humanos; [42]yo sé bien que no
amáis a Dios. [43]Yo he venido en nombre de mi Pa-
dre, y vosotros no me aceptáis; si otro viniera en su
propio nombre, a ése lo aceptaríais. [44]¿Cómo podéis
creer, si sólo buscáis honores los unos de los otros, y
no buscáis el honor que viene del Dios único? [45]No
creáis que yo os acuso ante el Padre; os acusa Moi-
sés, en quien vosotros esperáis; [46]porque si creyeseis

en Moisés, creeríais en mí, pues él escribió de mí.
[47]Pero si no creéis en sus escritos, ¿cómo creeréis en
mis palabras?

JESÚS, PAN DE VIDA

Cuarto signo: multiplicación de los panes

(Mt 14,13-21; Mc 6,31-44; Lc 9,11-17)

6 [1]Después Jesús pasó al otro lado del lago de Ga-
lilea (o de Tiberíades). [2]La gente lo seguía, por-
que veían los signos que hacía con los enfermos. [3]Je-
sús subió al monte y allí se sentó con sus discípulos.
[4]Estaba cerca la Pascua, la fiesta de los judíos. [5]Je-
sús alzó los ojos y, al ver tanta gente, dijo a Felipe:
–¿Dónde compraremos panes para que coman to-
dos estos?
[6](Lo decía para probarlo, pues él sabía lo que iba
a hacer). [7]Felipe le contestó:
–El sueldo de un año no bastaría para que cada
uno de ellos comiera un poco.
[8]Entonces uno de los discípulos, Andrés, el her-
mano de Simón Pedro, dijo:
–[9]Aquí hay un muchacho que tiene cinco panes
de cebada y dos peces; pero, ¿qué es esto para tan-
tos?
[10]Jesús dijo:

–Decidles que se sienten.
Había mucha hierba en aquel sitio. Eran unos cin-
co mil hombres. 11Jesús tomó los panes, dio gracias
y los distribuyó entre todos; y lo mismo hizo con los
peces. Les dio todo lo que quisieron. 12Cuando se
saciaron, dijo a sus discípulos:

–Recoged los trozos sobrantes para que no se pier-
da nada.

13Los recogieron, y llenaron doce canastos de las
sobras de los cinco panes de cebada.

14La gente, al ver el milagro que había hecho Je-
sús, decía:

–Este es el profeta que tenía que venir al mundo.

15Y Jesús, dándose cuenta de que querían llevár-
selo para hacerle rey, se retiró otra vez al monte él
solo.

Quinto signo: camina sobre el agua
(Mt 11,22-27; Mc 6,45-52)

16Al llegar la tarde, los discípulos bajaron al lago,
17subieron a una barca y se dirigieron a la otra orilla
rumbo a Cafarnaún. Había ya oscurecido, y Jesús no
se había aún juntado con ellos. 18Un fuerte viento
agitaba el lago. 19Habían remado como unos cinco
kilómetros cuando vieron a Jesús que caminaba so-
bre el mar y se acercaba a la barca, y se asustaron.

[20]Él les dijo:
–Soy yo, no temáis.
[21]Quisieron recogerlo en la barca, y al instante la
barca tocó tierra en el lugar adonde se dirigían.

Discurso sobre el pan de vida

[22]Al día siguiente la gente que se había quedado
a la otra parte del lago notó que allí había sólo una
barca y que Jesús no había subido a ella con sus dis-
cípulos, pues estos se habían ido solos.
[23]Entretanto llegaron otras barcas de Tiberíades y
atracaron cerca de donde habían comido el pan des-
pués que el Señor dio gracias. [24]Cuando la gente vio
que no estaban allí ni Jesús ni sus discípulos, subie-
ron a las barcas y fueron a Cafarnaún en busca de
Jesús. [25]Lo encontraron al otro lado del lago y le di-
jeron:
–Maestro, ¿cuándo has venido aquí?
[26]Jesús les contestó:
–Os aseguro que no me buscáis porque habéis
visto signos, sino porque habéis comido pan hasta
hartaros. [27]Procuraos no el alimento que pasa, sino
el que dura para la vida eterna, el que os da el Hijo
del Hombre, a quien Dios Padre acreditó con su
sello.
[28]Le preguntaron:

–¿Qué tenemos que hacer para trabajar como Dios
quiere?
[29]Jesús les respondió:
–Lo que Dios quiere que hagáis es que creáis en
el que él ha enviado.
[30]Le replicaron:
–¿Qué milagros haces tú para que los veamos y
creamos en ti?, ¿cuál es tu obra? [31]Nuestros padres
comieron el maná en el desierto, como está escrito:
Les dio a comer pan del cielo (Sal 78,24). [32]Jesús les
dijo:
–Os aseguro que no fue Moisés quien os dio el pan
del cielo; mi Padre es el que os da el verdadero pan
del cielo, [33]porque el pan de Dios es el que baja del
cielo y da la vida al mundo.
[34]Ellos le dijeron:
–Señor, danos siempre de ese pan.
[35]Jesús les dijo:
–Yo soy el pan de la vida. El que viene a mí no
tendrá hambre y el que cree en mí no tendrá sed
jamás. [36]Pero ya os he dicho que, aunque me habéis
visto, no creéis. [37]Todos los que el Padre me da ven-
drán a mí, y al que viene a mí no lo rechazo; [38]pues
he bajado del cielo no para hacer mi voluntad, sino
la voluntad del que me ha enviado. [39]Y ésta es la
voluntad del que me ha enviado: que no pierda a
ninguno de los que él me ha dado, sino que los re-

sucite en el último día. [40]Pues es voluntad de mi Pa-
dre que todo el que vea al Hijo y crea en él tenga
vida eterna y lo resucite en el último día.

[41]Los judíos criticaban a Jesús porque había dicho
que él era el pan bajado del cielo, [42]y decían:

–¿No es este Jesús, el hijo de José? Nosotros co-
nocemos a su padre y a su madre. ¿Cómo dice aho-
ra que ha bajado del cielo?

[43]Jesús les dijo:

–Dejad de criticar. [44]Nadie puede venir a mí si
el Padre que me envió no lo trae, y yo lo resucita-
ré en el último día. [45]Está escrito en los profetas:
Todos serán enseñados por Dios (Is 54,13; Jer 31,33-
34). Todo el que escucha al Padre y acepta su en-
señanza viene a mí. [46]Esto no quiere decir que al-
guien haya visto al Padre; sólo ha visto al Padre el
que procede de Dios. [47]Os aseguro que el que cree
tiene vida eterna.

[48]Yo soy el pan de la vida. [49]Vuestros padres co-
mieron el maná en el desierto y murieron. [50]Éste es
el pan que baja del cielo; el que come de él no mue-
re. [51]Yo soy el pan vivo bajado del cielo: el que coma
de este pan vivirá eternamente; y el pan que yo daré
es mi carne por la vida del mundo.

El pan eucarístico: comunión con Cristo

52 Los judíos discutían entre ellos:
–¿Cómo puede este darnos a comer su carne?
53 Jesús les dijo:
–Os aseguro que si no coméis la carne del Hijo del
Hombre y no bebéis su sangre no tendréis vida en
vosotros. 54 El que come mi carne y bebe mi sangre
tiene vida eterna, y yo lo resucitaré en el último día.
55 Porque mi carne es verdadera comida y mi sangre
verdadera bebida. 56 El que come mi carne y bebe mi
sangre vive en mí y yo en él. 57 Como el Padre que
me ha enviado vive y yo vivo por el Padre, así el que
me come vivirá por mí. 58 Éste es el pan que ha bajado del cielo; no como el que comieron nuestros
padres, y murieron. El que come este pan vivirá eternamente.
59 Dijo todo esto enseñando en la sinagoga de Cafarnaún.

Jesús tiene palabras de vida eterna

60 Muchos de sus discípulos, al oírlo, dijeron:
–Esto que dice es inadmisible. ¿Quién puede aceptarlo?
61 Jesús, conociendo que sus discípulos hacían esas
críticas, les dijo:

–¿Esto os escandaliza? 62¡Pues si vierais al Hijo del
Hombre subir adonde estaba antes! 63El Espíritu es
el que da vida, la carne no sirve para nada. Las pa-
labras que os he dicho son espíritu y vida, 64pero en-
tre vosotros hay algunos que no creen.

(Jesús ya sabía desde el principio quiénes eran los
que no creían y quién lo iba a traicionar). 65Y aña-
dió:

–Por esto os he dicho que nadie puede venir a mí
si el Padre no se lo concede.

66Desde entonces muchos de sus discípulos se vol-
vieron atrás y no andaban con él.

67Jesús preguntó a los Doce:

–¿También vosotros queréis marcharos?

68Simón Pedro le contestó:

–Señor, ¿a quién iremos? Tú tienes palabras de
vida eterna y 69nosotros creemos y sabemos que tú
eres el Santo de Dios.

70Jesús le respondió:

–¿No os elegí yo a los Doce? Y, sin embargo, uno
de vosotros es un diablo.

71Hablaba de Judas, hijo de Simón Iscariote, pues
éste, precisamente uno de los Doce, lo iba a traicio-
nar.

JESÚS, LUZ Y VIDA

Incredulidad de los parientes de Jesús
(Mc 3,31; Jn 3,19-21; 15,18)

7 1Después de esto Jesús andaba por Galilea y evi-
taba andar por Judea porque los judíos busca-
ban la ocasión para matarlo. 2Estaba cerca la fiesta
judía de las Cabañas y 3sus hermanos le dijeron:
–Vete a Judea, para que también tus discípulos
vean las obras que haces; 4nadie actúa en secreto si
quiere darse a conocer; ya que haces tales cosas, date
a conocer a todo el mundo.
5Porque ni sus hermanos creían en él. 6Jesús les
dijo:
–Todavía no ha llegado mi hora; sin embargo, para
vosotros cualquier hora es buena. 7El mundo no os
puede odiar; pero a mí me odia, porque denuncio
que sus obras son malas. 8Id vosotros a la fiesta; yo
no voy porque todavía no ha llegado mi hora. 9Dijo
esto, y se quedó en Galilea.

Jesús en la fiesta de las Cabañas

10En cuanto sus hermanos fueron a la fiesta, él tam-
bién fue, pero no públicamente, sino en secreto. 11Los
judíos lo buscaban durante la fiesta y decían:

–¿Dónde está ese?
[12]Acerca de él había muchas habladurías entre la gente. Unos decían:
–Es un hombre bueno.
Otros, por el contrario, comentaban:
–Nada de bueno: engaña a la gente.
[13]Pero nadie hablaba públicamente de él por mie-
do a los judíos. [14]Mediada ya la fiesta, Jesús subió al
templo y se puso a enseñar. [15]Los judíos se pregun-
taban sorprendidos:
–¿Cómo sabe tanto sin haber estudiado?
[16]Jesús replicó:
–Esta enseñanza no es mía, sino del que me ha
enviado. [17]El que quiera hacer la voluntad de Dios
conocerá si mi enseñanza es de Dios o si hablo por
mi cuenta. [18]El que habla por su propia cuenta bus-
ca su propio honor; pero el que busca el honor del
que lo ha enviado es sincero y en él no hay injusti-
cia. [19]¿No os ha dado Moisés la Ley? Y, sin embar-
go, ninguno de vosotros la cumple. ¿Por qué inten-
táis matarme?
[20]La gente contestó:
–¡Estás endemoniado! ¿Quién intenta matarte?
[21]Jesús les contestó:
–Una obra hice, y todos estáis maravillados. [22]Pues
bien: Moisés os ha impuesto la circuncisión (no es
que venga de Moisés, sino de los patriarcas) y voso-

tros circuncidáis hasta en sábado. [23]Por tanto, si el
hombre recibe la circuncisión en sábado y no por eso
se quebranta la Ley de Moisés, ¿por qué os irritáis
contra mí por haber curado a un hombre en sábado? [24]No juzguéis por las apariencias, juzgad con rectitud.

¿Será Jesús el Mesías?

[25]Algunos de Jerusalén decían:
–¿No es éste el que intentaban matar? [26]Habla en
público y nadie le dice una palabra. ¿Acaso habrán
reconocido los jefes que este es verdaderamente el
Mesías? [27]Pero este sabemos de dónde es; en cambio,
cuando venga el Mesías, nadie sabrá de dónde es.
[28]Jesús, que estaba enseñando en el templo, al oír
esto levantó la voz:
–Me conocéis, sí, y sabéis de dónde soy; pero no
he venido por mi propia cuenta, sino que me ha enviado el que es veraz, al que vosotros no conocéis.
[29]Yo lo conozco, porque procedo de él y él me ha enviado.
[30]Querían prenderlo, pero nadie puso en él las
manos porque su hora no había llegado todavía.
[31]Muchos del pueblo creyeron en él y comentaban:
–Cuando venga el Mesías, ¿hará signos mayores
que los que hace este?

32Los fariseos oyeron lo que la gente decía de él y,
de acuerdo con los sumos sacerdotes, mandaron
guardias a prenderlo. 33Jesús les dijo:
–Todavía estaré con vosotros un poco de tiempo,
luego volveré al que me envió. 34Me buscaréis, pero
no me encontraréis; donde yo esté no podéis ir vosotros.

35Los judíos comentaban:
–¿Adónde irá éste, para que nosotros no podamos
encontrarlo? ¿Se irá tal vez con los judíos emigrados
entre los griegos para enseñarles? 36¿Qué significa
esto que dice: «Me buscaréis, pero no me encontraréis,
porque donde yo esté no podéis ir vosotros?».

Último día de la fiesta: ríos de agua viva

37El último día, el más solemne de la fiesta, Jesús
puesto en pie proclamó:
–Si alguien tiene sed, que se acerque a mí; 38quien
crea en mí, que beba. Como dice la Escritura: *De su entraña brotarán ríos de agua viva* (Is 55,1-3; 50,11; Zac 14,11).

39Eso lo dijo refiriéndose al Espíritu que habrían de recibir los que creyeran en él. Pues aún no había Espíritu, porque Jesús no había sido glorificado.

40Al escuchar estas palabras, algunos de entre la
gente decían:

–Este es verdaderamente el profeta.

41Otros decían:

–Este es el Mesías.

Otros, por el contrario:

–¿Acaso el Mesías puede venir de Galilea? 42¿No
dice la Escritura que el Mesías tiene que venir de la
estirpe de David y *de Belén* (2Sam 7,12), el puebleci-
to de David?

43Había, pues, una gran división de opiniones acer-
ca de Jesús. 44Algunos querían prenderlo, pero na-
die se atrevió a ponerle la mano encima. 45Los guar-
dias volvieron sin él. Los fariseos y los sumos
sacerdotes les preguntaron:

–¿Por qué no lo habéis traído?

46Los guardias respondieron:

–Nadie ha hablado jamás como habla este hombre.

47Los fariseos les contestaron:

–¿También vosotros os habéis dejado engañar?
48¿Ha creído acaso en él algún jefe o algún fariseo?
49Esa gente que no conoce la Ley son unos maldi-
tos.

50Uno de ellos, Nicodemo, que había ido a él an-
teriormente, les dijo:

51–¿Acaso nuestra Ley permite condenar a alguien
sin haberlo escuchado y sin saber qué ha hecho?

[52]Los otros le replicaron:
–¿También tú eres de Galilea? Investiga las Escri-
turas y verás que de Galilea no puede salir ningún
profeta.
[53]Y cada uno se fue a su casa.

La mujer adúltera

8 [1]Jesús se fue al monte de los Olivos. [2]Al ama-
necer estaba de nuevo en el templo. Todo el
pueblo acudía a él; y él, sentado, les enseñaba. [3]Los
maestros de la Ley y los fariseos le llevaron una mu-
jer sorprendida en adulterio, la pusieron en medio y
le dijeron:
[4]–Maestro, esta mujer ha sido sorprendida en fla-
grante adulterio; [5]en la Ley, Moisés mandó apedrear
a estas mujeres; tú, ¿qué dices?
[6]Decían esto para probarlo y tener de qué acusar-
lo. Pero Jesús, agachándose, se puso a escribir con
el dedo en el suelo. [7]Como insistían en la pregunta,
se incorporó y les dijo:
–El que de vosotros no tenga pecado, que tire la
primera piedra.
[8]Y, agachándose otra vez, continuó escribiendo en
el suelo. [9]Al oír estas palabras se fueron uno tras
otro, comenzando por los más ancianos, y se quedó
Jesús solo, con la mujer allí en medio. [10]Entonces Je-
sús se alzó y le preguntó:

–Mujer, ¿dónde están? ¿Ninguno te ha condenado?
11Ella contestó:
–Ninguno, Señor.
Jesús le dijo:
–Pues tampoco yo te condeno. Vete, y no peques más.

Jesús, luz del mundo

12Jesús les habló de nuevo:
–Yo soy la luz del mundo: el que me siga no andará en tinieblas, sino que tendrá la luz de la vida.
13Los fariseos le dijeron:
–Tú das testimonio de ti mismo; por tanto tu testimonio no es válido.
14Jesús les respondió:
–Aunque yo dé testimonio de mí mismo, mi testimonio es válido, porque sé de dónde vengo y adónde voy, pero vosotros no sabéis de dónde vengo y
adónde voy. 15Vosotros juzgáis con criterios mundanos; yo no juzgo a nadie; 16y si juzgo, mi juicio es
válido, porque no estoy solo, pues el Padre que me
envió está conmigo. 17En vuestra Ley está escrito que
el testimonio coincidente de dos hombres es válido.
18Yo doy testimonio de mí mismo, y lo da también
el Padre que me ha enviado.
19Entonces le preguntaron:

–¿Dónde está tu Padre?
Jesús respondió:
–Ni me conocéis a mí ni a mi Padre; si me conocierais a mí, conoceríais también a mi Padre.
[20]Así habló junto al tesoro enseñando en el templo, y ninguno se atrevió a detenerlo porque aún no había llegado su hora.

Donde yo voy no podéis ir vosotros

[21]En otra ocasión les dijo Jesús:
–Yo me voy; me buscaréis, pero moriréis en vuestro pecado: adonde yo voy, no podéis ir vosotros.
[22]Los judíos decían:
–¿Irá a suicidarse y por eso dice: «Adonde yo voy, no podéis ir vosotros»?.
[23]Jesús continuó:
–Vosotros sois de abajo, yo soy de arriba; vosotros
sois de este mundo, yo no soy de este mundo. [24]Os
he dicho que moriréis en vuestros pecados, porque si no creéis que «yo soy» moriréis en vuestros pecados.
[25]Entonces le preguntaron:
–Pero ¿quién eres tú?
Jesús les contestó:
–Precisamente es lo que os estoy diciendo desde
el principio. [26]Tengo muchas cosas que decir y con-
denar de vosotros. Pero el que me envió dice la ver-

dad, y yo digo al mundo lo que le he oído a él.
27Ellos no entendieron que les hablaba del Padre.
28Jesús les dijo:
–Cuando hayáis levantado al Hijo del Hombre, conoceréis que yo soy y que nada hago por mi cuenta, sino que digo lo que me enseñó el Padre.
29El que me ha enviado está conmigo y no me deja solo, porque yo hago siempre lo que le agrada.
30Cuando dijo esto, muchos creyeron en él.

La verdad os hará libres

31Jesús dijo a los judíos que habían creído en él:
–Si os mantenéis firmes en mi doctrina, sois verdaderamente discípulos míos;
32conoceréis la verdad y la verdad os hará libres.
33Ellos le replicaron:
–Somos descendientes de Abrahán y jamás hemos servido a nadie; ¿cómo dices tú que seremos libres?
34Jesús les respondió:
–Os aseguro que quien comete pecado es un esclavo;
35y el esclavo no vive en la casa para siempre, el hijo sí.
36Por tanto, si el Hijo os da la libertad, seréis verdaderamente libres.

¿Hijos de Abrahán o hijos del diablo?

37 Ya sé que sois descendientes de Abrahán, pero
intentáis matarme porque no aceptáis mi enseñan-
za. 38 Yo hablo de lo que he visto estando junto al Pa-
dre, y vosotros hacéis lo que habéis aprendido de
vuestro padre.
39 Le contestaron:
–Nuestro padre es Abrahán.
Jesús les contestó:
–Si fuerais hijos de Abrahán, haríais lo que él hizo.
40 Sin embargo, tratáis de matarme a mí, que os he
dicho la verdad que oí de Dios. Esto no lo hacía
Abrahán. 41 Vosotros hacéis lo que hace vuestro pa-
dre.
Le replicaron:
–Nosotros no somos hijos bastardos; tenemos un
solo padre: Dios.
42 Jesús les dijo:
–Si Dios fuera vuestro Padre, me amaríais, porque
yo vengo de parte de Dios y aquí me tenéis; no he
venido por propia cuenta, sino que me ha enviado
él. 43 ¿Por qué no entendéis mi lenguaje? Sencilla-
mente porque no queréis aceptar mi doctrina. 44 Vo-
sotros sois hijos del diablo y queréis cumplir los de-
seos de vuestro padre. Él fue homicida desde el
principio y no se mantuvo en la verdad, pues no hay

verdad en él. Cuando dice la mentira, habla según
su propia naturaleza, porque es mentiroso y padre
de la mentira. 45Pero a mí no me creéis porque digo
la verdad. 46¿Quién de vosotros podrá acusarme con
razón de que he cometido alguna falta? Si digo ver-
dad, ¿por qué no me creéis? 47El que es de Dios acep-
ta las palabras de Dios; vosotros no las aceptáis por-
que no sois de Dios.

Jesús y Abrahán

48Los judíos le replicaron:
–Con razón decimos que eres samaritano y que
estás endemoniado.
49Jesús contestó:
–Yo no estoy endemoniado; lo que hago es hon-
rar a mi Padre; vosotros, en cambio, me deshonráis
a mí. 50Yo no busco mi honor; hay uno que se pre-
ocupa de eso y es él quien puede juzgar. 51Os asegu-
ro que el que guarda mi palabra nunca morirá.
52Los judíos le dijeron:
–Ahora estamos seguros de que estás endemonia-
do: Abrahán y los profetas murieron, y tú dices: «El
que guarde mi palabra nunca morirá». 53¿Acaso eres
tú más que nuestro padre Abrahán, que murió? Y
los profetas también murieron. ¿Por quién te tienes?
54Jesús respondió:

–Si yo me diera a mí mismo el honor, mi honor
no sería nada. Es mi Padre el que me honra, el que
decís vosotros que es vuestro Dios, [55]y no lo cono-
céis. Pero yo lo conozco y, si dijera que no lo conoz-
co, sería un mentiroso como vosotros. Lo conozco y
guardo su palabra. [56]Vuestro padre Abrahán se ale-
gró deseando ver mi día: lo vio y se regocijó.
[57]Los judíos le dijeron:
–No tienes cincuenta años, ¿y has visto a Abra-
hán?
[58]Jesús les dijo:
–Os aseguro que antes que naciera Abrahán existo
yo.
[59]Entonces agarraron piedras para tirárselas, pero
Jesús se escondió y salió del templo.

JESÚS, LUZ QUE JUZGA AL MUNDO

Sexto signo: Jesús da la vista a un ciego de nacimiento

9 [1]De camino, vio a un hombre ciego de naci-
miento. [2]Sus discípulos le preguntaron:
–Maestro, ¿quién pecó, éste o sus padres, para que
naciera ciego?
[3]Jesús respondió:
–Ni éste ni sus padres. Nació ciego para que res-

plandezca en él el poder de Dios. [4]Debemos hacer
las obras del que me envió mientras es de día; cuan-
do viene la noche, nadie puede trabajar. [5]Mientras
estoy en el mundo soy la luz del mundo.
[6]Dicho esto, escupió en tierra e hizo lodo con la
saliva, le untó con ello los ojos y le dijo:
[7]–Ve a lavarte en la piscina de Siloé (que signifi-
ca «Enviado»).
Fue, se lavó y volvió con vista. [8]Entonces los ve-
cinos y los que solían verlo pidiendo limosna decían:
–¿No es este el que se sentaba a pedir?
Unos decían:
–Sí, es el mismo.
[9]Otros:
–No es el mismo, pero se le parece.
Pero él decía:
–Soy yo.
[10]Ellos le preguntaban:
–¿Cómo se te han abierto los ojos?
[11]Él les contestó:
–Ese hombre que se llama Jesús hizo barro, me
untó los ojos y me dijo que fuera a lavarme a Siloé.
Fui, me lavé y vi.
[12]Le preguntaron:
–¿Dónde está ese hombre?
Él les contestó:
–No lo sé.

Los fariseos investigan

[13]Llevaron a los fariseos al hombre que antes ha-
bía sido ciego, [14]pues era sábado el día en que Jesús
había hecho barro y abierto sus ojos. [15]Los fariseos,
por su parte, le preguntaron cómo había obtenido
la vista. Él les respondió:

–Me puso barro en los ojos, me lavé y veo.

[16]Algunos fariseos dijeron:

–Ése no puede ser un hombre de Dios, pues no guarda el sábado.

Otros decían:

–¿Cómo puede hacer tales milagros un hombre pecador?

Estaban divididos y le [17]preguntaron de nuevo al
ciego:

–A ti te ha abierto los ojos: ¿qué piensas de él?

Él contestó:

–Que es un profeta.

[18]Los judíos no podían creer que hubiera sido cie-
go y ahora viese hasta que llamaron a sus padres [19]y
les preguntaron:

–¿Es éste vuestro hijo, del que decís que nació ciego? ¿Cómo es que ahora ve?

[20]Los padres contestaron:

–Sabemos que este es nuestro hijo y que nació cie-
go; [21]cómo ve ahora no lo sabemos; ignoramos quién

abrió sus ojos. Preguntádselo a él; ya es mayor y os
puede responder.
22Sus padres hablaron así por miedo a los judíos,
que habían decidido expulsar de la sinagoga al que
reconociera que Jesús era el Mesías. 23Por eso los pa-
dres dijeron: «Ya es mayor y os puede responder; pre-
guntádselo a él».
24Llamaron por segunda vez al que había sido cie-
go, y le dijeron:
–Di la verdad ante Dios; nosotros sabemos que
este hombre es pecador.
25Él respondió:
–No sé si es pecador o no; sólo sé que yo era cie-
go y ahora veo.
26Le preguntaron:
–¿Qué te hizo? ¿Cómo te abrió los ojos?
Respondió:
27–Ya os lo he dicho y no me habéis hecho caso;
¿por qué queréis oírlo otra vez? ¿Queréis también
vosotros haceros discípulos suyos?
28Ellos le insultaron diciendo:
–Tú serás discípulo suyo; nosotros lo somos de
Moisés. 29Nosotros sabemos que a Moisés le habló
Dios, pero de éste no sabemos ni de dónde viene.
30Él les contestó:
–Es curioso: vosotros no sabéis ni de dónde vie-
ne, y me ha abierto los ojos. 31Sabemos que Dios no

escucha a los pecadores, sino al que le es fiel y hace
su voluntad. 32Jamás se ha oído decir que alguien
haya abierto los ojos a un ciego de nacimiento. 33Si
él no viniera de Dios, no podría hacer nada.
34Ellos replicaron:
–Eres puro pecado desde que naciste, y ¿nos quieres enseñar a nosotros? Y lo expulsaron de la sinagoga.

Ceguera espiritual

35Jesús oyó que lo habían expulsado; fue a buscarlo y le dijo:
–¿Tú crees en el Hijo del Hombre?
36Él le respondió:
–¿Quién es, Señor, para que pueda creer en él?
37Jesús le dijo:
–Lo estás viendo, es el que habla contigo.
38Respondió:
–Creo, Señor.
Y se puso de rodillas ante él.
39A continuación Jesús declaró:
–Yo he venido a este mundo para un juicio: para dar la vista a los ciegos y privar de ella a los que creen ver.
40Al oír esto, algunos fariseos que estaban con él
le preguntaron:

–¿Somos también nosotros ciegos?
41Jesús respondió:
–Si fueseis ciegos, no tendríais culpa; pero como
decís que veis, seguís en pecado.

El pastor y el rebaño

10 1Os aseguro que el que no entra por la puer-
ta en el redil de las ovejas, sino saltando por
otra parte, es un ladrón y un salteador. 2Pero el que
entra por la puerta es el pastor de las ovejas, 3el guar-
da le abre y las ovejas reconocen su voz. Llama a
sus ovejas por sus nombres y las saca fuera; 4y cuan-
do ha sacado todas sus ovejas, va delante de ellas, y
las ovejas lo siguen porque conocen su voz. 5Pero no
seguirán a un extraño, sino que huirán de él, por-
que no conocen la voz de los extraños.
6Jesús les puso esta comparación, pero ellos no en-
tendieron qué quería decir.

Jesús es el buen pastor

7Por eso Jesús se lo explicó así:
–Os aseguro que yo soy la puerta de las ovejas. 8To-
dos los que vinieron antes de mí eran ladrones y sal-
teadores, pero las ovejas no les hicieron caso. 9Yo soy
la puerta: el que entra por mí se salvará; entrará y

saldrá y encontrará pastos. [10]El ladrón sólo entra para
robar, matar y destruir. Yo he venido para que ten-
gan vida y la tengan en plenitud.

[11]Yo soy el buen pastor. El buen pastor da su vida
por las ovejas; [12]pero el asalariado, que no es el pas-
tor ni el propietario de las ovejas, cuando ve venir
al lobo, deja las ovejas y huye, y el lobo las ataca y
las dispersa, [13]porque es un asalariado y no le impor-
tan las ovejas. [14]Yo soy el buen pastor: conozco mis
ovejas y ellas me conocen a mí, [15]igual que mi Pa-
dre me conoce a mí y yo conozco al Padre; yo doy
mi vida por las ovejas. [16]Tengo otras ovejas que no
son de este redil. También a ellas tengo que apacen-
tarlas. Ellas escucharán mi voz, y habrá un solo re-
baño y un solo pastor.

[17]El Padre me ama, porque yo doy mi vida para re-
cobrarla de nuevo. [18]Nadie me la quita, sino que la
doy voluntariamente. Tengo el poder de darla y el
poder de recobrarla. Esta es la misión que he reci-
bido de mi Padre.

[19]Estas palabras causaron una nueva división en-
tre los judíos. [20]Muchos decían:

–Está endemoniado y loco. ¿Por qué lo escucháis?

[21]Otros decían:

–Estas palabras no son de un endemoniado. ¿Aca-
so un endemoniado puede abrir los ojos a los cie-
gos?

Los judíos rechazan a Jesús

[22]Era invierno. Se celebraba en Jerusalén la fiesta
de la Dedicación del templo y [23]Jesús se paseaba por
el pórtico de Salomón. [24]Los judíos lo rodearon y le
preguntaron:
–¿Hasta cuándo nos has de tener en vilo? Si tú
eres el Mesías, dínoslo claramente.
[25]Jesús les respondió:
–Os lo he dicho y no me habéis creído. Las obras
que yo hago en nombre de mi Padre lo demuestran
claramente; [26]pero vosotros no creéis, porque no sois
ovejas mías. [27]Mis ovejas escuchan mi voz, yo las co-
nozco y ellas me siguen; [28]yo les doy la vida eterna
y no perecerán jamás, no me las arrebatará nadie de
mis manos. [29]Mi Padre, que me las ha dado, es su-
perior a todos; y nadie puede arrebatar nada de la
mano de mi Padre. [30]El Padre y yo somos uno.
[31]De nuevo los judíos agarraron piedras para tirár-
selas. [32]Jesús les replicó:
–He hecho ante vosotros muchas obras buenas en
virtud del poder que he recibido del Padre; ¿por cuál
de ellas me queréis apedrear?
[33]Los judíos le contestaron:
–No te apedreamos por ninguna obra buena, sino
por haber blasfemado; porque tú, siendo hombre, te
haces Dios.

[34]Jesús les respondió:
–¿No está escrito en vuestra Ley: *Yo os digo que*
sois dioses? (Sal 82,6). [35]Si la Ley llamó dioses a los
que se dirigió la palabra de Dios, y la Escritura no
puede fallar, [36]¿por qué decís que blasfemo yo, que
he sido consagrado y enviado al mundo por el Pa-
dre, porque he dicho que soy Hijo de Dios? [37]Si no
hago las obras de mi Padre, no me creáis; [38]pero si
las hago, aunque no me creáis a mí, creed en las
obras, para que sepáis y reconozcáis que el Padre está
en mí y yo en el Padre.
[39]Intentaban prenderlo de nuevo, pero se les es-
capó de las manos.
[40]Fue nuevamente al otro lado del Jordán, al lu-
gar donde Juan había estado al principio bautizan-
do, y se quedó allí. [41]Muchos acudieron a él y de-
cían:
–Juan no hizo ningún milagro, pero todo lo que
dijo sobre este era verdad.
[42]Y muchos creyeron en él.

JESÚS, LA VIDA, VENCE A LA MUERTE

Séptimo signo: victoria sobre la muerte

11 [1]Un hombre llamado Lázaro, de Betania, el
pueblecito de María y de su hermana Marta,

había caído enfermo. [2]El enfermo era hermano de
María, la que había ungido con perfume al Señor y
le había enjugado los pies con sus cabellos. [3]Las her-
manas mandaron a decir a Jesús:
–Señor, tu amigo está enfermo.
[4]Jesús, al enterarse, dijo:
–Esta enfermedad no es de muerte, sino que tie-
ne como finalidad que resplandezca la gloria de Dios
y la gloria del Hijo de Dios.
[5]Jesús era muy amigo de Marta, de su hermana y
de Lázaro. [6]Y aunque supo que estaba enfermo, se
entretuvo aún dos días donde estaba. [7]Sólo enton-
ces dijo a sus discípulos:
–Vamos otra vez a Judea.
[8]Los discípulos le replicaron:
–Maestro, hace poco querían apedrearte los judíos,
y ¿vas a volver allí?
[9]Jesús contestó:
–¿No tiene doce horas el día? Si uno anda de día,
no tropieza, porque ve la luz de este mundo; [10]pero
si uno anda de noche, tropieza, porque le falta la luz.
[11]Dicho esto, añadió:
–Lázaro, nuestro amigo, duerme; pero voy a des-
pertarlo.
[12]Los discípulos le replicaron:
–Señor, si duerme, se recuperará.
[13]Pero Jesús hablaba de su muerte, y ellos creye-

ron que hablaba del reposo del sueño. 14Entonces
Jesús les dijo claramente:
–Lázaro ha muerto; 15y me alegro por vosotros
de no haber estado allí, para que creáis. Vamos a
verlo.
16Entonces Tomás, llamado el Mellizo, dijo a sus
compañeros:
–Vamos también nosotros a morir con él.

La resurrección y la vida

17A su llegada, Jesús se encontró con que hacía
cuatro días que Lázaro estaba muerto. 18Betania dis-
taba de Jerusalén unos tres kilómetros, 19y muchos
judíos habían ido a casa de Marta y María para con-
solarlas. 20Así que oyó Marta que llegaba Jesús, sa-
lió a su encuentro, mientras que María se quedó en
casa. 21Marta dijo a Jesús:
–Señor, si hubieras estado aquí, no habría muerto
mi hermano. 22Pero yo sé que Dios te concederá todo
lo que le pidas.
23Jesús le dijo:
–Tu hermano resucitará.
24Marta le respondió:
–Sé que resucitará cuando la resurrección, el úl-
timo día.
25Jesús le dijo:

–Yo soy la resurrección y la vida: el que cree en
mí, aunque haya muerto, vivirá; [26]y todo el que vive
y cree en mí, no morirá para siempre. [27]¿Crees esto?
Le contestó:
–Sí, Señor; yo creo que tú eres el Mesías, el Hijo
de Dios que tenía que venir al mundo.

Jesús llora por su amigo

[28]Dicho esto, fue a llamar a María, su hermana, y
le dijo al oído:
–El Maestro está ahí y te llama.
[29]Ella se levantó rápidamente y salió a su encuen-
tro. [30]Jesús aún no había entrado en el pueblo: es-
taba todavía en el sitio donde lo había encontrado
Marta. [31]Los judíos que estaban en casa de María y
la consolaban, al verla levantarse y salir tan aprisa,
la siguieron, creyendo que iba al sepulcro a llorar.
[32]Cuando María llegó donde estaba Jesús, al verlo,
se echó a sus pies, diciendo:
–Señor, si hubieras estado aquí, no habría muerto
mi hermano.
[33]Jesús, al verla llorar y que los judíos que la acom-
pañaban también lloraban, se estremeció y, profun-
damente emocionado, [34]dijo:
–¿Dónde lo habéis puesto?
Le contestaron:

–Ven a verlo, Señor.
35Jesús se echó a llorar, 36por lo que los judíos de-
cían:
–Mirad cuánto lo quería.
37Pero algunos dijeron:
–Este, que abrió los ojos al ciego, ¿no pudo impe-
dir que Lázaro muriese?

Lázaro vuelve a la vida

38Jesús se estremeció profundamente otra vez al
llegar al sepulcro, que era una cueva con una gran
piedra puesta en la entrada. 39Jesús ordenó:
–Quitad la piedra.
Marta, la hermana del difunto, le dijo:
–Señor, ya huele, pues lleva cuatro días.
40Jesús insistió:
–¿No te he dicho que, si crees, verás la gloria de
Dios?
41Entonces quitaron la piedra. Jesús levantó los
ojos al cielo y dijo:
–Padre, te doy gracias porque me has escuchado.
42Yo sé bien que siempre me escuchas; pero lo he di-
cho por la gente que me rodea, para que crean que
tú me has enviado.
43Dicho esto, gritó muy fuerte:
–¡Lázaro, sal fuera!

[44]Y el muerto salió atado de pies y manos con vendas y envuelta la cara en un sudario. Jesús les dijo:
–Desatadlo y dejadlo andar.

Deciden matar a Jesús

[45]Muchos de los judíos que habían venido a casa
de María y vieron lo que hizo creyeron en él. [46]Pero
algunos se fueron a los fariseos y les contaron lo que
había hecho Jesús. [47]Los sumos sacerdotes y los fariseos convocaron el consejo y decían:
–¿Qué hacemos? Este hombre hace muchos milagros; [48]si lo dejamos, creerán en él todos y vendrán
los romanos y destruirán nuestro templo y nuestra nación.

[49]Uno de ellos, Caifás, que era el sumo sacerdote aquel año, les dijo:

[50]–Estáis equivocados. ¿No os dais cuenta de que nos conviene que muera un solo hombre por el pueblo antes que perezca la nación entera?

[51]Esto no lo dijo por propia iniciativa, sino que, como era el sumo sacerdote aquel año, profetizó que
Jesús debía morir por la nación; [52]y no sólo por la
nación, sino también para reunir a los hijos de Dios dispersos.

[53]Desde aquel momento decidieron matarlo. [54]Por
eso Jesús no andaba ya públicamente entre los ju-

díos, sino que se fue a una región cerca del desier-
to, a una ciudad llamada Efraín, y allí se quedó con
sus discípulos.

Subida a Jerusalén

[55]Estaba próxima la Pascua de los judíos, y muchos
de la región fueron a Jerusalén antes de la Pascua
para celebrar los ritos de purificación. [56]Buscaban a
Jesús en el templo y se decían:
–¿Qué os parece? ¿Vendrá a la fiesta?
[57]Los sumos sacerdotes y los fariseos habían orde-
nado que, si alguno sabía dónde estaba, lo denun-
ciase para prenderlo.

LA MUERTE, CAMINO HACIA LA VIDA

Unción en Betania
(Mt 26,6-13; Mc 14,3-9)

12 [1]Jesús, seis días antes de la Pascua, fue a Beta-
nia, donde estaba Lázaro, al que había re-
sucitado de entre los muertos. [2]Allí le ofrecieron una
cena. Marta servía, y Lázaro era uno de los comen-
sales. [3]María, por su parte, tomó una libra de perfu-
me de nardo puro, de gran precio, y ungió los pies
de Jesús, enjugándolos luego con sus cabellos, por

lo que la casa se llenó del olor del perfume. [4]Enton-
ces dijo Judas Iscariote, uno de los discípulos, el que
lo iba a entregar:
[5]–¿Por qué no se ha vendido este perfume a gran
precio y se ha dado a los pobres?
[6]Esto lo dijo no porque le preocuparan los pobres,
sino porque era ladrón; y, como tenía la bolsa, ro-
baba de lo que había en ella.
[7]Jesús dijo:
–Déjala que lo haga para el día de mi sepultura;
[8]a los pobres siempre los tenéis con vosotros, pero a
mí no me tendréis siempre.

Conspiración contra Lázaro

[9]Muchos judíos supieron que Jesús estaba allí y
acudieron no sólo por Jesús, sino también por ver a
Lázaro, al que había resucitado de entre los muer-
tos. [10]Por eso los sumos sacerdotes determinaron
matar también a Lázaro, [11]pues por él muchos judíos
se apartaban de ellos y creían en Jesús.

Entrada triunfal en Jerusalén
(Mt 21,1-11; Mc 11,1-11; Lc 19,28-40)

[12]Al día siguiente, la gente que había ido a la fies-
ta, al oír que Jesús venía a Jerusalén, [13]tomaron ra-

mos de palmas y salieron a su encuentro, gritando:
–¡Hosanna! *¡Bendito el que viene en nombre del Señor!* ¡El rey de Israel!
14 Jesús encontró un asno y se montó en él, según
está escrito:

15 *No temas, hija de Sión;*
mira, tu rey viene a ti
montado en un asno (Zac 9,9).

16 Al principio los discípulos no comprendieron es-
tas palabras, pero cuando Jesús fue glorificado se
acordaron de que habían sido escritas de él y que
así habían ocurrido.
17 Los que estuvieron presentes cuando llamó a Lá-
zaro del sepulcro y lo resucitó de entre los muertos
daban ahora testimonio de ello.
18 Por esto también
la gente le salió al encuentro, pues se habían ente-
rado de que había hecho este milagro.
19 Los fariseos
comentaban:
–Veis que no adelantamos nada. Mirad cómo todo
el mundo lo sigue.

Unos griegos buscan a Jesús

20 Entre los que habían ido a Jerusalén para dar cul-
to a Dios con ocasión de la fiesta había algunos grie-

gos; 21estos se acercaron a Felipe, el de Betsaida de
Galilea, y le dijeron:
–Señor, queremos ver a Jesús.
22Felipe se lo fue a decir a Andrés y Andrés y Fe-
lipe se lo dijeron a Jesús. 23Jesús les respondió:
–Ha llegado la hora en que va a ser glorificado el
Hijo del Hombre. 24Os aseguro que si el grano de
trigo que cae en la tierra no muere, queda infecun-
do; pero si muere, produce mucho fruto. 25El que
ama su vida la perderá; y el que odia su vida en este
mundo, la conservará para la vida eterna. 26El que
quiera ponerse a mi servicio, que me siga, y donde
esté yo, allí estará también mi servidor; a quien me
sirva, mi Padre lo honrará.

Jesús habla de su muerte

27Ahora estoy profundamente angustiado. Y ¿qué
voy a decir? ¿Pediré al Padre que me libre de esta
hora? No, pues para esto precisamente he llegado a
esta hora. 28Padre, glorifica tu nombre.
Entonces se oyó una voz del cielo:
–Lo he glorificado y lo glorificaré de nuevo.
29La gente que estaba allí y lo oyó, dijeron que ha-
bía sido un trueno; otros decían que le había habla-
do un ángel. 30Jesús explicó:
–Esta voz no ha venido por mí, sino por vosotros.

31Ahora es cuando va a ser juzgado este mundo,
ahora el príncipe de este mundo va a ser echado fue-
ra. 32Y yo, cuando sea levantado de la tierra, a to-
dos los atraeré hacia mí. 33Decía esto indicando de
qué muerte iba a morir.
34La gente le dijo:

–Nosotros sabemos por la Ley que el Mesías permanece eternamente; ¿cómo dices tú que el Hijo del Hombre debe ser levantado en alto? ¿Quién es este Hijo del Hombre?

35Jesús les contestó:
–Por poco tiempo está aún la luz entre vosotros.
Andad mientras tenéis luz, para que no os sorpren-
dan las tinieblas; que quien camina en tinieblas no
sabe adónde va. 36Mientras tenéis luz, creed en la
luz, para ser hijos de la luz.

Dicho esto, se fue y se escondió de ellos.

Incredulidad de los judíos

37Aunque había hecho tantos signos delante de
ellos no creían en él. 38Así se cumplió lo que dijo
Isaías:

Señor, ¿quién ha creído en nuestro mensaje?
¿A quién se ha manifestado el poder del Señor?
(Is 53,1).

39Y no podían creer porque ya había dicho tam-
bién Isaías:

40*Les has cegado sus ojos y has embotado su mente*
para que sus ojos no vean ni su mente comprenda;
así no podrán convertirse
ni yo los tendré que sanar (Is 6,10).

41Isaías dijo esto porque vio su gloria y habló de
él. 42A pesar de todo, muchos, aun de los mismos
jefes, creyeron en él; pero por miedo a los fariseos
no lo confesaban, para que no los expulsaran de la
sinagoga, 43pues preferían la honra que dan los hom-
bres a la honra que da Dios.

Juzgados por la palabra de Jesús

44Jesús afirmó solemnemente:
–El que cree en mí no cree en mí, sino en el que
me ha enviado, 45y el que me ve a mí ve al que me
ha enviado. 46Yo he venido como luz al mundo, para
que todo el que crea en mí no quede en tinieblas.
47Yo no condeno al que oye mis palabras y no las
guarda, pues no he venido a condenar al mundo,
sino a salvarlo. 48El que me rechaza y no acepta mi
doctrina ya tiene quien lo juzgue: la doctrina que yo
he enseñado lo condenará en el último día, 49por-

que yo no he hablado por mi propia cuenta; el Pa-
dre que me ha enviado me ha ordenado lo que ten-
go que decir y enseñar, 50y yo sé que sus mandamien-
tos llevan a la vida eterna; por eso yo enseño lo que
he oído al Padre.

II. LIBRO DE LA PASIÓN-GLORIA

DISCURSOS DE DESPEDIDA

Jesús lava los pies a los discípulos

13 1Antes de la fiesta de la Pascua, sabiendo que
le había llegado la hora de pasar de este
mundo al Padre, Jesús, que había amado a los suyos
que estaban en el mundo, los amó hasta el extre-
mo. 2Se pusieron a cenar. El diablo había metido en
la cabeza a Judas Iscariote, hijo de Simón, la idea
de traicionar a Jesús. 3Jesús, sabiendo que el Padre
le había entregado todo, que había salido de Dios y
que a Dios volvía, 4se levantó de la mesa, se quitó
el manto, tomó una toalla y se la ciñó; 5luego echó
agua en un barreño y comenzó a lavar los pies de
sus discípulos y a enjugárselos con la toalla que se
había ceñido. 6Al llegar a Simón Pedro, este le dijo:
–Señor, ¿lavarme los pies tú a mí?

[7]Jesús le contestó:
–Lo que estoy haciendo tú no lo comprendes ahora; lo entenderás más tarde.
[8]Pedro dijo:
–Jamás me lavarás los pies.
Jesús le replicó:
–Si no te lavo, no tendrás parte conmigo.
[9]Simón Pedro dijo:
–Señor, entonces no sólo los pies, sino también las manos y la cabeza.
[10]Jesús le dijo:
–El que se ha bañado no necesita lavarse más que los pies, pues está completamente limpio; y vosotros estáis limpios, aunque no todos.
[11]Jesús sabía muy bien quién iba a traicionarlo; por eso dijo: «No todos estáis limpios».
[12]Después de lavarles los pies se puso el manto, se sentó de nuevo a la mesa y les dijo:
–¿Entendéis lo que os he hecho? [13]Vosotros me lla-
máis el maestro y el señor, y decís bien, porque lo
soy. [14]Pues si yo, el señor y el maestro, os he lavado
los pies, también vosotros os los debéis lavar unos a
otros. [15]Yo os he dado ejemplo, para que hagáis vo-
sotros lo mismo que he hecho yo. [16]Os aseguro que
el criado no es más que su amo, ni el enviado más
que quien lo envía. [17]Si sabéis esto y lo ponéis en
práctica, seréis dichosos.

[18]No hablo de vosotros; yo sé muy bien a quiénes
he elegido, pero debe cumplirse la Escritura: *El que
come conmigo se ha vuelto contra mí* (Sal 41,10). [19]Os
lo digo ahora, antes que suceda, para que cuando
suceda creáis que yo soy. [20]Os aseguro que el que
reciba al que yo envíe, me recibe a mí, y el que me
recibe a mí, recibe al que me ha enviado.

Jesús predice la traición de Judas
(Mt 26,20-25; Mc 14,17-21; Lc 22,21-23)

[21]Al decir esto, se sintió profundamente conmovido y exclamó:
–Os aseguro que uno de vosotros me va a entregar.
[22]Los discípulos se miraban unos a otros, pues no
sabían de quién hablaba. [23]Uno de los discípulos, al
que Jesús tanto quería, estaba recostado a la mesa
junto a Jesús. [24]Simón Pedro le hizo señas para que
le preguntara a quién se refería. [25]Entonces él, apoyándose en el pecho de Jesús, le preguntó:
–Señor, ¿quién es?
[26]Jesús respondió:
–Aquel a quien yo dé un trozo de pan mojado.
Mojó el pan y se lo dio a Judas, el de Simón Iscariote. [27]Tras el bocado entró en él Satanás. [28]Jesús
le dijo:

–Lo que tengas que hacer, hazlo pronto.
Pero ninguno de los comensales supo por qué le
dijo esto. 29Algunos pensaban que, como Judas te-
nía la bolsa, Jesús le decía que comprase todo lo que
se necesitaba para la fiesta, o que diese algo a los
pobres. 30Judas tomó el bocado y salió en seguida.
Era de noche.

El mandato nuevo

31Tan pronto como Judas salió, Jesús dijo:
–Ahora ha sido glorificado el Hijo del Hombre y
Dios en él. 32Si Dios ha sido glorificado en él, Dios
lo glorificará a él y lo glorificará en seguida.
33Hijos míos, voy a estar ya muy poco con voso-
tros. Me buscaréis, pero os digo lo mismo que dije a
los judíos: «Adonde yo voy no podéis ir vosotros».
34Os doy un mandamiento nuevo: que os améis
unos a otros; como yo os he amado, amaos también
los unos a los otros. 35En esto reconocerán todos que
sois mis discípulos: en que os amáis unos a otros.

Predice la negación de Pedro
(Mt 26,31-35; Mc 14,27-31; Lc 22,31-34)

36Simón Pedro le preguntó:
–Señor, ¿adónde vas?

Jesús respondió:
–Adonde yo voy no puedes seguirme ahora; me
seguirás más tarde.
37Pedro dijo:
–Señor, ¿por qué no puedo seguirte ahora? Yo daré
mi vida por ti.
38Jesús le contestó:
–¿Que darás tu vida por mí? Te aseguro que antes
de que cante el gallo me habrás negado tres veces.

Jesús, el camino hacia el Padre

14 1No estéis angustiados; confiad en Dios y con-
fiad también en mí. 2En la casa de mi Padre
hay sitio para todos; si no fuera así, os lo habría di-
cho; ahora voy a prepararos un sitio. 3Cuando me
vaya y os haya preparado el sitio, volveré y os lleva-
ré conmigo, para que, donde yo estoy, estéis tam-
bién vosotros; 4y para ir adonde yo voy ya sabéis el
camino.
5Tomás replicó:
–Señor, no sabemos adónde vas, ¿cómo vamos a
saber el camino?
6Jesús le dijo:
–Yo soy el camino, la verdad y la vida. Nadie va
al Padre sino por mí; 7si me habéis conocido a mí,
conoceréis también a mi Padre; y desde ahora lo co-

nocéis y lo habéis visto.
[8]Felipe le dijo:
–Señor, muéstranos al Padre y nos basta.
[9]Jesús le dijo:
–Llevo tanto tiempo con vosotros, y ¿todavía no
me conoces, Felipe? El que me ha visto a mí ha vis-
to al Padre. ¿Cómo dices tú: «Muéstranos al Padre»?
[10]¿No crees que yo estoy en el Padre y el Padre en
mí? Las palabras que os digo no las digo por mi pro-
pia cuenta; el Padre, que está en mí, es el que reali-
za sus propias obras. [11]Creedme: yo estoy en el Pa-
dre y el Padre en mí; creedlo al menos por las obras
que hago. [12]Os aseguro que el que cree en mí hará
las obras que yo hago y las hará aún mayores; por-
que yo me voy al Padre, [13]y lo que pidáis en mi nom-
bre, yo lo haré, para que el Padre sea glorificado en
el Hijo. [14]Lo que pidáis en mi nombre yo lo haré.

Primer anuncio del Espíritu

[15]Si me amáis, guardaréis mis mandamientos. [16]Yo
pediré al Padre que os mande otro defensor que esté
siempre con vosotros: [17]el Espíritu de la verdad, que
el mundo no puede recibir porque no lo ve ni lo co-
noce; vosotros lo conocéis, porque vive con voso-
tros y está en vosotros.

Jesús volverá

[18]No os dejaré huérfanos; volveré a estar con vo-
sotros. [19]Dentro de poco el mundo no me verá más;
pero vosotros me veréis, porque yo vivo y vosotros
también viviréis. [20]Aquel día vosotros conoceréis que
yo estoy en mi Padre, vosotros en mí y yo en voso-
tros. [21]El que conoce mis mandamientos y los guar-
da, ése me ama; y al que me ama, lo amará mi Pa-
dre, y yo también lo amaré y me manifestaré a él.
[22]Judas, no el Iscariote, sino el otro, le preguntó:
–Señor, ¿a qué se debe que vayas a revelarte a no-
sotros y no al mundo?
[23]Jesús le contestó:
–El que me ama guardará mi palabra, mi Padre lo
amará y mi Padre y yo vendremos a él y viviremos
en él. [24]El que no me ama no guarda mi palabra; y
la palabra que escucháis no es mía, sino del Padre
que me ha enviado.

Segundo anuncio del Espíritu

[25]Os he dicho todo esto mientras estoy con voso-
tros; [26]pero el defensor, el Espíritu Santo que el Pa-
dre enviará en mi nombre, él os lo enseñará todo y
os recordará todo lo que os he dicho.
[27]La paz os dejo, mi paz os doy; os la doy no como

la da el mundo. No estéis angustiados ni tengáis mie-
do; 28ya sabéis lo que os he dicho: «Me voy, pero vol-
veré a estar con vosotros». Si me amáis, os alegra-
réis de que me vaya al Padre, porque el Padre es
mayor que yo. 29Os lo he dicho ahora, antes de que
suceda, para que cuando suceda creáis. 30Ya no ha-
blaré mucho con vosotros, porque el príncipe de este
mundo está para llegar. No tiene poder sobre mí,
31pero debe ser así para que el mundo conozca que
yo amo al Padre y que hago lo que el Padre me ha
ordenado. Levantaos, vámonos de aquí.

Jesús, la vid verdadera

15 1Yo soy la vid verdadera y mi Padre el viña-
dor. 2Él corta todos los sarmientos que no dan
fruto en mí, y limpia los que dan fruto para que den
más. 3Vosotros estáis ya limpios por la palabra que os
he dicho. 4Permaneced unidos a mí como yo lo estoy
a vosotros. Como el sarmiento no puede dar fruto por
sí mismo si no está unido a la vid, así tampoco voso-
tros si no estáis unidos a mí. 5Yo soy la vid, vosotros
los sarmientos; el que permanece unido a mí y yo en
él da mucho fruto, porque sin mí no podéis hacer
nada. 6Al que no está unido a mí se lo echa fuera,
como a los sarmientos, que se los amontona, se se-
can y se los prende fuego para que se quemen.

[7]Si estáis unidos a mí y mis enseñanzas permane-
cen en vosotros, pedid todo lo que queráis y se os
concederá. [8]Mi Padre es glorificado si dais mucho
fruto y sois mis discípulos.
[9]Como el Padre me ama a mí, así os he amado yo.
Permaneced en mi amor: [10]si guardáis mis manda-
mientos, permaneceréis en mi amor, como yo he
guardado los mandamientos de mi Padre y perma-
nezco en su amor. [11]Os he dicho estas cosas para que
mi alegría esté dentro de vosotros y vuestra alegría
sea completa.
[12]Este es mi mandamiento: amaos unos a otros
como yo os he amado. [13]Nadie tiene mayor amor que
el que da la vida por sus amigos. [14]Vosotros seréis mis
amigos si hacéis lo que os mando. [15]Ya no os llamo
siervos, pues el siervo no sabe qué hace su señor; yo
os he llamado amigos porque os he dado a conocer
todas las cosas que he oído a mi Padre. [16]No me ele-
gisteis vosotros a mí, sino yo a vosotros; y os desig-
né para que vayáis y deis fruto y vuestro fruto per-
manezca, a fin de que todo lo que pidáis al Padre
en mi nombre os lo conceda. [17]Esto os mando: que
os améis unos a otros.

El odio del mundo

[18]Si el mundo os odia, sabed que me ha odiado a
mí antes que a vosotros. [19]Si fueseis del mundo, el
mundo os amaría como cosa suya, pero como no sois
del mundo, pues yo os elegí y os saqué del mundo,
por eso el mundo os odia. [20]Recordad que os he di-
cho: «El criado no es más que su amo»; si a mí me
han perseguido, también os perseguirán a vosotros;
y si han rechazado mi enseñanza, también rechaza-
rán la vuestra. [21]Todas estas cosas harán con voso-
tros por mi nombre, porque no conocen al que me
ha enviado.

[22]Si yo no hubiera venido ni les hubiera hablado,
no tendrían culpa; pero ahora no tienen excusa para
su pecado. [23]El que me odia a mí odia también a mi
Padre. [24]Si no hubiera hecho ante ellos obras que
nadie ha hecho, no tendrían culpa; pero han visto
esas obras y, a pesar de todo, me odian a mí y a mi
Padre. [25]Para que se cumpla lo que está escrito en
su Ley: *Me han odiado sin motivo* (Sal 35,19).

Tercer anuncio del Espíritu

[26]Cuando venga el defensor que yo os enviaré de
parte del Padre, el Espíritu de la verdad que proce-
de del Padre, él dará testimonio de mí; [27]y vosotros

también lo daréis, porque habéis estado conmigo
desde el principio.

Anuncio de persecuciones

16 [1]Os he dicho estas cosas para que vuestra
fe no sucumba en la prueba: [2]os echarán de
las sinagogas; más aún, se acerca la hora en que os
quitarán la vida creyendo que con ello dan culto a
Dios. [3]Os harán esto porque no conocen ni al Pa-
dre ni a mí. [4]Pero yo os lo digo de antemano para
que cuando llegue el momento os acordéis de que
ya os lo había anunciado.

Cuarto anuncio del Espíritu

No os lo dije al principio porque estaba con voso-
tros. [5]Ahora vuelvo al que me envió, y ninguno de
vosotros me pregunta adónde voy. [6]Eso sí, al anun-
ciaros estas cosas, la tristeza se ha apoderado de vo-
sotros. [7]Sin embargo os digo la verdad: os conviene
que yo me vaya, porque si no me voy, el defensor
no vendrá a vosotros; en cambio, si me voy, os lo
enviaré. [8]Cuando él venga demostrará al mundo en
qué está el pecado, la justicia y la condena: [9]el pe-
cado consiste en que no creen en mí; [10]la justicia,
en que me voy al Padre y no me veréis más; [11]y la

condena, en que el príncipe de este mundo está ya condenado.

Quinto anuncio del Espíritu

12Muchas cosas tengo que deciros todavía, pero
ahora no estáis capacitados para entenderlas.
13Cuando venga él, el Espíritu de la verdad, os guiará
a la verdad completa, pues no os hablará por su
cuenta, sino que os dirá lo que ha oído y os anun-
ciará las cosas venideras. 14Él me honrará a mí por-
que recibirá de lo mío y os lo anunciará. 15Todo lo
que el Padre tiene es mío; por eso os he dicho que
recibirá de lo mío y os lo anunciará.

Tristeza y gozo de los discípulos

16Dentro de un poco no me veréis, pero dentro de
otro poco volveréis a verme. 17Al oír esto algunos
discípulos se preguntaban:

–¿Qué significa esto: «Dentro de un poco no me veréis, pero dentro de otro poco volveréis a verme» y «me voy al Padre»?

18Se preguntaban:

–¿Qué quiere decir eso de «dentro de poco»? No
lo entendemos. 19Jesús se dio cuenta de que le que-
rían preguntar algo, y les dijo:

–Andáis discutiendo sobre lo que acabo de decir: «Dentro de un poco no me veréis, pero dentro de otro poco volveréis a verme». [20]Os aseguro que vosotros lloraréis y gemiréis, pero el mundo gozará; vosotros os entristeceréis, pero vuestra tristeza se cambiará en alegría. [21]La mujer cuando está de parto se siente angustiada porque ha llegado su hora; pero cuando ya ha dado a luz al niño, no se acuerda más de la angustia por la alegría de que ha nacido un hombre en el mundo. [22]Así también vosotros estáis ahora tristes, pero yo os veré otra vez, y vuestro corazón se alegrará con una alegría que nadie os podrá quitar. [23]En aquel día no tendréis necesidad de preguntarme nada. Os aseguro que todo lo que pidáis en mi nombre al Padre os lo concederá. [24]Hasta ahora no habéis pedido nada en mi nombre. Pedid y recibiréis, para que vuestra alegría sea completa.

Jesús vencedor del mundo

[25]Hasta el momento os he hablado en lenguaje figurado; pero se acerca la hora en que ya no os hablaré más en este lenguaje, sino que os hablaré del Padre con toda claridad. [26]Cuando llegue ese día pediréis al Padre en mi nombre. Yo no os voy a decir que rezaré por vosotros al Padre, [27]porque el mismo Padre os ama, ya que vosotros me habéis amado y

habéis creído que yo salí de Dios. 28Salí del Padre y
vine al mundo; de nuevo dejo el mundo y vuelvo al
Padre.
29Sus discípulos le dijeron:
–Ahora hablas claramente, y no en lenguaje figu-
rado. 30Ahora conocemos que lo sabes todo y que
nadie necesita preguntarte. Por eso creemos que has
salido de Dios.
31Jesús les respondió:
–¿Ahora creéis? 32Pues se acerca la hora, es decir,
ya ha llegado, en que os dispersaréis cada uno por
su lado y me dejaréis solo; pero yo no estoy solo, pues
el Padre está conmigo. 33Os he dicho estas cosas para
que tengáis paz en mí. En el mundo tendréis tribu-
laciones, pero tened ánimo, que yo he vencido al
mundo.

La oración de Jesús

17 1Dicho esto, Jesús, levantando los ojos al cie-
lo, exclamó:
–Padre, ha llegado la hora; glorifica a tu Hijo para
que tu Hijo te glorifique a ti. 2Tú le diste poder so-
bre todos los hombres para que él dé la vida eterna
a todos los que tú le has confiado. 3La vida eterna
es que te conozcan a ti, el único Dios verdadero, y
al que tú has enviado, Jesucristo. 4Yo te he glorifi-

cado en la tierra llevando a término la obra que me
encomendaste; 5ahora, Padre, glorifícame tú junto
a ti con la gloria que tenía contigo antes de que el
mundo existiera.

6He manifestado tu nombre a los hombres que es-
cogiste del mundo y me los confiaste; tuyos eran, y
tú me los confiaste, y ellos han guardado tu pala-
bra. 7Ahora han conocido que todo lo que me con-
fiaste viene de ti; 8porque les he enseñado lo que
aprendí de ti, y ellos han aceptado mi enseñanza.
Ahora saben con toda certeza que salí de ti y han
creído que tú me enviaste.

9Yo te ruego por ellos; no te ruego por el mundo,
sino por los que tú me has confiado, pues son tu-
yos. 10Todo lo mío es tuyo y lo tuyo mío, y yo he sido
glorificado en ellos. 11Ya no estaré más en el mun-
do; pero ellos continúan en el mundo mientras me
voy a ti. Padre santo, guarda con tu poder a los que
me has confiado, para que sean uno como tú y yo
somos uno.

12Cuando yo estaba con ellos, yo los guardaba y
los protegía con tu poder; tú me los confiaste, y nin-
guno se perdió, fuera del que tenía que perderse para
que se cumpliera la Escritura. 13Ahora, en cambio,
me voy a ti. Si digo todo esto cuando todavía estoy
en el mundo, es para que ellos puedan participar en
mi alegría.

[14]Yo les he confiado tu mensaje, y el mundo los
odia porque no son del mundo, como tampoco yo
soy del mundo. [15]No te pido que los saques del mun-
do, sino que los guardes del mal. [16]Ellos no perte-
necen al mundo, como tampoco pertenezco yo.
[17]Conságralos en la verdad: tu palabra es la verdad.

[18]Como tú me enviaste al mundo, así también los
envío yo al mundo. [19]Por ellos yo me consagro a ti,
para que también ellos sean consagrados en la ver-
dad. [20]No ruego sólo por ellos, sino también por los
que crean en mí por medio de su palabra.

[21]Que todos sean uno, como tú, Padre, estás en
mí y yo en ti; que también ellos sean uno en noso-
tros, para que el mundo crea que tú me has envia-
do. [22]Yo les he dado la gloria que tú me diste para
que sean uno, como nosotros somos uno, [23]yo en
ellos y tú en mí, para que lleguen a la unión perfec-
ta en la unidad, y así el mundo reconozca que tú me
has enviado y que los amas a ellos como me amas a
mí. [24]Padre, yo quiero que también los que me has
confiado estén conmigo donde yo estoy, para que
vean mi gloria que me has dado, porque me ama-
bas antes de la creación del mundo.

[25]Padre justo, el mundo no te ha conocido, pero
yo sí te he conocido, y ellos han reconocido que tú
me has enviado. [26]Yo les he dado a conocer tu nom-
bre y se lo seguiré dando a conocer, para que el amor

que tú me tienes esté en ellos y yo también esté en
ellos.

RELATO DE LA PASIÓN-RESURRECCIÓN

Traición y arresto
(Mt 26,47-56; Mc 14,43-50; Lc 22,47-53)

18 [1]Cuando terminó de hablar, Jesús se fue con
sus discípulos al otro lado del torrente Ce-
drón y entraron en un huerto. [2]Judas, el que lo iba
a entregar, conocía también aquel lugar, porque Je-
sús se había retirado allí muchas veces con sus dis-
cípulos. [3]Así que Judas, guiando a una tropa de sol-
dados romanos y a los guardias que le habían
procurado los sumos sacerdotes y fariseos, fue allí
con linternas, antorchas y armas. [4]Jesús, que sabía
todo lo que iba a sucederle, salió y les dijo:

–¿A quién buscáis?

[5]Respondieron:

–A Jesús Nazareno.

Jesús les dijo:

–Yo soy.

Judas, el traidor, estaba también con ellos. [6]Cuan-
do les dijo «yo soy», retrocedieron y cayeron en tie-
rra.

[7]De nuevo les preguntó:

–¿A quién buscáis?
Volvieron a contestar:
–A Jesús Nazareno.
[8]Jesús respondió:
–Os he dicho que soy yo. Si me buscáis a mí, dejad que éstos se vayan.
[9](Así se cumplió lo que él mismo había dicho: «No he perdido ninguno de los que me confiaste»).
[10]Entonces Simón Pedro, que tenía una espada, la sacó, dio un golpe al criado del sumo sacerdote y le cortó la oreja derecha. El criado se llamaba Malco.
[11]Jesús dijo a Pedro:
–Envaina de nuevo la espada. ¿No tengo que beber el cáliz que el Padre me ha preparado?

Jesús ante el sumo sacerdote
(Mt 26,57-58; Mc 14,53-54; Lc 22,54)

[12]La tropa con su oficial al frente y los guardias de
los judíos prendieron a Jesús, lo ataron [13]y lo llevaron primero a Anás, por ser suegro de Caifás, sumo
sacerdote aquel año. [14]Caifás era el que había aconsejado a los judíos: «Conviene que muera un solo hombre por el pueblo».

Negación de Pedro
(Mt 26,69-70; Mc 14,66-68; Lc 22,55-57)

[15]Simón Pedro y otro discípulo seguían a Jesús. Este discípulo, como era conocido del sumo sacerdote, entró con Jesús en el atrio del sumo sacerdote; [16]pero Pedro se quedó fuera, a la puerta. Salió entonces el otro discípulo, conocido del sumo sacerdote, habló a la portera y pasó a Pedro. [17]Y la portera dijo a Pedro:

–¿No eres tú también de los discípulos de ese hombre?

Él le contestó:

–No lo soy.

[18]Los criados y los guardias estaban en pie calentándose, pues habían encendido fuego porque hacía frío. Pedro estaba también en pie calentándose con ellos.

Careo de Anás con Jesús
(Mt 26,59-66; Mc 14,55-64; Lc 22,66-71)

[19]El sumo sacerdote preguntó a Jesús acerca de sus discípulos y de su doctrina. [20]Jesús le respondió:

–Yo he hablado públicamente a todo el mundo; siempre he enseñado en la sinagoga y en el templo, donde se reúnen todos los judíos, y nada he ense-

ñado en secreto. [21]¿Por qué me preguntas a mí? Pre-
gunta a los que me han oído qué les he dicho; ellos
saben lo que he enseñado.
[22]Al decir esto Jesús, uno de los guardias allí pre-
sentes le dio una bofetada, diciendo:
–¿Así respondes al sumo sacerdote?
[23]Jesús le contestó:
–Si he hablado mal, demuéstrame en qué; pero si
he hablado bien, ¿por qué me pegas?
[24]Entonces Anás lo mandó atado a Caifás, el sumo
sacerdote.

Segunda y tercera negación de Pedro
(Mt 26,71-75; Mc 14,69-72; Lc 22,58-62)

[25]Mientras Simón Pedro continuaba allí de pie ca-
lentándose, uno le preguntó:
–¿No eres tú también de sus discípulos?
Él lo negó, diciendo:
–No lo soy.
[26]Uno de los criados del sumo sacerdote, pariente
de aquel al que Pedro cortó la oreja, replicó:
–¿No te he visto yo en el huerto con él?
[27]Pedro lo negó otra vez y en aquel momento cantó
el gallo.

Proceso ante Pilato
(Mt 27,1-2.11-14; Mc 15,1-5; Lc 23,1-5)

28De casa de Caifás llevaron a Jesús al palacio del
gobernador. Era de madrugada. Los judíos no entra-
ron en el palacio para no contaminarse y poder co-
mer la cena de la Pascua. 29Pilato salió fuera y les dijo:
–¿Qué acusación traéis contra este hombre?
30Le respondieron:
–Si no fuera un criminal, no te lo hubiéramos en-
tregado.
31Pilato les dijo:
–Pues tomadlo vosotros y juzgadlo según vuestra
ley.
Los judíos replicaron:
–A nosotros no se nos permite condenar a muer-
te a nadie.
32Así se cumplió la palabra que había dicho Jesús,
indicando de qué muerte iba a morir. 33Pilato volvió
a entrar en el palacio, llamó a Jesús y le preguntó:
–¿Eres tú el rey de los judíos?
34Jesús respondió:
–¿Dices esto por ti mismo o te lo han dicho otros
de mí?
35Pilato respondió:
–¿Acaso soy yo judío? Tu pueblo y los sumos sa-
cerdotes te han entregado a mí. ¿Qué has hecho?

36Jesús respondió:
–Mi reino no es de este mundo. Si mi reino fuera de este mundo, mis súbditos lucharían para que yo no fuera entregado a los judíos. Pero mi reino no es de aquí.
37Pilato insistió:
–¿Luego tú eres rey?
Jesús respondió:
–Tú lo dices: yo soy rey. Yo para eso nací y para eso he venido al mundo: para dar testimonio de la verdad. Todo el que es de la verdad escucha mi voz.
38Pilato le dijo:
–Y ¿qué es la verdad?

Condena a muerte
(Mt 27,15-31; Mc 15,6-20; Lc 23,13-25)

Dicho esto, salió fuera otra vez y dijo a los judíos:
–Yo no encuentro en él culpa alguna.
39Vosotros acostumbráis a que os suelte un preso por la Pascua. ¿Queréis que os suelte al rey de los judíos?
40Entonces gritaron nuevamente:
–¡A ése no! ¡A Barrabás!
El tal Barrabás era un bandido.

19 1Entonces Pilato mandó azotar a Jesús.
2Los soldados trenzaron una corona de espinas,

se la pusieron en la cabeza, le vistieron un manto
de púrpura y, [3]acercándose a él, le decían:
–¡Salve, rey de los judíos!
Y le daban bofetadas.
[4]Pilato salió otra vez fuera y les dijo:
–Ved que os lo saco para que sepáis que no en-
cuentro en él culpa alguna.
[5]Jesús salió fuera llevando la corona de espinas y el
manto de púrpura. Pilato se lo presentó diciendo:
–¡Aquí tenéis al hombre!
[6]Los sumos sacerdotes y sus criados, al verlo, gri-
taron:
–¡Crucifícalo! ¡Crucifícalo!
Pilato les insistió:
–Tomadlo vosotros y crucificadlo, pues yo no en-
cuentro culpa en él.
[7]Los judíos replicaron:
–Nosotros tenemos una Ley, y según esa Ley debe
morir, porque se proclama Hijo de Dios.
[8]Pilato, al oír esto, tuvo más miedo. [9]Entró de nue-
vo en el palacio y preguntó a Jesús:
–¿De dónde eres tú?
Pero Jesús no le contestó. [10]Pilato le dijo:
–¿Por qué no me contestas? ¿No sabes que puedo
darte la libertad o crucificarte?
[11]Jesús le respondió:
–No tendrías ningún poder sobre mí si no te lo

hubiera dado Dios; por eso, el que me ha entregado
a ti es más culpable que tú.
12Desde entonces Pilato buscaba la manera de de-
jarlo en libertad. Pero los judíos gritaban:
–Si lo dejas en libertad, no eres amigo del César:
todo el que se hace rey va contra el César.
13Pilato, al oír estas palabras, sacó fuera a Jesús y
se sentó en el tribunal, en el sitio que llamaban «en-
losado», en hebreo Gábbata. 14Era la víspera de la
Pascua, hacia el mediodía. Pilato dijo a los judíos:
–Aquí tenéis a vuestro rey.
15Ellos gritaron:
–¡Fuera!, ¡fuera! ¡Crucifícalo!
Dijo Pilato:
–¿A vuestro rey voy a crucificar?
Los sumos sacerdotes respondieron:
–No tenemos más rey que el César.
16Y se lo entregó para que lo crucificaran.

La crucifixión de Jesús
(Mt 27,32-44; Mc 15,21-32; Lc 23,26-43)

17Jesús quedó en manos de los judíos y, cargado
con la cruz, salió hacia el lugar llamado Calavera,
(en hebreo, Gólgota), 18donde lo crucificaron. Con
él crucificaron a otros dos, uno a cada lado, y Jesús
en medio.

19Pilato mandó escribir y poner sobre la cruz este
rótulo: «Jesús Nazareno, el rey de los judíos». 20Mu-
chos judíos leyeron la inscripción, porque donde Je-
sús fue crucificado era un sitio cercano a la ciudad;
y estaba escrito en hebreo, latín y griego. 21Los su-
mos sacerdotes de los judíos se presentaron a Pilato
y le dijeron:
–No escribas «El rey de los judíos», sino más bien
«Este hombre ha dicho que era rey de los judíos».
22Pilato respondió:
–Lo escrito, escrito está.

Reparto de los vestidos
(Mt 27,35; Mc 15,24; Lc 23,34)

23Los soldados, después de crucificar a Jesús, se re-
partieron la ropa en cuatro partes, una para cada
uno. Dejaron aparte la túnica, tejida de una pieza
de arriba abajo sin costura alguna. 24Por eso se dije-
ron: «No debemos partirla; echémosla a suertes a ver
a quién le toca». Para que se cumpliera la Escritu-
ra: *Se repartieron mis vestidos y echaron a suertes mi*
túnica (Sal 22,19). Esto hicieron los soldados.
25Estaban en pie junto a la cruz de Jesús su ma-
dre, María de Cleofás, hermana de su madre, y Ma-
ría Magdalena. 26Jesús, al ver a su madre y junto a
ella al discípulo preferido, dijo a su madre:

–Mujer, ahí tienes a tu hijo.
27Luego dijo al discípulo:
–Ahí tienes a tu madre.
Y desde aquel momento el discípulo se la llevó con él.

Muerte de Jesús
(Mt 27,45-46; Mc 15,33-41; Lc 23,44-49)

28Después de esto, sabiendo Jesús que todo se había consumado, para que se cumpliera la Escritura, dijo:
–Tengo sed.
29Había allí un vaso lleno de vinagre; empaparon una esponja en el vinagre, la pusieron en una caña
y se la acercaron a la boca. 30Cuando Jesús lo probó, dijo:
–Todo está cumplido. Y, reclinando la cabeza, entregó el espíritu.

La lanzada en el costado

31Como era la víspera de la Pascua, para que no quedaran los cuerpos en la cruz el sábado –pues era un día muy solemne–, los judíos rogaron a Pilato que
se les quebraran las piernas y los quitaran. 32Los sol-
dados fueron y quebraron las piernas a los dos que

habían sido crucificados con Jesús. [33]Al llegar a Je-
sús y verlo muerto, no le quebraron las piernas;
[34]pero uno de los soldados le traspasó el costado con
una lanza, y al punto salió sangre y agua.
[35]El que lo ha visto da testimonio de ello, y su tes-
timonio es verdadero; y él sabe que dice verdad, para
que vosotros creáis. [36]Todo esto sucedió para que se
cumpliera la Escritura: *No le quebrarán ni un hueso*
(Éx 12,46; Sal 34,21). [37]Y también otro pasaje dice:
Mirarán al que traspasaron (Zac 12,10).

Sepultura de Jesús
(Mt 27,57-61; Mc 15,42-47; Lc 23,50-56)

[38]José de Arimatea, que era discípulo de Jesús, aun-
que lo mantenía en secreto por miedo a los judíos, pi-
dió a Pilato que le dejara llevar el cuerpo de Jesús. Pi-
lato se lo permitió. Fue y se llevó el cuerpo de Jesús.
[39]Llegó también Nicodemo, aquel que anteriormente
había estado con él por la noche, con unas cien libras
de una mezcla de mirra y áloe. [40]Se llevaron el cuerpo
de Jesús y lo envolvieron en lienzos con aromas, como
acostumbraban los judíos a sepultar. [41]En el lugar don-
de fue crucificado había un huerto, y en el huerto un
sepulcro nuevo en el que nadie había sido sepultado.
[42]Como el sepulcro estaba cerca y tenían que preparar
la fiesta del día siguiente, pusieron allí a Jesús.

El sepulcro vacío
(Mt 28,1-10; Mc 16,1-8; Lc 24,1-12)

20 [1]El primer día de la semana, al rayar el alba,
antes de salir el sol, María Magdalena fue
al sepulcro y vio la piedra quitada. [2]Fue corriendo a
decírselo a Simón Pedro y al otro discípulo a quien
Jesús tanto quería, y les dijo:
–Se han llevado del sepulcro al Señor y no sabe-
mos dónde lo han puesto.
[3]Pedro y el otro discípulo salieron [4]corriendo hacia
el sepulcro. Iban los dos juntos, pero el otro discípu-
lo corrió más que Pedro y llegó antes al sepulcro. [5]Al
asomarse vio los lienzos por el suelo, pero no entró.
[6]En seguida llegó Simón Pedro, entró en el sepulcro
y vio los lienzos por el suelo; [7]el sudario con que le
habían envuelto la cabeza no estaba en el suelo con
los lienzos, sino doblado en un lugar aparte. [8]Enton-
ces entró el otro discípulo que había llegado antes al
sepulcro, vio y creyó; [9]pues no había entendido aún
la Escritura según la cual Jesús tenía que resucitar de
entre los muertos.

Aparición a María Magdalena
(Mc 16,9-11)

[10]Los discípulos se volvieron a casa. [11]María, en
cambio, se quedó fuera, junto al sepulcro, llorando.

Sin dejar de llorar, volvió a asomarse al sepulcro [12]y
vio a dos ángeles con vestiduras blancas, sentados
uno a la cabecera y otro a los pies, donde había sido
puesto el cuerpo de Jesús. [13]Ellos le dijeron:
–Mujer, ¿por qué lloras?
Contestó:
–Porque se han llevado a mi Señor y no sé dónde
lo han puesto.
[14]Al decir esto, se volvió hacia atrás y vio a Jesús
allí de pie, pero no sabía que era Jesús. [15]Jesús le pre-
guntó:
–Mujer, ¿por qué lloras? ¿A quién buscas?
Ella, creyendo que era el hortelano, le dijo:
–Señor, si te lo has llevado tú, dime dónde lo has
puesto, y yo misma iré a recogerlo.
[16]Jesús le dijo:
–¡María!
Ella se volvió y exclamó en hebreo: «¡Rabbuní!»
(es decir, «¡Maestro!»).
[17]Jesús le dijo:
–Suéltame, que aún no he subido al Padre. Anda
y di a mis hermanos que me voy con mi Padre y
vuestro Padre, con mi Dios y vuestro Dios.
[18]María Magdalena fue a decir a los discípulos que
había visto al Señor y a anunciarles lo que él le ha-
bía dicho.

Aparición de Jesús a los discípulos
(Mt 28,16-20; Mc 16,14-18; Lc 24,36-49)

19En la tarde de aquel día, el primero de la sema-
na, estando los discípulos con las puertas cerradas
por miedo a los judíos, llegó Jesús, se puso en me-
dio y les dijo:
–¡Paz a vosotros!
20Y les enseñó las manos y el costado. Los discí-
pulos se llenaron de alegría al ver al Señor. 21Él re-
pitió:
–¡Paz a vosotros! Como el Padre me ha enviado,
así os envío yo. 22Después sopló sobre ellos y les dijo:
–Recibid el Espíritu Santo: 23a quienes perdonéis
los pecados, les serán perdonados; a quienes se los
retengáis, les serán retenidos.

Incredulidad de Tomás

24Tomás, uno de los Doce, a quien llamaban el
Mellizo, no estaba con ellos cuando llegó Jesús. 25Los
otros discípulos le dijeron:
–Hemos visto al Señor.
Él les contestó:
–Si no veo en sus manos la señal de los clavos y
no meto mi dedo en el lugar de los clavos y la mano
en su costado, no lo creo.

26 Ocho días después estaban nuevamente allí den-
tro los discípulos, y Tomás con ellos. Jesús llegó, es-
tando cerradas las puertas, se puso en medio y les
dijo:

–¡Paz a vosotros!

27 Luego dijo a Tomás:

–Trae tu dedo aquí y mira mis manos; trae tu
mano y métela en mi costado, y no seas incrédulo
sino creyente.

28 Tomás contestó:

–¡Señor mío y Dios mío!

29 Jesús dijo:

¿Porque me has visto has creído? Dichosos los que
creen sin haber visto.

30 Otros muchos signos hizo Jesús en presencia de
sus discípulos que no están escritos en este libro.
31 Éstos han sido escritos para que creáis que Jesús
es el Mesías, el Hijo de Dios, y para que creyendo
tengáis vida en su nombre.

EPÍLOGO

Aparición a siete discípulos

21 1 Jesús se manifestó de nuevo a los discípu-
los en el mar de Tiberíades. Fue de este
modo: 2 Estaban juntos Simón Pedro, Tomás el Me-

llizo, Natanael el de Caná de Galilea, los hijos de
Zebedeo y otros dos discípulos. 3Simón Pedro les dijo:

–Voy a pescar.

Le contestaron:

–Nosotros también vamos contigo.

Salieron y subieron a la barca. Aquella noche no
pescaron nada. 4Al amanecer estaba Jesús en la ori-
lla, pero los discípulos no sabían que era Jesús. 5Je-
sús les dijo:

–Muchachos, ¿tenéis algo que comer?

Le contestaron:

–No.

6Él les dijo:

–Echad la red al lado derecho de la barca y encontraréis.

La echaron, y no podían sacarla por la cantidad
de peces. 7Entonces el discípulo a quien Jesús tanto
quería dijo a Pedro:

–Es el Señor.

Simón Pedro, al oír que era el Señor, se vistió, pues
estaba desnudo, y se echó al mar. 8Los demás discí-
pulos llegaron con la barca, ya que no estaban lejos
de tierra, a unos cien metros, arrastrando la red con
los peces. 9Al saltar a tierra, vieron unas brasas y un
pescado sobre ellas, y pan. 10Jesús les dijo:

–Traed los peces que acabáis de pescar.

11Simón Pedro subió a la barca y sacó a tierra la

red llena de ciento cincuenta y tres peces grandes.
Y, a pesar de ser tantos, no se rompió la red. 12Jesús
les dijo:
–Venid a comer.
Ninguno de los discípulos se atrevió a preguntar-
le quién era, pues sabían que era el Señor. 13Enton-
ces Jesús se acercó, tomó el pan y se lo dio; y lo mis-
mo el pescado.
14Esta fue la tercera vez que se apareció a los dis-
cípulos después de haber resucitado de entre los
muertos.

Jesús y Pedro

15Después de comer, Jesús dijo a Simón Pedro:
–Simón, hijo de Juan, ¿me amas más que éstos?
Pedro le contestó:
–Sí, Señor, tú sabes que te quiero.
Jesús le dijo:
–¡Apacienta mis corderos!
16Por segunda vez le preguntó:
–Simón, hijo de Juan, ¿me amas?
Él le respondió:
–Sí, Señor, tú sabes que te quiero.
Jesús le dijo:
–¡Apacienta mis ovejas!
17Por tercera vez le preguntó:
–Simón, hijo de Juan, ¿me quieres?

Pedro se entristeció porque le había preguntado
por tercera vez si lo amaba, y le respondió:
–Señor, tú lo sabes todo; tú sabes que te quiero.
Jesús le dijo:
–¡Apacienta mis ovejas! 18Te aseguro que cuando
eras más joven tú mismo te sujetabas la túnica con
el cinturón e ibas adonde querías; pero cuando seas
viejo extenderás tus manos, otro te la sujetará y te
llevará adonde tú no quieras.
19Dijo esto para indicar con qué muerte iba a glo-
rificar a Dios. Después añadió:
–¡Sígueme!

Jesús y el discípulo amado

20Pedro se volvió y vio que lo seguía el discípulo
al que Jesús tanto quería, el que en la Pascua se ha-
bía recostado en su pecho y le había preguntado:
«Señor, ¿quién es el que te va a entregar?». 21Pedro,
al verlo, dijo a Jesús:
–Señor, y éste ¿qué?
22Jesús le dijo:
–Si yo quiero que este se quede hasta que yo ven-
ga, a ti ¿qué? Tú sígueme.
23Y entre los hermanos se corrió la voz de que
aquel discípulo no moriría. Pero Jesús no le dijo que
no moriría, sino: «Si quiero que él quede hasta que
yo venga, a ti ¿qué?».

Conclusión

24Este es el discípulo que da testimonio de estas
cosas, y el que las ha escrito; y sabemos que su tes-
timonio es verdadero. 25Otras muchas cosas hizo Je-
sús. Si se escribieran una por una, me parece que
en el mundo entero no cabrían los libros que podrían
escribirse.

ÍNDICE

Págs.